青島市圖書館藏珍貴古籍敘録

于婧 張旭麗 牛泉 朱桂華 黄麗群 朱妍蕾 著

齊魯書社

圖書在版編目（CIP）數據

青島市圖書館藏珍貴古籍叙録/于婧等著. —濟南:齊魯書社,2014.9

ISBN 978 - 7 - 5333 - 3239 - 6

Ⅰ. ①青… Ⅱ. ①于… Ⅲ. ①古籍—圖書目録—青島市 Ⅳ. ①Z838

中國版本圖書館 CIP 數據核字(2014)第 220862 號

青島市圖書館藏珍貴古籍叙録

于婧　張旭麗　牛泉　朱桂華　黄麗群　朱妍蕾　著

主管单位	山東出版傳媒股份有限公司
出版發行	齊魯書社
社　　址	濟南市英雄山路 189 號
郵　　編	250002
網　　址	www.qlss.com.cn
電子郵箱	qilupress@126.com
營銷中心	(0531)82098521　82098519
印　　刷	濟南大邦印務有限公司
開　　本	720mm × 1020mm　1/16
印　　張	14.25
插　　頁	3
字　　數	206 千
版　　次	2014 年 9 月第 1 版
印　　次	2014 年 9 月第 1 次印刷
標準書號	ISBN 978 - 7 - 5333 - 3239 - 6
定　　價	78.00 圓

前　言

中華古籍承載着中華文明的精髓和靈魂，各界人士都希望能通過各種途徑，對之進行規範有效的整理和保護。青島市圖書館作爲2008年入選的國家首批“全國古籍重點保護單位”之一，一直不遺餘力地開展古籍保護整理工作，《青島市圖書館古籍書目》、《青島市圖書館藏山東文獻珍本圖録》已相繼出版發行。

進一步揭示館藏，給從事古籍整理及研究的同仁進行更深入細緻的研究提供一些綫索和資料，我們嘗試撰寫《青島市圖書館藏珍貴古籍叙録》。何謂“叙録”？漢成帝時，命光禄大夫劉向校中藏經傳諸子詩賦，每一書成，皆條列篇目，撮其指要，録而奏之，謂之“叙録”。古有《管子叙録》、《戰國策叙録》，今有楊致忠先生《宋版書叙録》等皆“叙録”典範。

簡言之，“叙録”如同現代之“圖書提要”，但“叙録”與“圖書提要”的撰寫不盡相同。“叙録”撰寫過程中，既要對撰、注、編、輯等責任者，做簡明介紹；對成書概况、體例、内容作簡明評介；也要對版印時地、版本源流、版本優劣、遞藏情况進行考辨。既有對已有學術成果的吸收和借鑒，也注重在原書中尋求根據，力求在版本源流、價值、地位等方面有新的發現，形成特色。

本書所收爲青島市圖書館入選第一、二批《山東省珍貴古籍名録》的一百一十一部古籍，其中也包含了入選《國家珍貴古籍名録》的六部古籍。這些古籍中，既有刊印精良的刻本，也有傳世孤罕的稿抄本，實屬青島市圖書館館藏之瑰寶。

《青島市圖書館藏珍貴古籍叙録》的問世，是本館重視古籍整理基礎工作的又一成果，該書出版之際，適逢青島市圖書館九十華誕，謹以此書獻禮祝賀。

由於我們水平有限，書中難免有很多不足之處，希望專家、學者和業界同仁們給予斧正。

青島市圖書館館长　于　婧

2014 年 8 月

目　録

以入選《山東省珍貴古籍名録》批次、編號爲序

青島市圖書館珍貴古籍名録證書

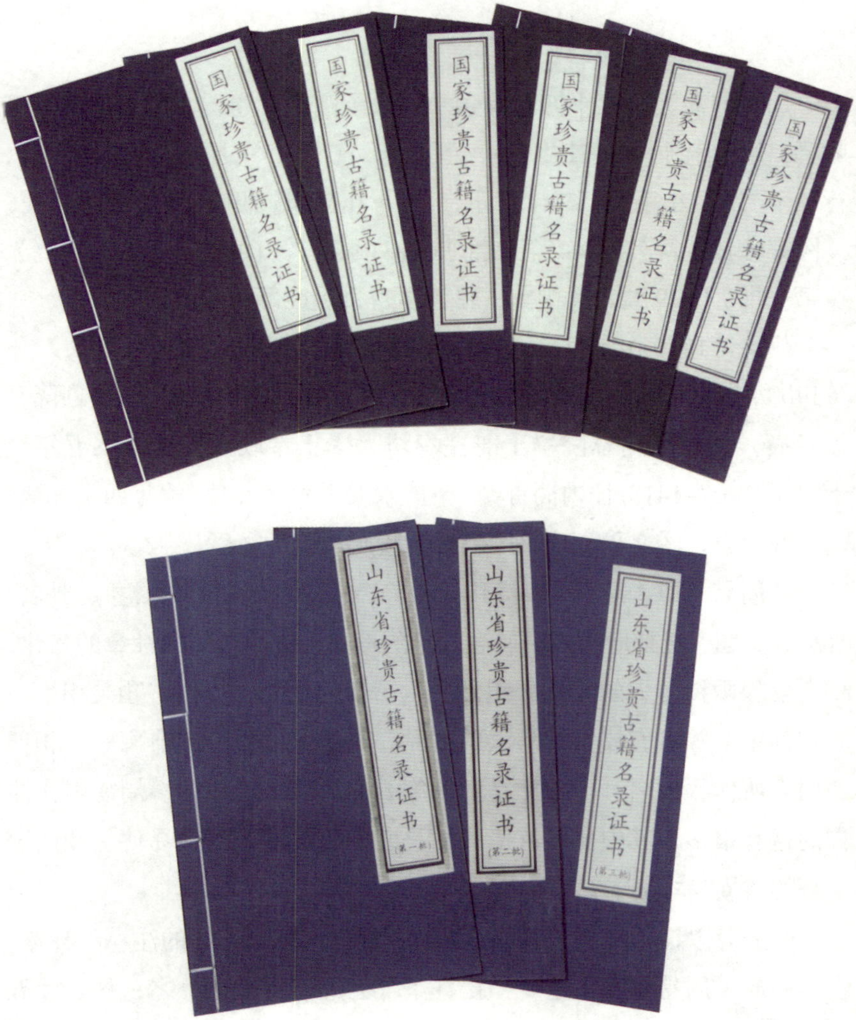

周易傳義大全二十四卷綱領一卷朱子圖説一卷

周易傳義大全二十四卷綱領一卷朱子圖説一卷，（明）胡廣等奉敕纂，明内府刻本。框高二十六·五厘米，寬十八·一厘米。每半葉十行，行二十二字，小字雙行二十二字，上、下粗黑口，四周雙邊，雙黑魚尾。《國家珍貴古籍名録》（第一批）01281號。《山東省珍貴古籍名録》（第一批）0129號，《中國古籍善本書目》經部367號。

胡廣（1370–1418），字光大，號晃庵，江西吉安人。建文二年（1400）舉進士第一，授翰林院纂修，賜名靖。成祖繼位，胡廣迎降，復名廣，累官至翰林院學士兼左春坊大學士奉政大夫。永樂五年至十六年(1407–1418)任内閣首輔。卒於永樂十六年五月，終年四十九歲，贈禮部尚書，謚文穆，成爲明朝首位獲封謚號的文臣。

《周易》即《易經》，簡稱《易》，是由六十四卦的卦象、卦名、卦辭、爻題、爻辭所組成。通過八卦的形式，推測自然與社會的變化，認爲陰陽兩種勢力的相互作用是産生萬物的根源，提出“剛柔相推，變在其中”等富有樸素辯證法的觀點，是儒家的重要經典之一，相傳係周人所作，故名。《傳》是對《經》的解釋，歷代對《周易》作注釋的書有很多，其中比較有影響的是北宋程頤的《程氏易傳》和南宋朱熹的《周易本義》。

胡廣等以這兩部書爲基礎，兼采一百三十多家先儒的注釋以補益，匯編而成《周易傳義大全》一書，是《五經四書大全》之一種。《五經四書大全》包括《周易傳義大全》二十四卷、《書傳大全》二十卷、《禮記集説大全》三十卷、《春秋集傳大全》三十七卷、《四書集注大全》三十六卷，其中各書刊刻時間不同，但行款格式相同，都是十行二十二字，黑口雙魚尾，四周雙邊。《周易傳義大全》爲其首，最先刊刻，永樂十三年完成。

首一卷即總目，包括凡例、程子易傳序、易序、上下篇義、朱子易本義圖、五贊、筮儀、程朱易說綱領、二十四卷卷目。凡例後有“引用先儒姓氏”，列舉了該書所采用的一百三十多家先儒的注釋，自西漢孔安國、揚雄、劉歆直至元代董真卿；四十多位纂修人員的職務和姓名，如胡廣、楊榮、金幼孜等。

第一册卷端題“周易傳義大全總目”，上鈐“欽文之璽”朱文方印，是明初皇帝使用的十七枚寶璽之一，“以重文教”之用，皇帝頒發有關文化教育類文告時鈐此璽；下鈐“張鏡芙藏書印”。

本館所藏此書無牌記等版權標記（是因年久損壞缺頁，還是本來就没有，現無法判斷），卷前無御制序，版心亦無刻工姓名，故不能確定版刻年代、地點，但觀其開本宏闊，刻印精良，裝潢考究，可謂雕印裝幀俱佳，應是初刻初印之本。

（撰稿人：于　婧　張旭麗）

張鏡芙藏書印

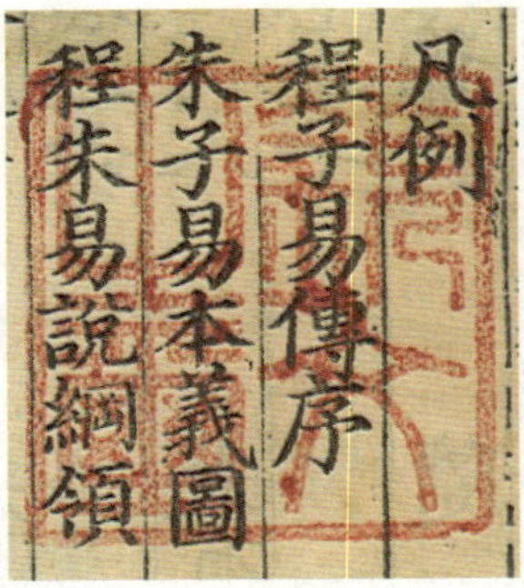

欽文之璽

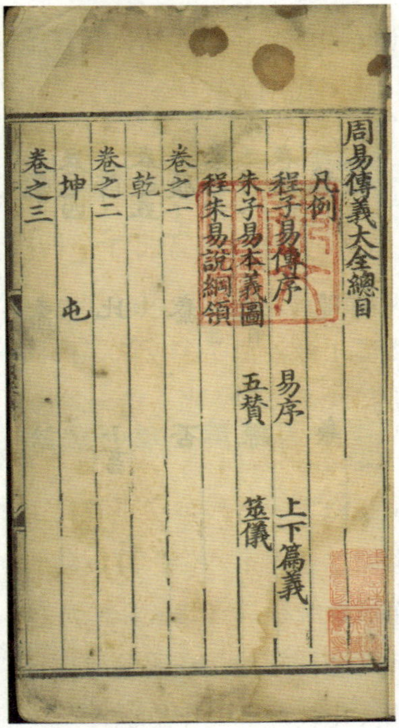

淮海易談四卷

淮海易談四卷，（明）孫應鰲撰，明隆慶二年（1568）刻本。框高十八·八厘米，寬十三·五厘米。每半葉十行，行二十字。白口，四周雙邊。《山東省珍貴古籍名録》（第一批）0134 號，《中國古籍善本書目》經部 431 號。

存三卷（卷一至三）。

孫應鰲，字山甫，號淮海，居如皋。明貴州清平人。嘉靖三十二年進士，授户科給事中，累遷鄖陽巡撫。隆慶初上勵政親賢十事，并劾大珰貪欺狀。尋解官去。萬曆初復起，請恤録建文死事諸臣，官至南京工部尚書。卒謚文恭。有《律吕分解發明》、《淮海易談》等。

他是明朝的名臣大儒，是在王陽明學説思想影響下成長起來的理學家，爲明代四大理學家之一。孫氏學説的中心思想是"求仁"，他提出"無欲"、"無欲就是天理"，以"無欲"達到"求仁"的目的，繼承了王陽明學説思想，是貴州省古代第一位哲學家。他是著名的詩人。《黔詩紀略》收其詩四百五十七首，編爲四卷。時逢奸臣嚴嵩當權，對他横加迫害。他的詩對官場的勾心鬥角和仕途的艱險有所諷喻，部分詩揭露了政治黑暗，反映了民間的疾苦。詩風平易自然，有些作品有民歌風味。他的《學孔精舍詩鈔》是貴州流傳至今最早的一部詩集。《黔詩紀略》稱譽他是"貴州開省以來人物冠"。他是著名的教育家，一生重視教育，曾幾度從事教育工作，任陝西提學副使時，作《諭陝西官師諸生檄》十六條，詳細闡明了他的教育主張和爲學之道。任國子監祭酒兼經筵講官時，鋭意改革，爲國家培養了有真才實學的人才。五十歲辭職回家後，在家鄉清平建學孔子院，向家鄉青年講學，爲發展貴州文化教育事業作出了貢獻。他還是書法家，大小兼能，特擅楷、行。其書法以歐陽詢爲基礎，參柳公權筆意，端莊嚴勁，亦如其人。

楷書《諭陝西官師諸生檄》，現在西安碑林。福泉有《分守新鎮道題名碑記》。

《淮海易談》原題作《易談》，見《明史·藝文志》，“淮海”是著者孫應鰲的號。在這部哲學著作中，孫應鰲提出了重要的“《易》即心”説，其説豐饒而别致。是該書的主旨所在。中國哲學有一個傳統説法：認爲《周易》一書包括天地萬物及其原則，而孫應鰲的“《易》即心”説便是從這個傳統觀念出發而提出的。一、《易》同於天地萬物(“《易》即天地”)，而人的“德性本然之知”亦“同於天地萬物”，且“能立乎天地萬物”。若依此言，則《易》之言天地萬物猶言人的“知”，知就是心，故《易》即心。二、“中”即“天地之道”，聖人法此道，其精神境界便“合天地萬物而爲一體”。所謂“《繫辭》或言聖人以見天地或言天地以見聖人”，即指此而言。而一般人若欲達到聖人的這種境界，則需下一番格致修養之功，所以説“致知則得《易》”。這兩點便構成了孫應鰲“《易》即心”説的基本思想。

《四庫全書總目》（卷七）稱其《淮海易談》：“雖以離數談理爲非，又以程子不取卦變爲未合，而實則借《易》以講學，縱横曼衍，於《易》義若離若合，務主於自暢其説而止，非若諸儒之傳，惟主於釋《經》者也。”此一評語非常準確地概括了孫應鰲詮釋《周易》，不在於文字上的訓詁，而在於借易以講明心學，自暢其説，故其釋《易》常能别開生面，令人耳目一新。

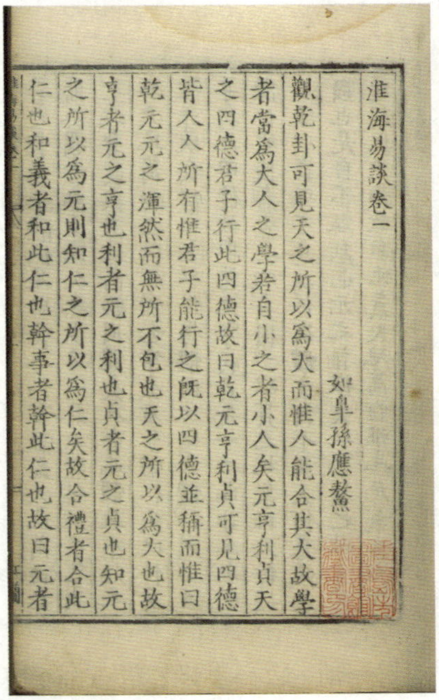
淮海易談卷一
如皋孫應鰲
觀乾卦可見天之所以爲大而惟人能合其大故學者當爲大人之學若自小之者小人矣元亨利貞天之四德君子行此四德故曰乾元亨利貞可見四德皆人人所有惟君子能行之旣以四德並稱而惟曰乾元元之渾然而無所不包也天之所以爲大也故亨者元之亨也利者元之利也貞者元之貞也知元之所以爲元則知仁之所以爲仁矣故合禮者合此仁也和義者和此仁也幹事者幹此仁也故曰元者

（撰稿人：黄麗群）

漢隸字源五卷碑目一卷附字一卷

漢隸字源五卷碑目一卷附字一卷，（宋）婁機撰，明崇禎毛氏汲古閣重刻本。框高二十四·二厘米，寬十六·一厘米。每半葉五行，大小字不等，白口，左右雙邊，無魚尾。《山東省珍貴古籍名録》（第一批）0262號，《中國古籍善本書目》經部4511號。

婁機（1133-約1211），字彦發，南宋嘉興人。乾道二年（1166）進士，歷官禮部尚書兼給事中、進參知政事等。父婁壽，官至太常博士、秘書郎等職。其著作還有《班馬字類》等。

《漢隸字源》是一部考釋漢隸字書的文字學著作。婁機以爲隸書爲楷書之前身，正確認識隸書對正確使用楷書極有幫助，故編此書。

書前"漢隸字源綱目"列"考碑"、"分韵"、"辨字"作爲其體例，以上平、下平、上聲、去聲、入聲分爲五卷，每字皆以楷書標目，另以采自不同碑刻之隸書，排比於楷書之下；《碑目》一卷，包括漢碑、魏晋碑，各記其年月、地里、書者姓名。

次有南宋慶元三年洪景盧（洪邁）序。洪邁序中説"《漢隸字源》六帙，檇李婁君彦發所輯也。其書甚清，其抒意甚勇，其考賾甚精，其立説甚當，其沾丐後學甚篤"；"於古音、古字，亦多存梗概，皆足以爲考證之資。"該書直至今天也是研究隸書及漢字演變源流的重要資料。洪邁（1123-1202），南宋饶州鄱陽（今江西鄱陽县）人，字景盧，號容齋，南宋著名文学家、史學家，謚文敏。

我館所藏漢隸字源五卷碑目一卷附字一卷一函六册：字源五册、碑目一册。版心下鐫：汲古閣。卷首書名頁題：宋本重刊、汲古閣藏板。

該書的版本源流比較清晰：宋代有嘉定本，是慶元本的重修本；明代有陸師道影抄宋本、汲古閣仿宋刊本（仿宋嘉定本）。除汲古閣刻本之外，其他明刊本存世已不多。由於毛氏汲古閣刻書影響大、流傳多，屬常見本，所以明之後的刻本和抄本多是依據汲古閣刊本而來。

（撰稿人：朱桂華）

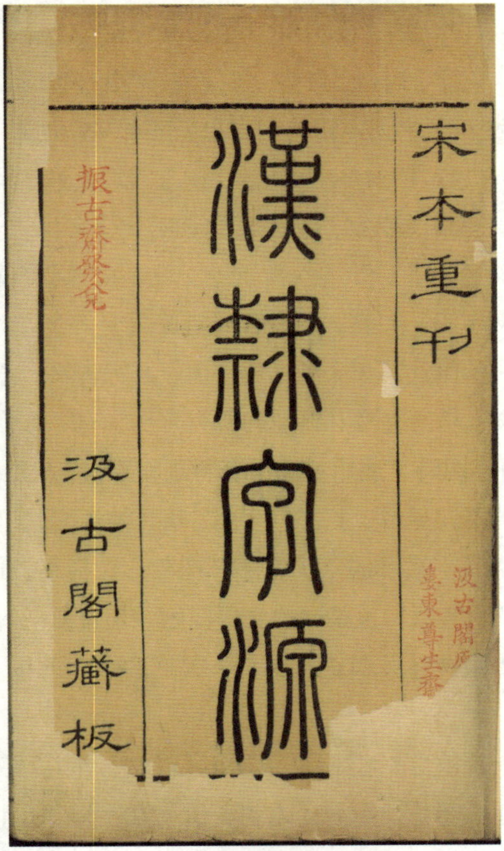

六書正譌五卷

六書正譌五卷，（元）周伯琦撰，（明）傳鑑影元抄本。一函五册，開本高二十六·一厘米，寬十七·二厘米。每半葉十行，行二十七字，小字雙行二十三字，白口，無格，無邊欄。《山東省珍貴古籍名録》（第一批）0264號，《中國古籍善本書目》經部4570號。

周伯琦（1298–1369），字伯温，號玉雪坡真逸，元末江西鄱陽人，官至南台侍御史，文學家，工書善文。明代學者楊士奇稱："周伯温篆書，今世無過之者。"《六書正譌》就是由他親自寫版。另有文字學著作《説文字源》一卷，詩文稿《近光集》等。

該書是一部闡述許慎《説文解字》、記録古文、考辨俗字的字書，屬於對《説文》學的補訂、整理和研究著作。它一方面沿承了《説文》中的很多古字，同時又運用古文字資料訓釋字義、糾正《説文》之誤釋，提出了自己的不同見解，於古今字義、語音的演變軌迹做了許多闡釋。

六書是指漢字構字的六種方法，即象形、指事、形聲、會意、轉注和假借。"六書學"也是"説文學"的一項重要内容。《六書正譌》就是依據六書來闡述并糾正《説文》誤釋的一部著作，其價值及影響是深遠的。

《四庫全書總目》謂該書："推衍《説文》者半，參以己見者亦半，瑕瑜互見，通弊相仿。"對《六書正譌》在字形、反切、釋義等方面的評價是中肯的。

《六書正譌》傳世的版本主要有：元至正十五年刻本；明嘉靖、崇禎刻本；清乾隆、同治、光緒刻本等。我館所藏該書爲影元抄本。

卷首有周伯琦自叙，末有"癸亥季冬傳鑑校正"、後叙。鈐印有：彭年、鄭辱盦藏書、東海郡圖書記、来叔所得書、傳鑑之印、傳鑑私印、立封珍藏、味腴齋印、風雨一床書、芙蓉花外夕陽樓等。可見此書曾由彭年、鄭爰居等多人收藏，傳承有序。

《中國古籍善本總目》經部小學類有著録，全國僅青島圖書館獨家收藏，可見其珍稀程度。

（撰稿人：朱桂華）

彭年

鄭辱盦藏書

東海郡圖書記

來叔所得書

傳鑑之印

傳鑑私印

立封珍藏

味腴齋印

風雨一床書

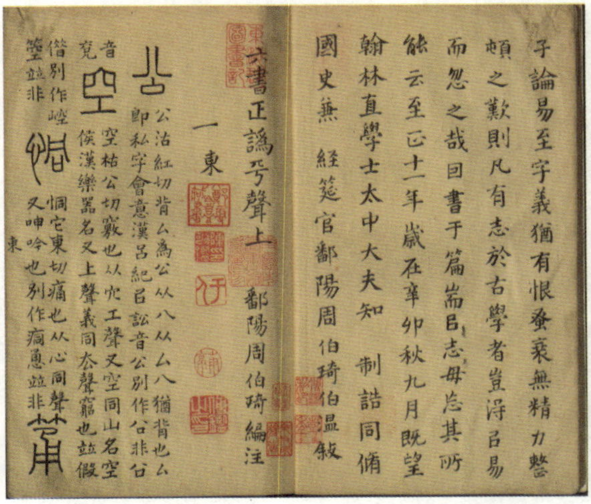

子論易至字義猶有恨蚤衰無精力盤
頓之歎則凡有志於古學者豈淂[illegible]易
而怨之哉因書于篇[illegible]志毋忘其所
能云至正十一年歲在辛卯秋九月既望
翰林直學士太中大夫知　制誥同脩
國史兼　經筵官鄱陽周伯琦伯溫敍

六書正譌卷聲上
鄱陽周伯琦編注
一東

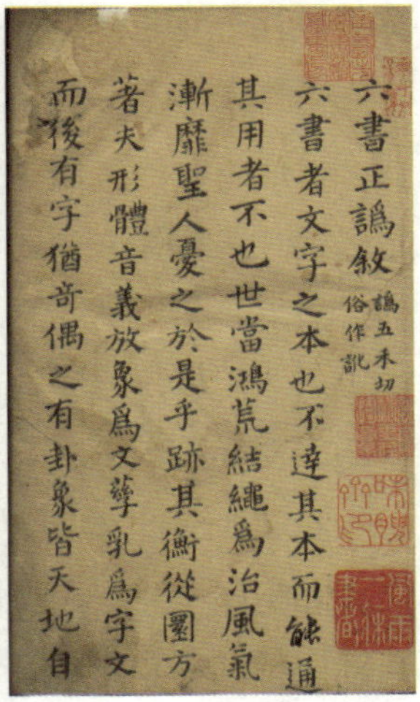

六書正譌敘
六書者文字之本也不達其本而能通
其用者不也世當鴻荒結繩爲治風氣
漸靡聖人憂之於是乎跡其衘從圖方
著夫形體音義放象爲文孳乳爲字文
而後有字猶奇偶之有卦象皆天地自

戰國策十卷

戰國策十卷，（宋）鮑彪校，（元）吴師道補，（明）穆文熙編，明萬曆劉懷恕刻春秋戰國評苑本，佚名批點。框高二十四·五厘米，寬十四·八厘米。每半葉九行，行二十字，白口，小字雙行同，四周雙邊。《山東省珍貴古籍名録》（第一批）0495 號，《中國古籍善本書目》史部 2243 號。

鮑彪，字文虎，浙江龍泉人。南宋高宗建炎二年（1128）進士。南宋紹興二十六年（1156）以大學博士累遷司封員外郎。鮑彪又號潛翁，潛心於學，著作甚富，爲宋代著名學者。

吴師道（1283–1344），字正傳，浙江蘭溪人。至治進士，授高郵縣丞，調寧國路録事。至元元年（1335），遷建德縣尹。所至皆有善政。因薦入爲國子助教，升博士。其爲教，一本朱熹之旨，而遵許衡之成法，六館諸士無不悦服，至正三年（1343）丁憂歸。明年以禮部郎中致仕。有《吴正傳文集》、《吴禮部詩話》、《敬鄉録》、《戰國策校注》等。

《戰國策》是匯編而成的歷史著作，其中所含資料多出於戰國時代，包括策士的著作和史臣的記載，匯集成書。西漢劉向整理考訂後，定名爲《戰國策》。總共三十三篇，按國别記述，計有東周一、西周一、秦五、齊六、楚四、趙四、魏四、韓三、燕三、宋、衛合爲一、中山一。記事年代大致上接《春秋》，下迄秦統一。《宋史·藝文志》有鮑彪注《國策》十卷，收入《四庫全書》。

我館所藏此部《戰國策》，封面簽題“戰國策評苑”，卷首題“宋尚書郎鮑彪校注，元國子博士吴師道注，明吏部考功員外穆文熙編纂，兵部左侍郎石星重校，河南道監察御史劉懷恕、江西道監察御史沈權校”。

穆文熙所輯《戰國策評苑》十卷，有萬曆二十年鄭以厚光裕堂刻本、明季烏氏永懷堂刻本。《四庫全書總目》該書提要稱：“其曰評苑者，蓋於簡端雜采諸家之論云。”此書主要輯録了明代評論家如王鏊、唐順之、穆文熙、歸有光等數十家批語。此書目録末尾有吳師道識曰：“鮑彪變亂古文，學者喜尚新異，幾亡其舊。今以元本卷第章次，列於目録，著於篇首，庶幾得據以有考云。”《戰國策後序》末又有吳師道識：“右此序題姚寬撰，有手寫附於姚注本者，文皆與宏序同，特疏列逸文加詳。考其歲月則在後，乃知姚氏兄弟皆嘗用意此書。寬所注者，今未之見，不知視宏又何如也？因全録著之左方，以俟博考者。”此本印刷精良，保存較爲完好，且有佚名批點。鈐有“漱六藝之芳潤”正方形陽文印章及“巨鱗父”正方形陰文印章，然不知此印章爲何人藏書印，故其收藏軌迹不明，待博學之士明之。

（撰稿人：朱妍蕾）

巨鱗父

漱六藝之芳潤

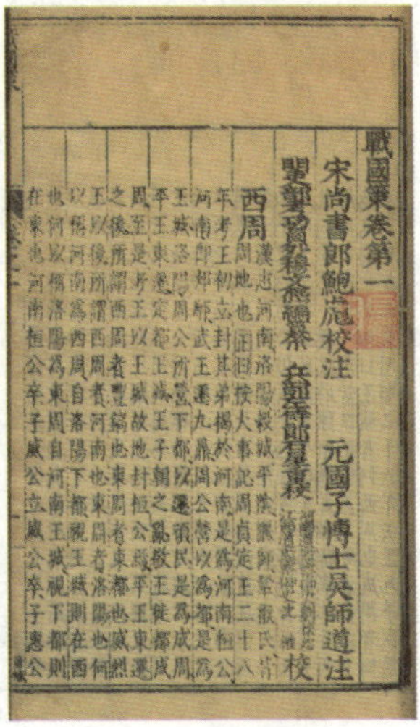

戰國策卷第一

宋尚書郎鮑彪校注　元國子博士吳師道注

西周

岱史十八卷

岱史十八卷，（明）查志隆輯，明萬曆三十九年（1611）戴相堯刻本。框高二十一・八厘米，寬十五厘米。每半葉九行，行二十字，白口，四周單邊。《山東省珍貴古籍名録》（第一批）0736號。

查志隆，明浙江海寧人，字嗚治。嘉靖三十八年進士，歷任保定知府、山東按察副使、山東布政司左參政等職。有《山東鹽法志》、《天津存稿》、《皖城存稿》。

萬曆十四年，查志隆任山東都轉運鹽使司同知時，遵從山東監察御史譚耀之意，廣泛搜集資料，編輯《岱史》。其在《凡例》中云“稍暇即從縉紳家假古今名編搜討焉”、“躬自勵涉”、“或仍舊志，或采碑匾，或采諸家集”，進行編録整理，遂成《岱史》。此“舊編”、“舊志”皆指汪子卿之《泰山志》。對此，泰山學著周郢在《泰山志校證》一書中曾説：“其志（《岱史》）實爲汪《志》的改編本，故其體例與内容，均多因襲汪氏，但也有一些改訂增補之功……《岱史》内容有半數係取資於汪《志》，受汪氏滋養殊深。”《岱史》全書十八卷，“《考》凡三，曰圖、曰星野、曰形勝；《表》凡二，曰山水、曰疆域；《紀》凡四，曰狩典、曰望典、曰靈宇、曰往迹；《志》凡五，曰宫室、曰物産、曰香税、曰災祥、曰登覽”。雖在編排上略“分類雜陳”，但保存的明代資料非常豐富，後世的泰山著述，無一不取自此書。因此，《岱史》一書成爲後人研究考證有關泰山和相關史料的必備之書。清姚覲元《清代禁毁書目（補遺）》中著録《岱史》，云“查《岱史》係明嘉靖間查志隆撰，天啓間張縉彦重修，内載王在晋祭文，語殊悖妄。泰山志書諸家别本尚多，不藉此本以考證”。可知《岱史》在清初由時任山東右布政使的張縉彦删補。《中國古籍善本總目》、《續修四庫全書總目提要》、《清代禁毁書目》、《東北古籍綫裝書聯合目録》

等大型書目對《岱史》均有著録。我館所藏《岱史》前有于慎行《岱史叙》及譚耀《岱史序》，刊刻年代較早，版本價值較高。

（撰稿人：朱妍蕾）

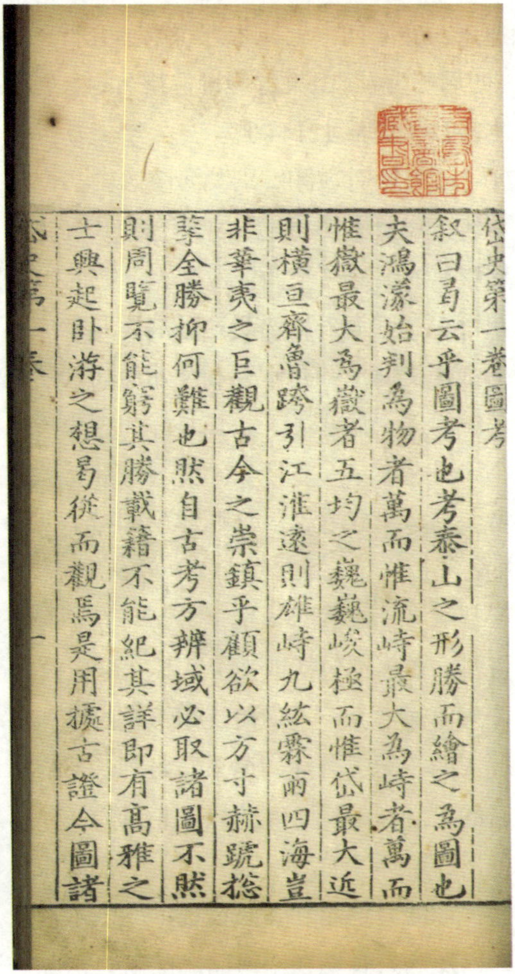

岱史第一卷圖考

叙曰曷云乎圖考也考泰山之形勝而繪之為圖也夫鴻濛始判為物者萬而惟流峙最大為峙者萬而惟嶽最大為嶽者五均之巍巍峻極而惟岱最大近則横亘齊魯跨引江淮遠則雄峙九紘霖雨四海豈非華夷之巨觀古今之崇鎮乎顧欲以方寸赫蹏捴萃全勝抑何難也然自古考方辨域必取諸圖不然則周覧不能窮其勝載籍不能紀其詳即有髙雅之士興起卧游之想曷從而觀焉是用攟古證今圖諸

岱史第一卷　一

東西洋考十二卷

東西洋考十二卷，（明）張燮撰，明萬曆四十六年王起宗刻本。框高二十・六厘米，寬十四・七厘米。每半葉九行，行十八字，小字雙行同，白口，四周雙邊。《山東省珍貴古籍名録》（第一批）0771 號。《中國古籍善本書目》史部 12144 號。

張燮（1574 – 1640），字紹和，别號海濱逸史。萬曆二十二年舉人。性聰敏，博極群書。結社芝山之麓，與蔣孟育、高克正、林茂桂等稱七才子。黄道周雅重之。有《東西洋考》、《霏云居集》。

明代，漳州手工業和海外貿易迅速發展，月港成爲全國最大的外貿港口。當時，張燮受海澄知縣陶鎔和漳州府司理蕭基、督餉别駕王起宗委託，著手編寫《東西洋考》，作爲漳州與東、西洋各國貿易通商的指南。

《東西洋考》共分十二卷，計《西洋列國考》四卷，《東洋列國考》一卷，《外紀考》一卷，《餉税考》一卷，《税璫考》一卷，《舟師考》一卷，《藝文考》二卷，《逸事考》一卷。有關漳州地區海外貿易的各方面資料，幾乎都包括進去了，其文獻價值極高。

張燮編撰《東西洋考》，不僅廣泛采録政府邸報、檔案檔，參閲許多前人和當代人的筆記、著述，還采訪舟師、船户、水手、海商，經過詳細、嚴密的考訂和編輯，并仿照宋趙汝適《諸蕃志》體例，在萬曆四十五年（1617 年）寫成《東西洋考》。記載東、西洋四十個國家的沿革、事迹、形勢、物産和貿易情况；記載水程、二洋針路、海洋氣象、潮汐，以及國人長期在南海諸島的航行活動、造船業和海船的組織等情况；還收録了秦漢以來中外關係的有關史料及宋、元、明三朝中外關係的有關文獻。《東西洋考》還特别記載神宗時税璫高寀在福建的暴行，以及海澄人民反抗高寀的示威運動。《東西洋考》是明代中外關係和東南亞各國歷史、地理的重要文獻，也是一部綜述漳州與東、西洋各國貿易通商的指南。它對研究中外關係史、經濟史、航海史、華僑史等都有很高的史料價值。

周起元爲《東西洋考》作序，譬之爲“開采訪之局，垂不刊之典”，“補前人所未備”，指明了該書的價值所在。張燮在本書《凡例》中明確地指出：“諸國前代之事，史籍倍詳，而明興以來爲略。即國初之事，掌故粗備，而嘉隆以後爲尤略。每見近代作者，敘次外夷，於近事無可縷指，輒用‘此後朝貢不絶’一語唐塞。譬之爲人家作傳，叙先代門閥甚都，至後來結束殊蕭索，豈非缺陷？余每恨之。間采於邸報所抄傳，與故老所誦述，下及估客舟人，亦多借資。庶見大全，要歸傳信”，表明其有意識地在書中大量搜集和記録了十六世紀中葉以後的當代資料。

此本鈐有“程繼昌印”、“小癸”印章，可知此本曾爲程繼昌等人收藏。

（撰稿人：黄麗群）

程繼昌印

小癸

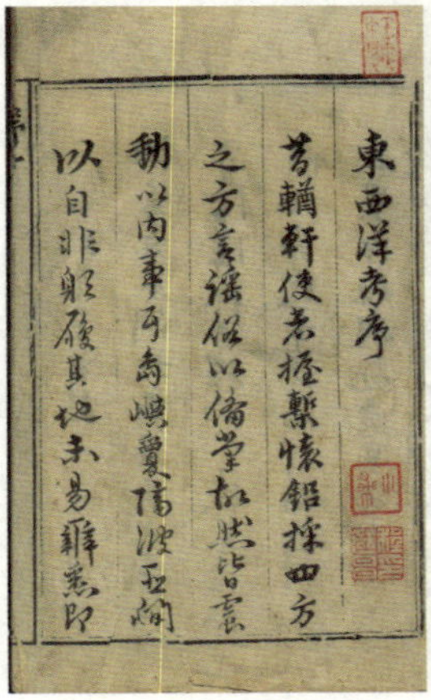

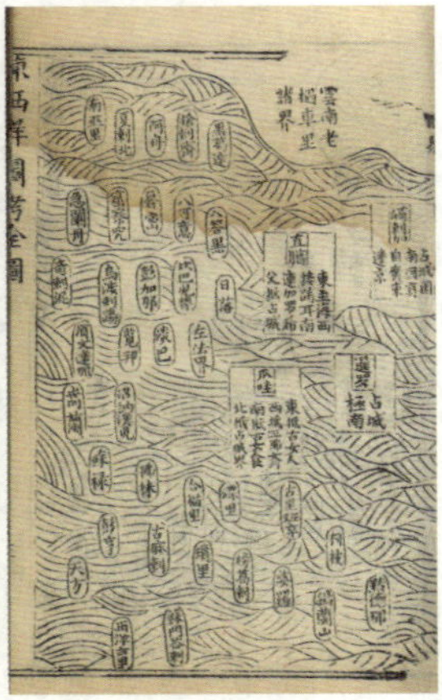

文獻通考三百四十八卷

文獻通考三百四十八卷，（元）馬端臨撰，明嘉靖三年（1524）司禮監刻本。框高二十五・四厘米，寬十七・四厘米。每半葉十行，行二十字，小字雙行同，黑口，四周雙邊。《國家珍貴古籍名録》（第二批）04265號，《山東省珍貴古籍名録》（第一批）0790號，《中國古籍善本書目》史部12527號。

馬端臨（1254–1323），字貴與，號竹洲，饒州樂平人。宋元之際著名歷史學家，著有《文獻通考》、《大學集注》、《多識録》。馬端臨主張謀求治國安民之術，探討會通因仍之道，講究變通張弛之故，以杜佑《通典》爲藍本，完成明備精審之作《文獻通考》。

此書爲中國古代典章制度上的集大成之作，體例别致，史料豐富，内容充實，評論精闢。《文獻通考》共計三百四十八卷，記上起三代，下終南宋寧宗嘉定五年（1212）的典章制度。唐天寶以前史實，以杜佑《通典》爲基礎作拾遺補缺，天寶以後至宋嘉定五年，加以續修。共分二十四門，其中經籍、帝系、封建、象緯、物異五門爲作者自創。所載宋制尤詳，多爲《宋史》各志所未備。《文獻通考》爲史學三通之一，具有重要參考價值。馬端臨完成《文獻通考》一書，發展了杜佑所創立的新史書體裁，即以事類爲中心叙述歷史發展的典志體，又推進了鄭樵所倡導的會通之義。其《自序》中稱，一方面爲續《通典》天寶以後之事迹，一方面要配補司馬光《資治通鑒》，略如紀傳體史書中的紀和志，使"有志於經邦稽古者，或有考焉"。

《文獻通考》通行的版本爲清乾隆年間武英殿校刊的三通合刻本，附有考證，其後復刻者多以此爲底本，重要者爲江西崇仁謝氏及浙江書局等本。

我館所藏《文獻通考》，前有明嘉靖三年五月初一日明世宗朱厚熜撰《御制重刊文獻通考序》，具有重要的歷史資料和版本價值。

（撰稿人：張旭麗）

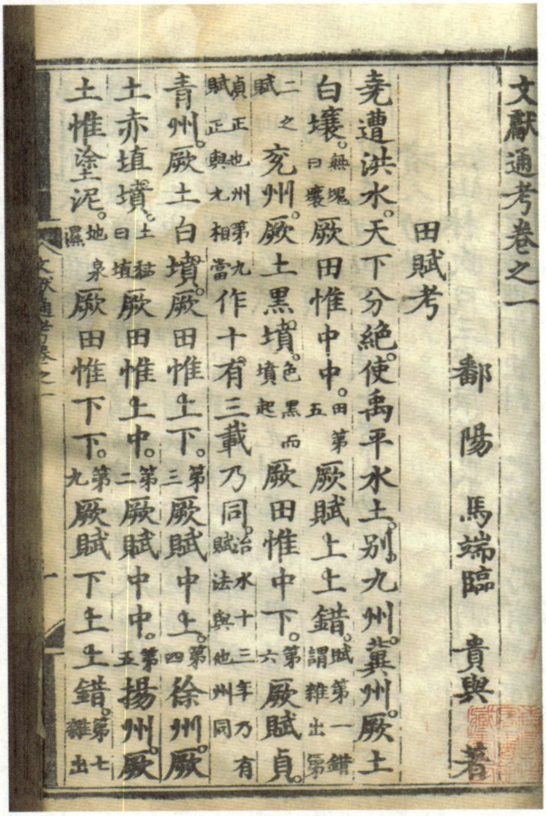
文獻通考卷之一

鄱陽 馬端臨 貴與 著

田賦考

堯遭洪水。天下分絕。使禹平水土。別九州。冀州厥土白壤。無塊曰壤厥田惟中中。田第五厥賦上上錯。賦第一錯謂雜出第二之賦兗州。厥土黑墳。色黑而墳起厥田惟中下。第六厥賦貞。貞正也州第九賦正與九州相當作十有三載乃同。治水十三年乃有賦法與他州同青州。厥土白墳。厥田惟上下。第三厥賦中上。第四徐州。厥土赤埴墳。土黏曰埴厥田惟上中。第二厥賦中中。第五揚州。厥土惟塗泥。地泉濕厥田惟下下。第九厥賦下上上錯。第七雜出

泊如齋重修宣和博古圖録三十卷

泊如齋重修宣和博古圖録三十卷，（宋）王黼等撰，明萬曆十六年（1588）泊如齋刻本。框高二十四·九厘米，寬十五·九厘米。每半葉八行，行十七字，白口，四周單邊。《山東省珍貴古籍名録》（第一批）0816號，《中國古籍善本書目》史部14596號。

王黼（1079–1126），初名甫，字將明，開封祥符（今河南開封市）人。崇寧進士。宰相何執中薦爲左司諫。蔡京爲相，升爲御史中丞、翰林學士承旨。宣和元年（1119），以中書侍郎加特進、少宰，躍居相位。《宋史》有傳。

《宣和博古圖録》爲宋代金石學著作，由宋徽宗敕撰，王黼等撰，於宋大觀初年（1107）開始編纂，成於宣和五年（1123）之後。該書著録了宋代皇室在宣和殿收藏的自商代至唐代的青銅器839件，分爲鼎、尊、罍、彝、卣、瓶、壺、爵、觶、敦、簠、簋、鬲、鐘、雜器、鏡鑒等，各種器物均按時代編排，凡二十類。該書每類器物都有總説，每件器物都有摹繪圖、銘文拓本及釋文，并記有器物尺寸、重量與容量。有些還附記出土地點、顔色和收藏家姓名，并有對器名、銘文所作的詳盡説明和精審考證。

此本爲明萬曆十六年泊如齋刻本，書名葉題：丁南羽、吴左幹繪圖，劉季然書録。書中有刻工名：黄德時，明歙縣人，當時著名刻工，除此本之外，尚刻過《方氏墨譜》、《女貞觀重會玉簪記》等，都是著名版畫作品。此書圖文并茂，開本宏大。鄭振鐸先生在《西諦書跋》一書中所言是本即明寶古堂刻本《宣和博古圖録》。因徽州刻本所用材堅，故歷久如新，此書應爲經泊如齋挖改書名而成。然所憑僅因其所見泊如齋本多竹紙後印本。然寶古堂合刻《博古圖》三十卷、《考古圖》十卷、《古玉圖》二卷。而泊如齋本有《泊如齋重修考古圖》

十卷、《續考古圖》五卷、《釋文》一卷，且無《古玉圖》著録，與寶古堂版不合。

（撰稿人：黃麗群）

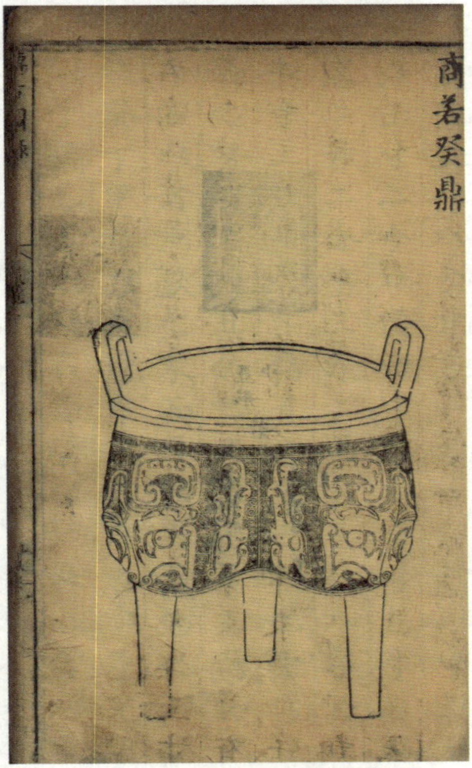

石墨鐫華六卷附録二卷

石墨鐫華六卷附録二卷，（明）趙崡撰，明萬曆四十六年（1618）自刻本。框高二十一·七厘米，寬十三·六厘米。每半葉八行，行十八字，白口，四周單邊。《山東省珍貴古籍名録》（第一批）0833號，《中國古籍善本書目》史部14803號。

趙崡，字子函，明陝西盩厔人。萬曆間舉人。常挾紙墨訪拓古代石刻，并乞於朋友之宦游四方者，積三十餘年，所蓄舊碑頗多。有《石墨鐫華》。卷首有明萬曆戊午（1618）秋七月五日趙崡所撰《石墨鐫華序》，稱其所收過於都穆、楊慎，而視歐陽修纔三之一，視趙明誠纔十之一。然宋、元以上多歐、趙所未收者，欲刊其全文，而力不足以供匠氏。

《石墨鐫華》共録有碑刻二百五十三種，是研究碑帖拓片的重要參考書籍之一。《四庫全書總目》該書提要云："每碑目録之下，仿陳思《寶刻叢編》之例，各注其地。金元國書，世不多見，亦仿《集古録》摹載鐘鼎之例，鈎勒其文。體例頗爲詳備。惟所跋詳於筆法而略於考證，故《岣嶁碑》、《比干墓銘》之類，皆持兩端。而所論筆法，於柳公權、蘇軾、黄庭堅皆有不滿，亦僻於一家之言。然一時題識，語有出入，自《集古録》以下皆所不免，不能獨爲崡咎也。"

我館所藏《石墨鐫華》第十頁係鈔配而成，該書前有清代著名藏書家版本專家葉德輝手書題跋。葉德輝對於《石墨鐫華》的題跋，迄今可見者有兩處：一處見於青島市圖書館所藏明刻本《石墨鐫華》之上，爲宣統三年（1911）所跋，通過與舊藏萬曆戊午（1618）原刻本的比勘，運用避諱知識，確定其板爲萬曆原板，刷印則在乾隆之時。另一處則見載於葉氏《郎園讀書志》卷四，其"明萬曆戊午刻本《石墨鐫華》八卷"。卷首鈐有"葉德輝焕彬甫藏閲書"、"張鏡芙藏書印"等。

表明其在清代曾爲葉德輝所珍藏，後又曾爲張鏡芙所藏。此書版本珍貴，傳承有序，對於研究中國古代碑刻文字等具有重要的參考價值。

（撰稿人：朱妍蕾）

葉德輝煥彬甫藏閲書

張鏡芙藏書印

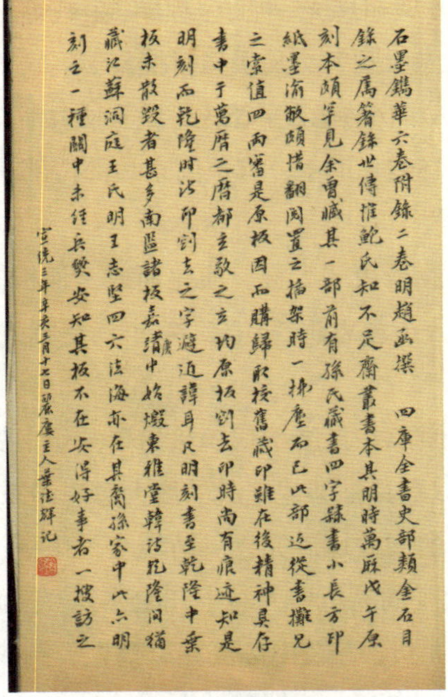

石墨鐫華六卷附錄二卷明趙函撰　四庫全書史部類金石目錄之屬著錄世傳推鮑氏知不足齋叢書本其明時萬曆戊午原刻本頗罕見余曾藏其一部前有孫氏藏書四字隸書小長方印紙墨渝敝頗惜翻閱置之插架時一拂塵而已此部近從書攤見之索值四兩審是原板因而購歸取校舊藏印雖在後精神具存書中于萬曆之曆都去敬之文均原板剜去印時尚有痕迹知是明刻而乾隆時印剜去之字避適諱耳凡明刻書至乾隆中棄板未散毀者甚多南監諸板嘉慶中始燬東雅堂韓詩乾隆間猶藏汪蘇洞庭王氏明王志堅四六法海亦在其裔孫家中此亦明刻之一種關中未經兵燹安知其板不在安得好事者一搜訪之

宣統三年辛亥三月十七日郋園主人葉德輝記

葉德輝手記

邵子全書二十四卷

邵子全書二十四卷，（宋）邵雍著，明萬曆三十四年（1606）徐必達刻本。框高二十一・一厘米，寬十四・七厘米。每半葉十行，行二十字，白口，四周雙邊，單黑魚尾。《山東省珍貴古籍名録》（第一批）0882號，《中國古籍善本書目》子部427號。

邵雍（1011–1077），字堯夫，謚號康節，自號安樂先生、伊川翁，原籍范陽（今河北涿縣），幼隨父遷共城（今河南輝縣）。哲學家、易學家，曾隱居蘇門山百源之上讀書，人稱“百源先生”。後居洛陽以教授生徒爲業，與司馬光、程頤、程顥、張載等人交游甚密。著有《皇極經世書》、《先天圖》、《伊川擊壤集》、《漁樵問對》等。

徐必達（1562–1631），字德夫，號玄丈，浙江秀水（今嘉興）人。明萬曆二十年（1592）進士，官至南京兵部侍郎。善詩文，精於理學。室名“南州書舍”。

邵雍認爲萬物皆由“太極”演化而成，他根據《易經》關於八卦形成的解釋，摻入道教思想，虛設一宇宙構造圖式和學説體系，即“先天學”。

邵雍的突出貢獻在於繼承傳統象易學基礎上對易學所進行的精心改造和創新，是以數爲框架建立起的龐大思想體系，即所謂“自得者”，推動了易學向前發展并臻於完善。清儒全祖望稱：“康節之學，别爲一家。”李光地《周易折中》卷十九記述：“南渡之後，如林栗、袁樞之徒，攻邵者尤衆，雖象山陸氏亦以爲先天圖非聖人作《易》本指，獨朱子與蔡氏闡發表章，而邵學始顯明於世，五百年來，雖復有爲異論者而不能奪也。”論證邵氏之學雖然遭到了種種攻擊，而傳者不絶於世。

邵雍代表作《皇極經世書》是一部運用易理和易教推究宇宙起源、

自然演化和社會歷史變遷的著作，以河洛、象數之學顯於世。其中《觀物篇》乃其哲學、易理、歷史學的理論大綱。首六卷《元會運世》三十四篇，次四卷《聲音律品》十六篇，再次《觀物内篇》十二篇，末《觀物外篇》二篇。前六十二篇是邵氏自著，末二篇是門人弟子記述。

邵雍之後出現了許多研究著作，有其子邵伯温《皇極系述》、《觀物内篇解》、張元定《經世指要》、朱元升《邵易略例》、俞琰《易外别傳》、明黄畿《皇極經世傳》、余本《皇極經世釋義》、清王植《皇極經世直解》等，對其學説加以詮釋和闡發，使之成爲專門之學，治此學者則成爲一個重要學派。清儒黄宗羲《宋元學案》專立“百源學案”，以述其思想源流。

首有萬曆丙午（1606）徐必達“刻邵子全書序”、朱國禎序；卷端題徐必達校正。有刻工：毛。鈐印：“鄭辱庵藏書”，表明此本曾爲現代著名金石藝術家、藏書家鄭爰居所藏。

該書《中國古籍善本總目》第七九二頁子部儒家類有著録，全國僅山西省圖書館、山東省圖書館和青島圖書館三家單位有藏。

（撰稿人：朱桂華）

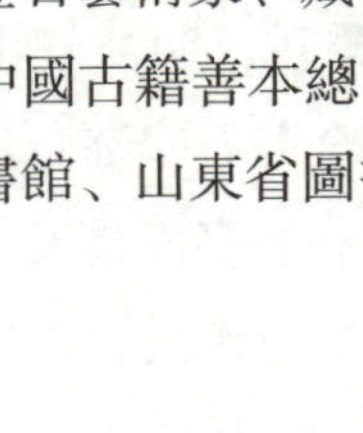

鄭辱庵藏書

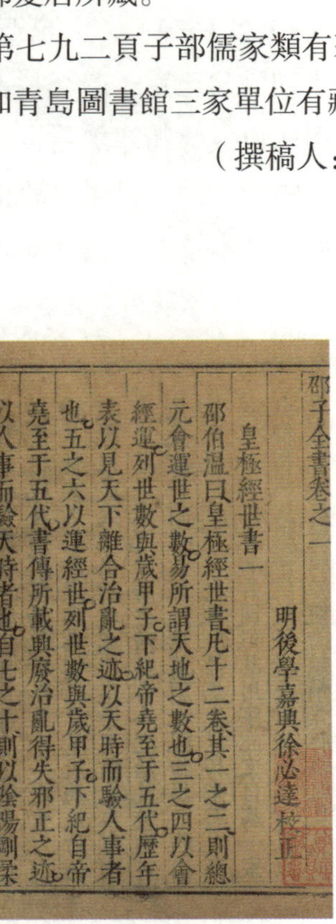

邵子全書卷之一

明後學嘉興徐必達校正

皇極經世書一

邵伯温曰皇極經世書凡十二卷其一之二則總元會運世之數易所謂天地之數也三之四以會經運列世數與歲甲子下紀帝堯至于五代歷年表以見天下離合治亂之迹以天時而驗人事者也五之六以運經世列世數與歲甲子下紀自帝堯至于五代書傳所載興廢治亂得失邪正之迹以人事而驗天時者也自七之十則以陰陽剛柔

類經三十二卷圖翼十一卷附翼四卷

類經三十二卷，（明）張介賓類注；圖翼十一卷附翼四卷，（明）張介賓撰，明天啓四年（1624）刻本。框高二十一・一厘米，寬十四・七厘米。每半葉八行，行十八字，小字雙行同，白口，四周單邊。《山東省珍貴古籍名録》（第一批）0968 號，《中國古籍善本書目》子部 1753 號。

存三十二卷（類經卷一至三十二）。

張介賓（1552–1639），字惠卿，號景岳，明浙江山陰人，别號通一子。年十四隨父至京，遍交長者。從金夢石學醫，遂成名醫。以爲凡人陰陽但以血氣臟腑寒熱爲言，其實病者多以爲天戕成，治病以扶元氣爲主。嘗謂河間、丹溪立論稍偏，後世因之，喜用寒凉之藥，多傷元氣。故注《本草》，獨詳參附之用，喜用熟地黄，人稱“張熟地”。有《類經》、《景岳全書》、《古方八陣》、《新方八陣》等。

《類經》三十二卷是其代表作之一，也是繼隋代楊上善《太素》之後，對《内經》進行全面分類研究的又一著作，張氏中年以後著書立説，著作首推《類經》，其編撰“凡歷歲者三旬，易稿者數四，方就其業”。打亂《内經》原來的體例，按性質將經文分類，然後加以注解。往往以《靈樞》啓《素問》之微，以《素問》發《靈樞》之秘，相爲表裏，互通精義。同時，綜核百家，剖析幽隱，把經文分成攝生、陰陽、藏象、脉色、經絡、標本、氣味、論治、疾病、針刺、運氣、會通十二類，共三百九十條，匯分三十二卷。此書由於把《素問》和《靈樞》兩經“合而爲一”，并分類編注，所以叫《類經》。再編《類經圖翼》和《類經附翼》，對《類經》一書中意義較深言不盡意之處，加圖詳解，再附翼説。《類經圖翼》十一卷：對運氣、陰陽五行、經絡經穴、針灸操作等作圖解説，討論系統。《類經附翼》四卷，爲探討易理、古代音律與醫理的關係，也有闡述其温補的學術思想之作，如《附翼・大寶論》、《附翼・真陰論》等重要論文，也有部分針灸歌賦。全書多從易理，五運六氣、臟腑陰陽氣血的理論來闡發經文藴義，頗能啓迪後人，深爲後世所推崇。

此本正文前有明天啓四年甲子張介賓撰《類經序》。另有明葉秉敬撰《類經序》云："……即請付之梓，而景岳猶慮識者寡也。余曰：太陽未出，爝火生明；太陽一出，孤燈失照。向日之《内經》不明，而諸家横出，燈之光也；今《類經》一出，太陽中天，而燈失色矣。人情不甚相遠，既能見燈，豈不見日？景岳又何慮焉？於是意决，將付之梓，而請余爲序。"言張介賓成書事。版心下鐫有刻工名：謝應魁。我館收藏此書首卷第十二頁 B 面及卷一末頁係抄配。

（撰稿人：黄麗群）

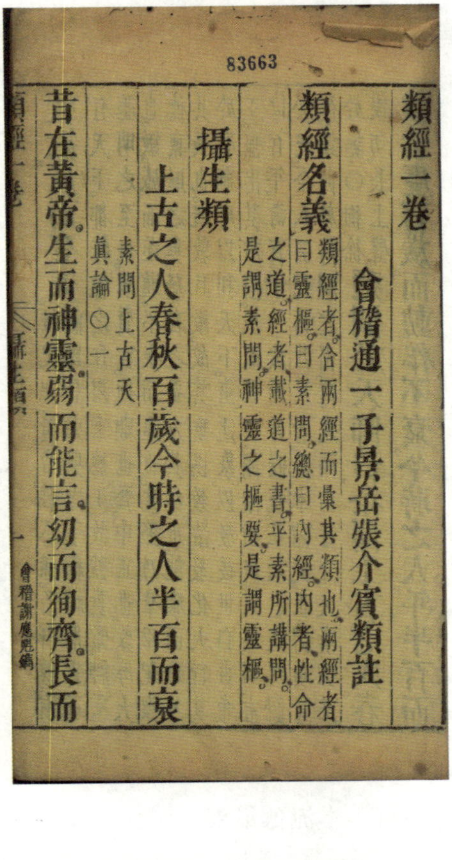

類經一卷
會稽通一子景岳張介賓類註
類經名義 類經者合兩經而彙其類也兩經者曰靈樞曰素問總曰內經內者性命之道經者載道之書平素所講問是謂素問神靈之樞要是謂靈樞
攝生類
上古之人春秋百歲今時之人半百而衰 素問上古天眞論〇一
昔在黃帝生而神靈弱而能言幼而徇齊長而
類經一卷 攝生類 一 會稽謝應魁鐫

老學庵筆記十卷

老學庵筆記十卷，（南宋）陸游撰，明天啓三年（1623）周應儀、王志堅校，清乾隆壬午（1762）刻本。一函四册，框高十九·九厘米，寬十四·一厘米。每半葉九行，行十八字，白口，左右雙邊，單黑魚尾。《山東省珍貴古籍名録》（第一批）1075號，《中國古籍善本書目》子部6149號。

陸游（1125–1210），字務觀，號放翁，越州山陰（今浙江紹興）人。南宋愛國詩人、學者。孝宗時賜進士出身。一生筆耕不輟，《會稽續志》説他“學問該貫，文辭超邁，酷喜爲詩”。今存詩九千多首，與王安石、蘇軾、黄庭堅并稱“宋代四大詩人”。著有《劍南詩稿》、《渭南文集》、《南唐書》、《老學庵筆記》等。

王志堅（1576–1633），字弱生，一字聞修，號淑士，江蘇昆山人。明萬曆三十八年（1610）進士。天啓二年（1622）督浙江驛傳。生平詩作甚富，與歸昌世、李流芳并稱昆山“三才子”。

周應儀，字元度，明末吴江（今江蘇蘇州）人，官光禄寺署丞。

“老學庵”是陸游晚年蟄居故鄉山陰時的書齋名，取師曠“老而學如秉燭夜行”意名之。筆記小説作爲一種文體，深受古代文士的歡迎。該書内容非常豐富，或記親歷親聞之事，或述讀書考察心得，真實生動，風趣幽默，是宋人筆記中的佼佼者。其中大量篇幅記載了當時的名物典章制度和各種異事靈驗、風俗世情、逸聞軼事及詩話文藝，具有極高的文學、史料價值。

該書在陸游生前并未刊印，直到南宋紹定元年（1228）他的兒子陸子遹方將其刊印十卷，此即陸氏家刻本，今已不存。明代主要刻本有《稗海》本、《説郛》本（節選本）及吴江周元度刻本（内有錢允治序），其中《稗海》本流傳最廣。清代除《四庫全書》本、《學津討原》本、《叢書集成》本外，尚有殘宋本五卷、影宋本及穴硯齋抄本十卷（據陸氏家刻本鈔）。近代有商務印書館本、中華書局本等。

《四庫全書總目》評價該本“軼聞舊典，往往足備考證”。李慈銘《越縵堂讀書記》稱其：“雜述掌故，間考舊文，俱爲謹嚴；所論時事人物，亦多平允。”

卷首有：明天啓三年錢允治序；明天啓壬戌（二年）王志堅“刻老學菴筆記序”；明天啓辛酉（元年）周應儀序。卷末有：崇禎甲申周之彝跋；乾隆壬午（1762）“附録記二篇”。

錢允治（1541–1624），名府，字允治，又字功甫，明代文學家、畫家、藏書家。畫家錢谷之子。錢曾《讀書敏求記》稱：“功甫老屋三間，藏書充棟……所藏多人間罕見之本。”

鈐印：“又敬堂”、“圖書發古香”。

檢《中國古籍善本總目》第九七四頁子部雜家有著録，明天啓三年本僅天一閣和青島圖書館兩家單位有藏。

（撰稿人：朱桂華）

又敬堂

圖書發古香

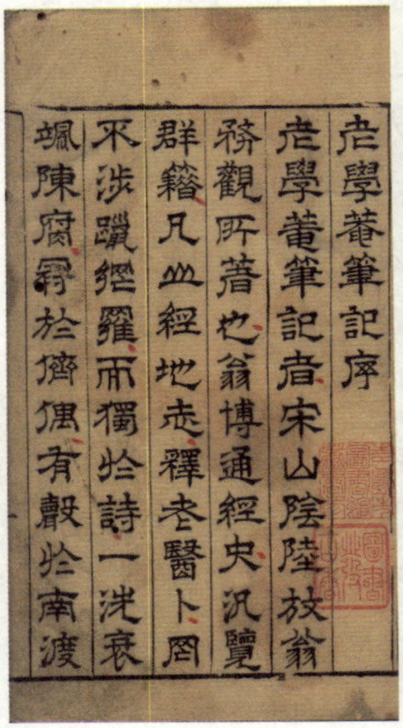

老學菴筆記序
老學菴筆記者宋山陰陸放翁
務觀所著也翁博通經史汎覽
群籍凡山經地志釋老醫卜罔
不涉獵經羅而獨於詩一洗衰
颯陳腐歸於儕偶有轂於南渡

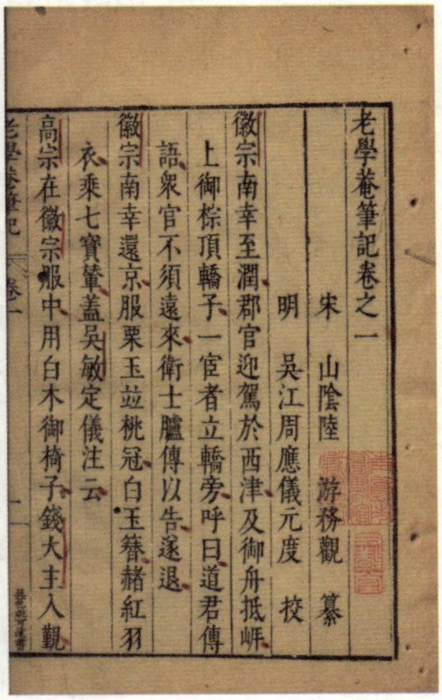

老學菴筆記卷之一
宋 山陰陸 游務觀 纂
明 吳江周應儀元度 校
徽宗南幸至潤郡官迎駕於西津及御舟抵岸
上御棕頂轎子一宦者立轎旁呼曰道君傳
語衆官不須遠來衛士臚傳以告遂退
徽宗南幸還京服栗玉竝桃冠白玉簪赭紅羽
衣乘七寶輦蓋吳敏定儀注云
高宗在徽宗服中用白木御椅子錢大主入覲

唐世説新語十三卷

唐世説新語十三卷，（唐）劉肅撰，明刻本。框高二十·二厘米，寬十四·八厘米。每半葉十行，行二十字，小字雙行同，白口，左右雙邊。《山東省珍貴古籍名録》（第一批）1132 號，《中國古籍善本書目》子部 7433 號。

劉肅，唐人。憲宗元和中官江都主簿，一作江州潯陽主簿。著有《大唐新語》。

該書記載唐代歷史人物的言行故事，起自唐初，迄於大曆，多取材於《朝野僉載》、《隋唐嘉話》等書。仿《世説新語》體例，分匡贊、規諫、極諫、剛正、公直、清廉、持法、政能、忠烈、節義、孝行、友悌、舉賢、識量、容恕、知微、聰敏、文章、著述、從善、諛佞、厘革、隱逸、褒錫、懲戒、勸勵、酷忍、諧謔、記異、郊禪等 30 門類，十三卷。内容多有關政治和道德教化。書後有總論一篇，表明作者的意圖是以前事爲鑒戒。書中也記載了不少有關詩文的材料，尤其是“文章”門，録存初唐及開元初人所作詩歌多首，并叙其本事，間載時人評論，爲後來編集和研究唐詩者所取材。

此書以記言爲主，但皆因事而記，即言行兼載，可由此窺知高祖至代宗朝政治事件和社會風尚，其中有些記載較兩《唐書》爲勝，還有一些地方可補兩《唐書》的缺漏。

此書正文前有唐元和丁亥劉肅撰《唐世説新語序》，云：“聖唐御寓，載幾二百，聲明文物，至化玄風，卓爾於百王，輝映於前古。肅不揆庸淺，輒爲纂述，備書微婉，恐貽床屋之尤；全采風謡，懼招流俗之説。今起自國初，迄於大曆，事關政教，言涉文詞。道可師模，志將存古，勒成十三卷，題曰《大唐世説新語》。聊以宣之開卷，豈敢傳諸奇人。”言其成書過程。

此本爲明刻本。本書始著録於《新唐書·藝文志》雜史類，《宋史·藝文志》列入别史類，作“唐新語”，明刻本改題“大唐世説新語”或“唐世説新語”，《四庫全書》據《新唐書·藝文志》恢復原名，并列入小説家類。

（撰稿人：黄麗群）

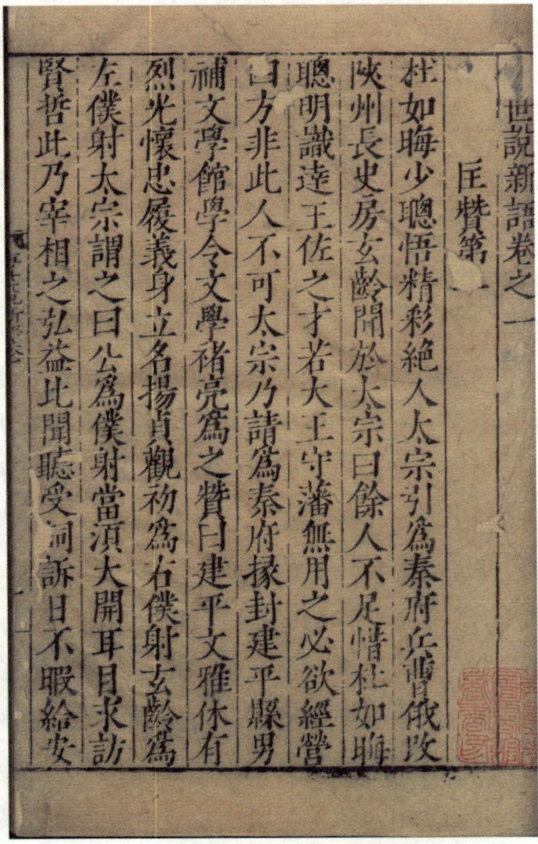
世說新語卷之一
匡賛第一
杜如晦少聰悟精彩絶人太宗引爲秦府兵曹俄改陝州長史房玄齡聞於太宗曰餘人不足惜杜如晦聰明識達王佐之才若大王守藩無用之必欲經營四方非此人不可太宗乃請爲秦府掾封建平縣男補文學館學令文學褚亮爲之贊曰建平文雅休有烈光懷忠履義身立名揚貞觀初爲右僕射玄齡爲左僕射太宗謂之曰公爲僕射當須大開耳目求訪賢哲此乃宰相之弘益比聞聽受詞訟日不暇給安

記纂淵海一百卷

記纂淵海一百卷，（宋）潘自牧輯，（明）王嘉賓等補遺，（明）王之輔等編，明萬曆七年（1579）刻本。框高十九・七厘米，寬十四・五厘米。每半葉十二行，行二十二字，白口，四周雙邊。《山東省珍貴古籍名録》（第一批）1243號，《中國古籍善本書目》子部9458號。

潘自牧，字牧之。宋婺州金華人，宋寧宗慶元元年（1195）進士，授官常山、龍游縣令。朱熹曾爲其墓作銘文。慶元六年著成《記纂淵海》一百卷。

《記纂淵海》一書成於慶元六年（1200），其編纂過程，依潘自牧《記纂淵海自序》云："自少嗜書，引用前輩類書、記事體，參以纂言，自成一編……東陽賈君昉成甫来室吾妹，問語及之，於是慨然從臾，十涉春秋，繙卷數萬，而書稍就……又得金華汪君淳叔川贊決而增益之。"從序中可知《記纂淵海》一書的編纂過程，引用了前輩類書、記事體等，在時間上花費十餘年纔完成。全書共計一百卷，其中叙天道者五卷，叙地理者二十卷，叙人事者六十四卷，叙物類者僅十一卷。《四庫全書總目》該書提要稱"其中性行議論，諸部子目，未免瑣碎，然亦不失爲賅備也"。并考其源流，稱"戊寅冬，承乏畿南，公（陳文燧）暇謬爲補注，剥落太甚者屬别駕蔡公、司理顧公、學博吴君采輯諸書，補闕序次。一日，示諸太守越峰王公、邑令吴君，愿捐俸梓之云云"。由此可知，本書流傳至明代，經由蔡之奇、陳文燧等爲之補注，王嘉賓爲之刊刻。

《記纂淵海》作爲一部類書，在編纂選材上有其獨到之處，其書内容詳備、體制完整，在明清兩代科舉制度的影響下頗爲盛行，歷代皆有刊刻。我館所藏《記纂淵海》萬曆七年刻本，與《四庫全書總目》

所采之兩淮馬裕家藏本，同爲萬曆七年所刻，然未能比對此兩種版本版式等項，故不能判斷此二者是否爲同一版本。我館所藏《記纂淵海》，保存完好，篇次俱全，具有較高的古籍文獻價值。

（撰稿人：朱妍蕾）

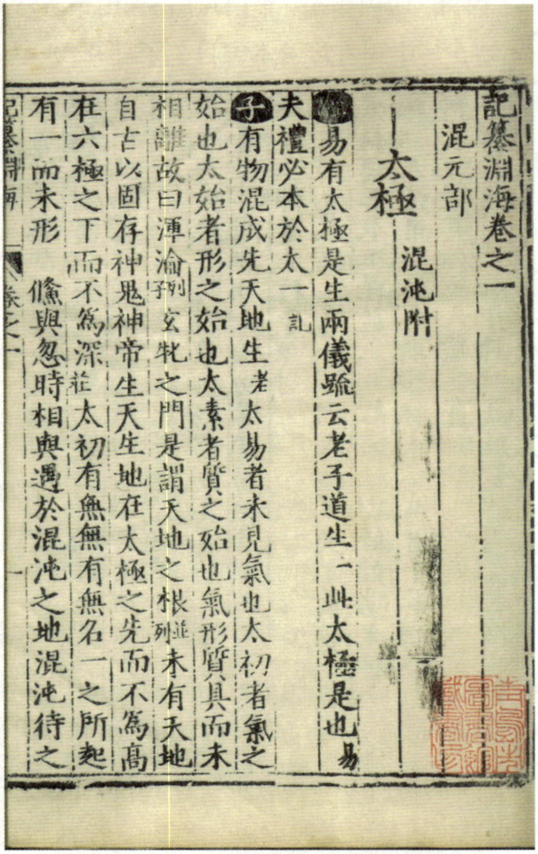
記纂淵海卷之一
混元部
太極　混沌附
易有太極是生兩儀疏云老子道生一此太極是也易
夫禮必本於太一記
子有物混成先天地生老太易者未見氣也太初者氣之
始也太始者形之始也太素者質之始也氣形質具而未
相離故曰渾淪列子玄牝之門是謂天地之根列莊未有天地
自古以固存神鬼神帝生天生地在太極之先而不爲高
在六極之下而不爲深莊太初有無無有無名一之所起
有一而未形　儵與忽時相與遇於混沌之地混沌待之
記纂淵海　卷之一　一

新刊唐荆川先生稗編一百二十卷目録三卷

新刊唐荆川先生稗編一百二十卷目録三卷，（明）唐順之輯，明萬曆間茅一相文霞閣刻本。框高十九·六厘米，寬十四厘米。每半葉十行，行二十字，白口，四周雙邊，單白魚尾。《山東省珍貴古籍名録》（第一批）1264號，《中國古籍善本書目》子部9758號。

唐順之（1507–1560），字應德，武進（今江蘇常州）人。明代儒学大師、文學家、軍事家，因愛好荆溪山水，故號荆川，提倡唐宋散文，是“嘉靖三大家”之一，古文運動的代表人物。嘉靖八年會試第一，歷官右僉都御史、兵部主事及鳳陽巡撫等職，崇禎間追謚“襄文”。詩文及文學理論著作豐富，著有《荆川集》。

《明史》卷二百零五言：“順之於學無所不窺……盡取古今載籍，剖裂補綴，區分部居，爲《左》、《右》、《文》、《武》、《儒》、《稗》六編傳於世，學者不能測其奥也。”

《四庫全書總目》該書提要云：“是編義例略仿章如愚《山堂考索》，薈萃群言，區分類聚，其大旨欲使萬事萬物畢貫通於一書，故鉅細兼陳，門目浩博。”

稗，喻微小的、瑣碎的，該編是一部綜合性類書，所收文章種類龐雜，按類排比，以六經爲主，側重道的闡釋，其中亦不乏生活化及饒有趣味的作品。因篇幅過大，疏漏、舛誤難免，但其征引的各類文章，在古書、遺文、舊事的輯佚方面具有重要意義和價值。該書在作者生前未得付梓，後由其門人爲之考校完成。之後一段時間該書散佚殘缺，由茅一相（茅坤之侄）重新修訂刊行。

該書明版明印，《中國古籍善本總目》子部類書第一百七十頁著録，顯示全國有包括青圖在内的四十多家單位收藏。

卷首有：萬曆辛巳（1581）茅坤“荆川先生稗編序”；荆川唐先

生稗編自序；萬曆辛巳茅一相“文霞閣刻稗編引”。版心下有刻工：烏程周雷刻、周邦明刻等。鈐印：“祖房藏書”、“馬維駒印”、“五咨”。

我館收藏該書爲明萬曆文霞閣刻本，保存完整，具有重要的歷史資料價值及版本價值。

（撰稿人：朱桂華）

祖房藏書

馬維駒印

五咨

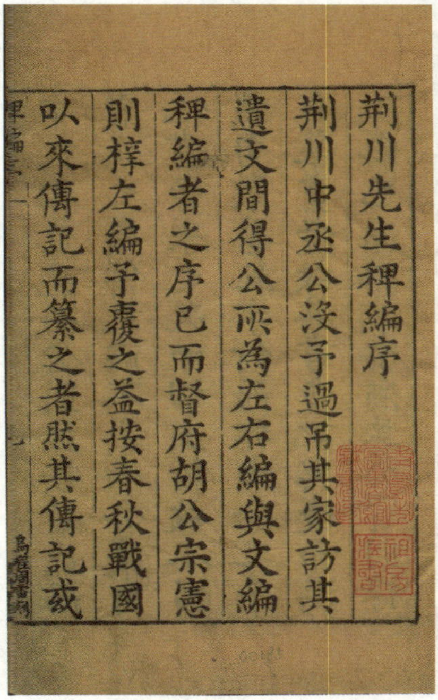
荆川先生稗編序
荆川中丞公没予過弔其家訪其
遺文間得公所爲左右編與文編
稗編者之序已而督府胡公宗憲
則梓左編予褒之益按春秋戰國
以來傳記而纂之者然其傳記或

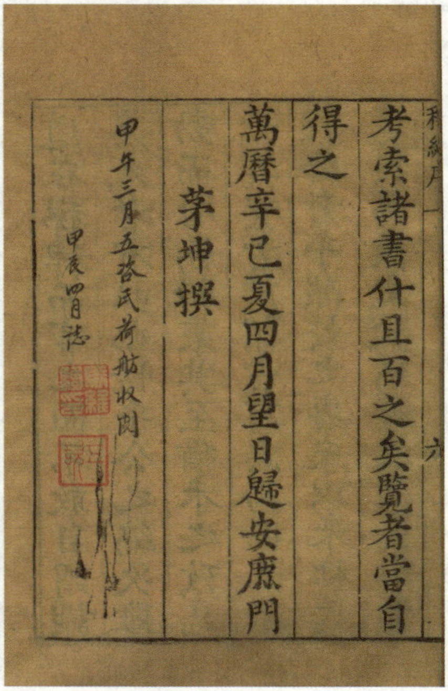
考索諸書什且百之矣覽者當自
得之
萬曆辛巳夏四月望日歸安鹿門
茅坤撰

萬姓統譜一百四十卷歷代帝王姓系統譜六卷氏族博考十四卷

萬姓統譜一百四十卷歷代帝王姓系統譜六卷氏族博考十四卷，（明）凌迪知編，明萬曆刻本。框高二十・五厘米，寬十四・二厘米。每半葉九行，行二十字，小字雙行同，白口，四周單邊。《山東省珍貴古籍名録》（第一批）1282號，《中國古籍善本書目》子部9812號。

凌迪知，字稚哲，號繹泉。凌約言子，明浙江烏程人。嘉靖三十五年進士，官至兵部員外郎。著述選輯甚豐，所撰《萬姓統譜》收上古到明萬曆間人物，爲我國第一部專收人名之工具書。餘有《左國腴詞》、《太史華句》、《西漢雋言》、《文選錦字》、《名世類苑》等。

《萬姓統譜》一百四十卷，另附《歷代帝王姓系統譜》六卷和《氏族博考》十四卷。該書將古今姓氏分韵編排，以姓氏爲目次，先常姓，後稀姓，每姓下先注郡望和五音（陰平、陽平、上聲、去聲、入聲），并考姓氏所出，而後依時代先後，分列各姓著名人物，從古代至萬曆年止，記述人物生平事迹，實則合譜牒傳記共成一書。因其收羅廣博，既可爲姓氏學專著，又可作爲查閲歷史人名的工具書，所以有較高的學術價值和實用價值。

清李慈銘《越縵堂日記》稱其“臚載詳盡，考姓氏者莫便於是書”。《四庫全書總目》该書提要云：“是書以古今姓氏分韵編次，略仿林寶《元和姓纂》，以歷代名人履貫事迹案次時代，分隸各姓下。又仿章定《名賢氏族言行類稿》，名爲姓譜，實則合譜牒傳記而共成一類事之書也。古者族系掌於官，故《周禮》小史定世系，辨昭穆。《南史・王僧虔傳》稱司馬遷仿《周譜》以作年表，其體皆旁行斜上，是其制也。《戰國策》稱智果別族於太史爲輔氏，是周末法猶未改矣。秦、漢以下，始私相記録。自世本以下，纂述不一，其存於今者，惟林寶、鄧名世、鄭樵三家，餘皆散佚。然散見他書者尚可考見，不過明世系、辨流品而已。迨乎南宋，啓劄盛行。駢偶之文，務切姓氏。於是《錦綉萬花谷》、《合璧事類》各有類姓一門。元人《排韵氏族大全》而下，作者彌衆，其合諸家之書勒爲一帙者，則迪知此編稱賅備焉。其中龐雜牴牾，均所不免。至於遼、金、元三史姓氏，音譯失真，舛訛尤甚。然蒐羅既廣，足備考訂，故世俗頗行用之，亦未可盡廢也。書前別有《氏族博考》十四卷，大旨皆本之《氏族略》，無大發明，以其與原本相附而行，今亦姑并録之焉。”

（撰稿人：黄麗群）

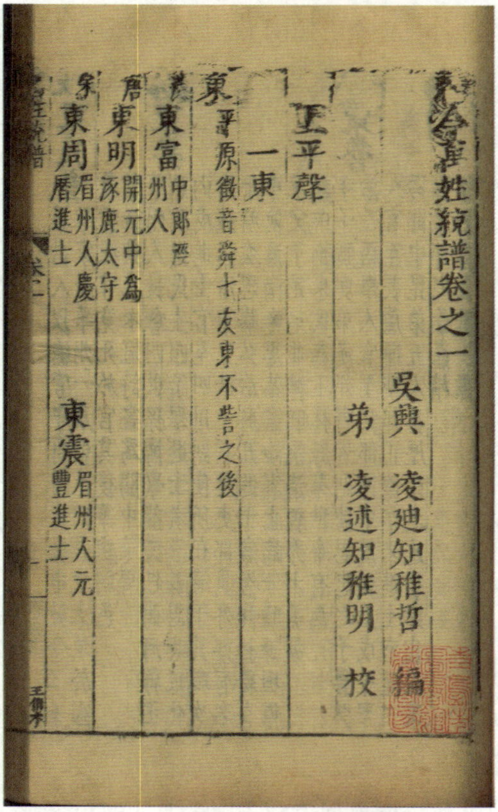
萬姓統譜卷之一
吳興　凌迪知稚哲　編
弟　凌述知稚明　校
上平聲
一東
東　平原徵音舜七友東不訾之後
漢　東富　中郎將　州人
唐　東明　開元中爲涿鹿太守
宋　東周　眉州人慶曆進士
東震　眉州人元豐進士

唐類函二百卷目録二卷

唐類函二百卷目録二卷，（明）俞安期輯，（明）徐顯卿校訂，明萬曆三十一年（1603）刻本。框高二十一厘米，寬十四·八厘米。每半葉十行，行二十字，黑口，四周單邊。《山東省珍貴古籍名録》（第一批）1323號，《中國古籍善本書目》子部9953號。

俞安期，初名策，字公臨，更名後，改字羨長，明蘇州府吴江人，遷宜興，老於南京。萬曆末布衣。以長律一百五十韵投王世貞，世貞爲之延譽，由是得名。有《唐類函》、《類苑瓊英》、《詩雋類函》、《翏翏集》。《四庫全書總目》該書提要云："此書取唐人類書，删除重複，匯爲一函，分四十三部。每部皆列《藝文類聚》於前，而《初學記》、《北堂書鈔》、《六帖》次之。取材不濫，於諸類書中爲近古。惟時令兼取韓鄂《歲華紀麗》，未免非前四書之倫。又事關政典者既剟取杜佑《通典》補之，又寥寥數條，掛一漏萬，體例皆爲未善。且顛倒補綴，訛舛亦多。同時吴允兆亦有是編，但無《六帖》。議者謂兩書并出，殊爲無謂。允兆遂舉以讓安期，其中體例，亦有兼采允兆書者，安期凡例嘗言之，不自諱也。又朱國楨《涌幢小品》曰，俞羨長山人刻《類函》二百卷，盛行於世。然世廟時原有此書，乃鄭虚舟山人奉趙康王命纂之，累年書成而鄭卒於清源，其子獻之得厚賞，不知視今何如云云。然鄭若庸書與此書體例迥異。國楨殆未見其本，以臆揣之歟？"清王世禛《居易録》評價此書曰："復念分類之書，所以備考索資聞見，實爲有益。而體例詳贍，《唐類函》爲最。但以其采録止於唐初，而五代以及宋遼金元明典故藝文闕焉罔續。"可見清代學著對於此書評述得當，對其史料價值較爲認可。

此書前有明申時行撰《刻唐類函序》及明沈思孝撰《唐類函序》，皆作於萬曆癸卯，即萬曆三十一年（1603）。卷端鈐有"心齋策藏"、

“路訥夫”、“諸城孝友堂路氏珍藏圖書章”、“吕卿相所藏”、“溉根”等印，表明此本曾爲路訥夫等人收藏。

（撰稿人：朱妍蕾）

溉根

路訥夫

諸城孝友堂路氏珍藏圖書章

心齋策藏

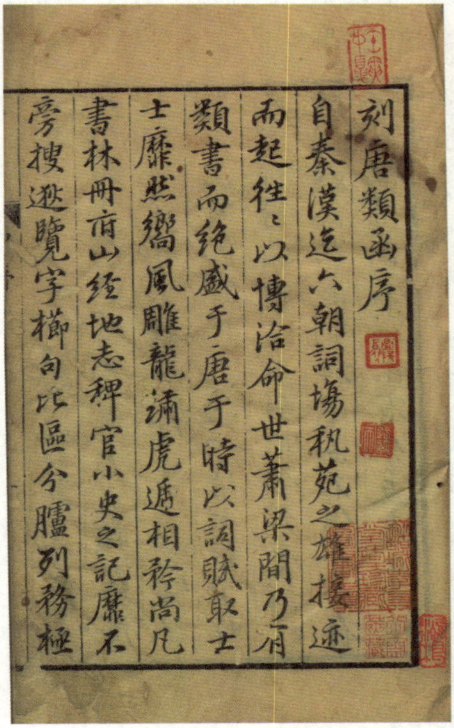

刻唐類函序

自秦漢迄六朝詞場秇苑之雄接迹

而起往往以博洽命世蕭梁間乃有

類書而絶盛于唐于時以詞賦取士

士靡然鸞鳳雕龍靝虎遞相矜尚凡

書林冊府山經地志稗官小史之記靡不

旁搜遐覽字櫛句比區分臚列務極

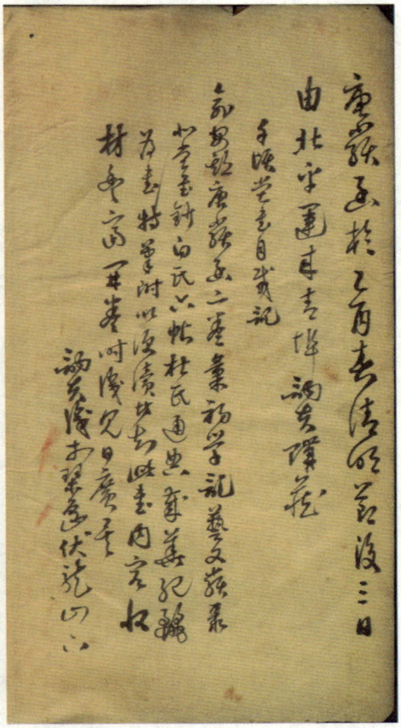

路訥夫題識

南華真經副墨八卷讀南華真經雜説一卷

南華真經副墨八卷讀南華真經雜説一卷，（明）陸西星撰，明萬曆乙酉（1585）孫大綬刻本。一函八册。框高二十一厘米，寬十四・二厘米。每半葉八行，行十七字，白口，四周單邊。《山東省珍貴古籍名録》（第一批）1401號，《中國古籍善本書目》子部11757號。

陸西星(1520–1606)，字長庚，號潛虚子，又號方壺外史、藴空居士，江蘇興化人，爲道家一代宗師。他早年業儒，後轉而慕道，晚年參佛，精修内外丹法，融通儒釋道三家要旨，造詣高超。於南華經之意藴，剖析詳明，對世人理解莊學及道家大有裨益。孫大綬謂："惟是注釋一出，前無古人。"台灣道學大家蕭天石先生稱其："徹道德之本源，因陰陽之大順，悟天地之樞機，入丹家之神室……故其注斯經也，得能補偏救弊，去蕪存真，發先賢之所未發，而匡歷代解家之所未逮也。"

陸西星被後世道家尊爲内丹東派之祖，是兩宋、元、明幾代道教房中術及内丹雙修理論的集大成者。著有《方壺外史》八卷，收録《金丹就正篇》、《玄膚論》、《老子道德經玄覽》等經典注釋及丹法著作，計十五種。晚年參禪，作《楞嚴述旨》十卷、《楞嚴經説約》一卷。據孫楷第等研究，陸西星還是《封神演義》的作者。

《南華真經》即《莊子》，道教典籍，被譽爲"道德之微言，性命之極致，三教之真詮，上乘之諦義"。"副墨"出自《莊子》，陸西星説："副墨，文字也。"王先謙《莊子集解》引清人宣穎進一步解釋："文字是翰墨爲之，然文字非道，不過傳道之助，故謂之副墨。"因此他將自己詮釋《莊子》的著作定名《副墨》。

陸西星評注《莊子》的時間是在其中年。此前他先後九次參加科舉無望，自己認爲"適合仙旨，事皆前定"，而《莊子》給了他莫大精神安慰。該書成書於萬曆六年，於當年刊行，後多次重刊，其中較著名者即孫大綬的重刻重校本。孫大綬，字伯符，新都（浙江淳安）人，生活在明萬曆間。

全書三十三篇，列爲八卷，以“虛静恬淡寂寞無爲”八字爲名。内篇分二卷，含七篇；外篇分三卷，含十五篇；雜篇分三卷，含十一篇。除《知北游》、《外物》、《寓言》三篇外，其餘各篇前均有解題。每篇逐節注疏，解釋字句；每篇篇末有“亂辭”，重宣一篇之義。

陸西星認爲，《南華經》乃《道德經》（即《老子》）之注疏，故每於解釋篇題及内容時，多指稱源出《道德經》某句某義，力求融會貫通；同時亦融合佛理，甚至稱“《南華經》，中國之佛經也”；有時又引儒家議論釋其大義。本書可謂融通儒釋道三家要旨，對《莊子》之義藴，剖析詳明。方勇先生贊其在“莊子闡釋史上都是前無古人的，標志着人們對莊子文章的研究已進入了一個更自覺的階段”。

卷首有孫大綬刻書序。有刻工：黄守言。鈐印：“杏翎藏書”。

此本著録於《中國古籍善本總目》子部道家類第一一三八頁，全國有青島市圖書館等十二家單位收藏。

（撰稿人：朱桂華）

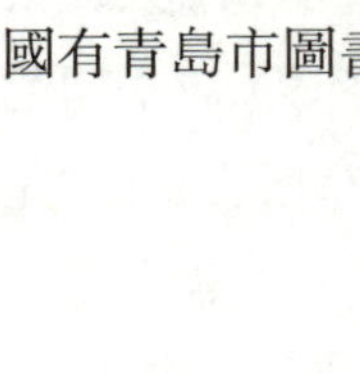
杏翎藏書

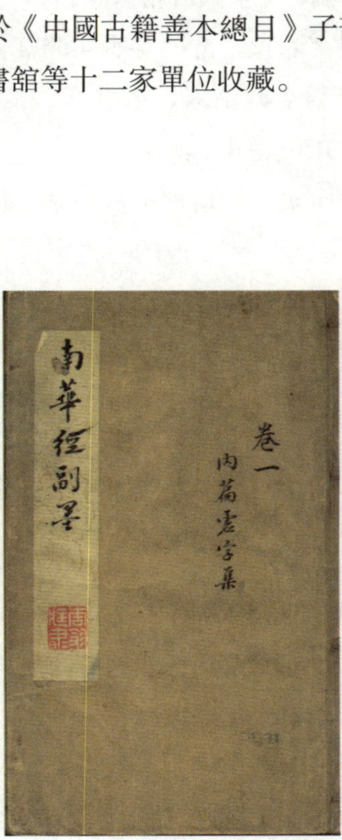

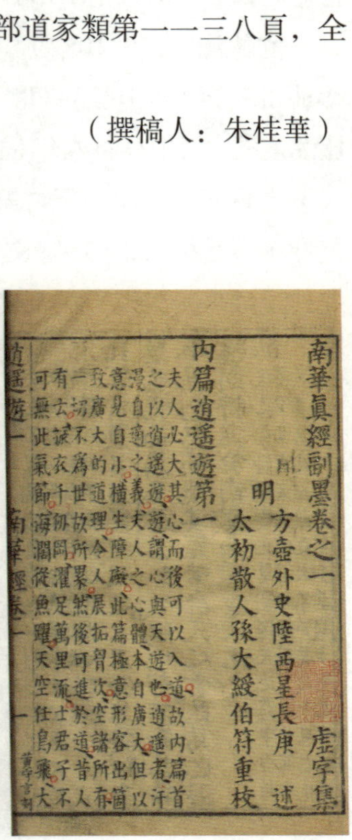

范文正公集二十卷别集四卷政府奏議二卷尺牘三卷

范文正公集二十卷别集四卷政府奏議二卷尺牘三卷，（宋）范仲淹撰，明嘉靖翻元刻本。存一函十册，框高二十一·六厘米，寬十五·三厘米。每半葉十二行，行二十一字，白口，左右雙邊，單黑魚尾。有刻工。《國家珍貴古籍名録》（第二批）05465號，《山東省珍貴古籍名録》（第一批）1569號，《中國古籍善本書目》集部2359號。

范仲淹（989–1052），字希文，蘇州吴縣（今江蘇蘇州）人，祖籍邠州（今陜西彬縣）。北宋著名政治家、軍事家、文學家，唐宰相范履冰之後。大中祥符八年（1015）進士，仕至參知政事，卒謚文正。“先天下之憂而憂，後天下之樂而樂”的精神千古傳誦。作爲一代名臣，范仲淹備受後人景仰，除文集、奏議外，他的一些家書、與友人信帖等，經其子孫采輯成編，在宋代已廣泛流傳。

本書前有北宋蘇軾序，牌記爲“天曆戊辰改元褒賢世家重刻於家塾歲寒堂”。政府奏議目録後有牌記：“元統甲戌褒賢世家歲寒堂刊”。（注：天曆、元統爲元代年號）

作品集《范文正公集》歷代版本衆多，影響深遠。該書二十卷應是范仲淹親自整理，在後來的流傳過程中，又有所增減。自南宋起，後人逐漸將其奏議、年譜等加入其中，使之成爲了《范文正公全集》。至元朝天曆間，吴門義塾（即范家家塾）歲寒堂重刊南宋乾道本，并與其子純仁的《忠宣公集》合刊，此即天曆本。我館所藏該書爲明嘉靖間翻刻天曆本，由黄姬水、李鳳翔校，十五世孫啓文、十六世孫惟元同校。繆荃孫認爲元槧之後，以此刻爲最。

（撰稿人：于　婧　張旭麗）

范文正公集卷第一

後學時兆文校正

後學黃姬水校正

後學李鳳翔校正

十五世孫啓乂同校

十六世孫惟元同校

古賦

明堂賦

臣聞明堂者天子布政之宮也在國之陽于巳之方廣大乎天地之象高明乎日月之章崇百王之大觀揭三宮之中央昭壯麗于神州宣英茂於皇猷頒金玉之宏

范忠宣公文集二十卷

范忠宣公文集二十卷，（宋）范純仁撰，明嘉靖刻本。框高二十一·六厘米，寬十五·三厘米。每半葉十二行，行二十一字，小字雙行二十一字，白口，左右雙邊，單白魚尾。《國家珍貴古籍名録》（第二批）05535號，《山東省珍貴古籍名録》（第一批）1599號，《中國古籍善本書目》集部2359號。

宋樓鑰序。

范純仁（1027–1101），字堯夫，吴縣（今江蘇蘇州）人。范仲淹次子。宋仁宗皇祐元年進士，嘗從胡瑗、孫復學。父殁，始出仕知襄城縣，累官侍御史、同知諫院，出知河中府，徙成都路轉運使。哲宗朝，除給事中。元祐元年，同知樞密院事，後拜相。哲宗親征，累貶永州安置。徽宗立，復觀文殿大學士，以目疾乞歸。建中靖國元年卒，年七十五，贈開府儀同三司，謚忠宣。《宋史》卷三一四有傳。有文集二十卷傳於世。純仁自幼警悟，博通群書，爲文無有長語，《論發運均輸狀》、《奏陳青苗等法疏》等，論事切直，而又婉轉暢達。《秋風吹汝水賦》、《薛氏樂安莊園亭記》，寓情於景，富於文采。道德事業，出處大節，皆爲世人所敬慕。

據李之儀《范忠宣公行狀》記載，純仁"有《文集》二十卷"，宋趙希弁《讀書附志》卷下著録，云其"後三卷乃《國史》載公本傳及行狀"。《行狀》及《讀書附志》又云，除《文集》二十卷外，另有《臺諫論事》五卷、《邊防奏議》二十卷。曾肇《曲阜集》卷三《范忠宣公墓志銘》云"有文章、論議三十卷"，所謂"論議"，疑爲《國論》、《彈事》（即《附志》所謂《臺諫論事》）各五卷，則《文集》仍爲二十卷。《直齋書録解題》卷十七、《文獻通考》卷二百三十六、《宋史·藝文志七》卷二百八皆著録《文集》二十卷。而《東都事略》卷五十九下本傳、《宋史》本傳則稱“有《文集》五十卷”行於世。所謂“五十卷”本，當包括《國論》、《彈事》兩種共十卷，以及《邊防奏議》二十卷，則《文集》仍爲二十卷。五十卷本僅見於明陳第《世善堂藏書目録》卷下著録，似有此本，但已不可考。而二十卷本《范忠宣公文集》，據范之柔、沈圻、廖視、陳宗道跋及樓鑰序可知，南宋嘉定時已由沈圻據范氏家藏本初刊於永州，成爲後來各本之祖本，《讀書附志》及《直齋書録解題》著録即嘉定永州刊本。嘉定本明代猶存，然罕有完帙。是集現存以元天曆本爲最古，但傳本已稀，且爲殘本。而明刻本流傳至今，也已存數不多。明嘉靖、清康熙、道光、宣統年間，范氏歲寒堂屢有重刻本行世。

自元天曆本至清宣統本，是集皆與《范文正公集》合梓。除歲寒堂本外，明萬曆年間，毛一鷺於雲間司理所刊《二范集》本，重編《忠宣集》爲十卷，今台灣省《“中央圖書館”善本書目》有著録。

（撰稿人：張旭麗）

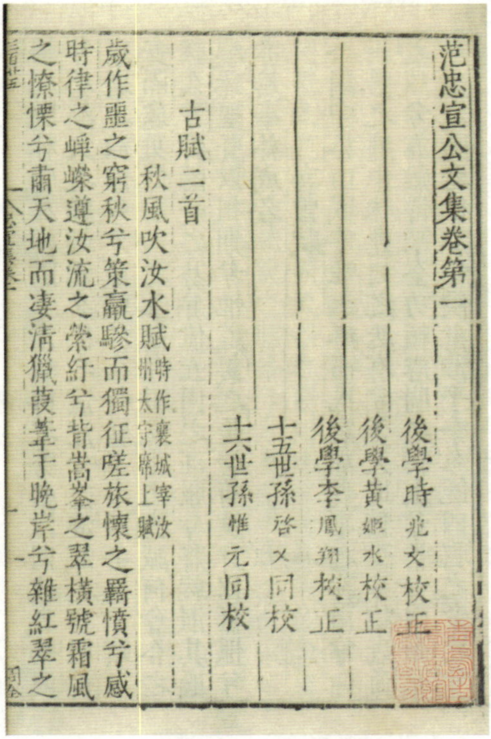
范忠宣公文集卷第一
後學時兆文校正
後學黄嬀水校正
後學李鳳翔校正
十五世孫啓乂同校
十六世孫惟元同校
古賦二首
秋風吹汝水賦 時作襄城宰汝州太守席上賦
歲作噩之窮秋兮策羸驂而獨征嗟旅懷之羇憤兮感
時律之崢嶸遵汝流之縈紆兮背嵩峯之翠横號霜風
之憭慄兮肅天地而凄清獵葭葦于晚岸兮雜紅翠之

重刻黄文節山谷先生文集三十卷外集十四卷别集二十卷伐檀集二卷年譜十卷

重刻黄文節山谷先生文集三十卷，（宋）黄庭堅撰，明萬曆三十二年（1604）刻本；重刻黄文節山谷先生外集十四卷别集二十卷，（宋）黄庭堅撰；重刻伐檀集二卷，（宋）黄庶撰；重刻山谷先生年譜十卷，（宋）黄㽦編，明萬曆四十二年（1614）刻本。

以上各子目版框略有差異，約框高二十一厘米，寬十四厘米。均爲每半葉十一行，行二十字，小字雙行二十字白口，四周單邊。《山東省珍貴古籍名録》（第一批）1659 號，《中國古籍善本書目》集部 3037 號。

存文集三十卷，外集十四卷，年譜十卷，伐檀集二卷。（與《山東省珍貴古籍名録》比對，配入文集三十卷，另本館藏本《年譜》爲全本十卷。）

黄庭堅（1045–1105），字魯直，自號山谷道人，晚號涪翁，豫章洪州分寧縣（今江西修水）人，故又稱豫章黄先生。著名詩人、詞人、書法家，北宋中後期文化集大成者，盛極一時的“江西詩派”開山鼻祖。與杜甫、陳師道和陳與義素有“一祖三宗”（黄爲其中一宗）之稱。治平四年（1067）進士，官至北京國子監教授、校書郎、《神宗實録》檢討官。謚號“文節”。善文章、工詩詞、尤精書法。作品有《山谷集》七十卷、《豫章黄先生文集》、《山谷詞》（又名《山谷琴趣外篇》）；書法墨迹有《松風閣詩》、《華嚴疏》等。

黄㽦（1150–1212），字子耕，號復齋，豫章洪州分寧縣人。嘗從郭雍、朱熹學。舉太學進士。官至通判處州，著有《復齋集》。

黄庶（1019–1058），字亞夫，一作亞父，晚號青社，黄庭堅父。

仁宗慶曆二年（1042）進士。

自宋以來，對於黄庭堅文集的整理，可謂代不乏人。尤其在南宋、明、清時期，先後有多種刻本問世。宋徽宗時黨禁森嚴，所有“元祐黨人”的著作，包括蘇軾、黄庭堅文集均在禁毀之列，致使黄氏詩文亡佚頗多。至高宗時洪炎等人纔又重編黄集。我館所藏該書爲寧州（今屬雲南華寧縣）知府方沆、周希令等人據明弘治葉天爵刻、嘉靖喬遷餘載仕重修本刊刻而成。

文集鈐印：“徐家杰印”、“偉侯”，表明此書曾爲清朝徐家杰收藏。徐家杰，字冠英，號偉侯，清朝官員，同進士出身，江蘇宜興人，與李鴻章爲同年至交，曾任山東益都縣知縣。卷首有李友梅撰重刻黄山谷太史文集序，刻工：宋子清。該書刊刻精整，具有較高的歷史文獻價值。

（撰稿人：朱桂華）

徐家杰印

偉侯

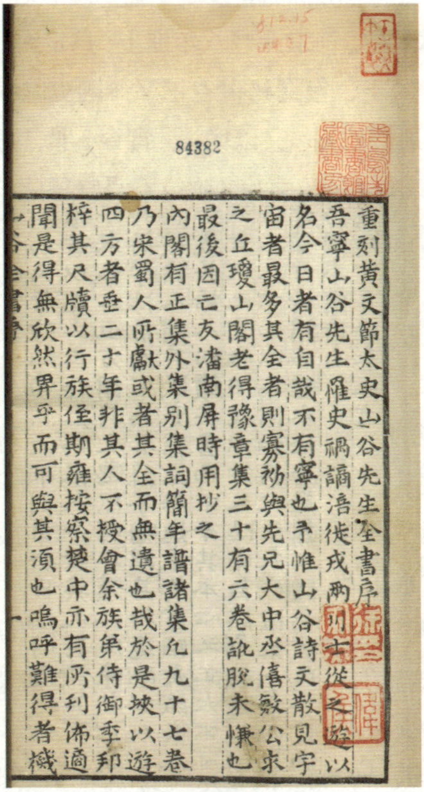

84382

重刻黄文節太史山谷先生全書序
吾寧山谷先生羅史禍謫涪徙戎兩從之游以
名今日者有自哉不有寧也予惟山谷詩文散見宇
宙者最多其全者則寡矜與先兄大中丞僖敏公求
之丘瓊山閣老得豫章集三十有六卷訛脱未慊也
最後因亡友潘南屏時用抄之
內閣有正集外集别集詞簡年譜諸集凡九十七卷
乃宋蜀人所獻或者其全而無遺也哉於是挾以遊
四方者垂二十年非其人不授會余族弟侍御季邦
梓其尺牘以行族侄斯雍按察楚中亦有所刊俻適
聞是得無欣然畀乎而可與其須也嗚呼難得者幾

淮海集四十卷後集六卷長短句三卷

淮海集四十卷後集六卷长短句三卷，（宋）秦觀撰，明萬曆四十六年（1618）李之藻刻本。框高二十一厘米，寬十四厘米。每半葉九行，行二十一字。小字雙行同，白口，左右雙邊。《山東省珍貴古籍名録》（第一批）1668號，《中國古籍善本書目》集部3145號。

現存二十五卷（淮海集一至四、十七至二十四、三十四至四十卷，淮海後集一至六卷）。

秦觀（1049–1100），字少游，又字太虛，號淮海居士，揚州高郵人。少從蘇軾游。神宗元豐八年進士，爲定海主簿。哲宗元祐初，以蘇軾薦，除太學博士，復遷秘書省正字兼國史院編修官。紹圣元年，因坐元祐黨籍，通判杭州。又以增損《實録》罪，責監處州酒简税。繼迭遭貶謫，編管横州、雷州。徽宗即位，召爲宣德郎，北歸至滕州卒。善詩賦策論，尤工詞，屬婉約派。與黄庭堅、晁補之、張耒合稱蘇門四學士。有《淮海集》。

張炎《詞源》云："秦少游詞，體制淡雅，氣骨不衰，清麗中不斷意脉，咀嚼無滓，久而知味。"夏敬觀《淮海詞跋》云："少游詞清麗婉約，辭情相稱，誦之迴腸蕩氣，自是詞中上品。比之山谷，詩不及遠甚，詞則過之。"王國維《人間詞話》云："少游詞境最爲凄婉，至'可堪孤館閉春寒，杜鵑聲裏斜陽暮'，則變而爲凄厲矣"；"詞之最工者，實推後主、正中、永叔、少游、美成，而前此温、韋，後此姜、吴，皆不與焉。"秦觀詩感情深厚，意境悠遠，風格獨特，在兩宋詩壇自成一家。散文以政論、哲理散文、游記、小品文最爲出色。其策論文筆犀利，説理透徹，引古征今，富有説服力和感染力。

秦觀詩、文、詞在宋時已編刻，《宋史》及當時的目録學著作中均有記載和著録，如《宋史·藝文志》著録有："秦觀集四十卷。"

《宋史·文苑傳》秦觀條下著録有：“年五十三，有文集四十卷。”宋王稱《東都事略》著録有：“（秦觀）年五十三，有文集四十卷。”宋陳振孫的《直齋書録解題》著録有：“（秦觀）《淮海集》四十卷，《後集》六卷，《長短句》三卷。”《淮海集》現在所保存的最早、最完整的是南宋乾道年間高郵軍所刻的《淮海集》四十卷、《長短句》三卷、《後集》六卷，共四十九卷。

此本爲明萬曆四十六年（1618）李之藻所刻全集本，正文前有萬曆戊午孟夏之吉李之藻《重刻淮海集序》云：“余所爲三復遺文，重爲讐校而願與後進之賢思齊，前烈者以此雖然又不徒以文也。”言其刻書事。是書由邑人王應元、陳有典等校閲，取明刊諸本之長。除長短句七十七首分爲三卷外，又附詞（補遺）一卷，計十七首。書前有萬曆四十六年姚鏞所作之序一篇，爲他本所無。

鈐有：“濰唐藏書印”，證明此書爲王瑋慶舊藏。王瑋慶（1778–1833），字襲玉，號濰唐，諸城人，官至禮、户、刑三部侍郎，有《濰塘文集》四卷、《濰舲詩話》四卷等著述。

除青島市圖書館外，今北京、上海、天津、南京、浙江、揚州、無錫、高郵等地圖書館及美國國會圖書館均有藏本。

（撰稿人：黃麗群）

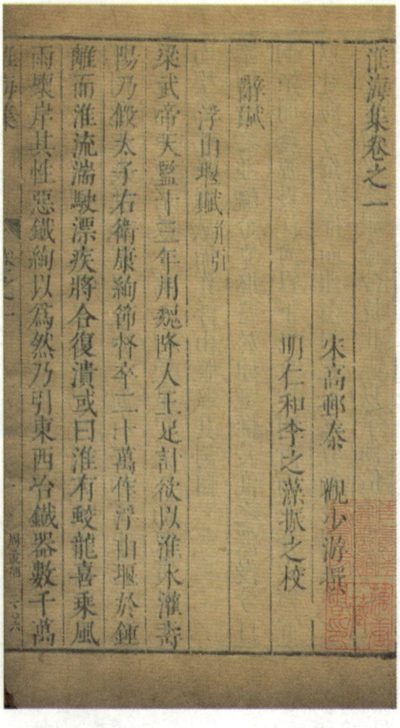

淮海集卷之一
宋高郵秦　觀少游撰
明仁和李之藻振之校
辭賦
浮山堰賦并引
梁武帝天監十三年用魏降人王足計欲以淮水灌壽陽乃假太子右衛康絢節督卒二十萬作浮山堰於鍾離而淮流湍駛漂疾將合復潰或曰淮有蛟龍喜乘風雨壞岸其性惡鐵絢以爲然乃引東西冶鐵器數千萬

濰唐藏書印

象山先生全集三十六卷

象山先生全集三十六卷，（南宋）陸九淵撰，明嘉靖三十八年（1559）刻本。框高十九·八厘米，寬十二·八厘米。每半葉十行，行二十字，白口，四周雙邊，單黑魚尾。《國家珍貴古籍名録》（第四批）10653號。《山東省珍貴古籍名録》（第一批）1689號，《中國古籍善本書目》集部4058號。

陸九淵（1139–1193），字子静，號象山，書齋名"存"，世稱存齋先生，江西撫州金溪縣人。因其曾在貴溪龍虎山（今江西鷹潭市）建茅舍聚徒講學，其山形如象，自號象山翁，學人尊稱象山先生。南宋乾道八年（1172）進士，在名聞全國的"金溪三陸"（指陸九韶、陸九齡和陸九淵）中最負盛名，是著名的理學家、教育家、中國哲學史上"心學"的創立者，與同時代理學大師朱熹齊名，并稱"朱陸"。明代王陽明發展其學説，形成著名的"陸王學派"，爲宋明理學的一個重要派别，對後世産生了深遠影響。陸九淵謚"文安"，明正德十六年（1521），在金溪縣城衙门前建有"百世大儒"坊。

陸九淵一生最輝煌的成就在於創立學派和從事教育，受其傳道的學生多達數千人。他融合了孟子"萬物皆備於我"和"良知"、"良能"以及佛教禪宗"心生"、"心滅"等論點，提出"心即理"的哲學命題，形成一個新學派——"心學"："宇宙即吾心，吾心即宇宙"，心是唯一實在。該學説獨樹一幟，與以朱熹爲代表的"理學"相抗衡。

陸九淵子陸持之於南宋開禧元年（1205）匯編其作品成《象山先生集》，共計三十六卷，内容包括書、奏表、記、雜著、詩文、行狀、志銘、程文、拾遺、語録、年譜。嘉定五年（1212）由其學生刊行。他的學生中，最著名的有楊簡、袁燮等。

首有：南宋開禧元年楊簡序；元至治甲寅吴澄序；明正德辛巳王

守仁叙；南宋嘉定五年袁燮序。目録後附録：徐階著“少湖徐先生學則辨”，末有廖悊嘉靖己未（1559）題識。廖悊，福建大田朱坂人，明嘉靖間曾任武昌楚王府教授。

《中國古籍善本總目》集部宋別集 1767 號著録，全國僅青島市圖書館、中國科學院圖書館和福建師範大學圖書館三家單位有藏，實屬稀見。

（撰稿人：于　婧　张旭麗）

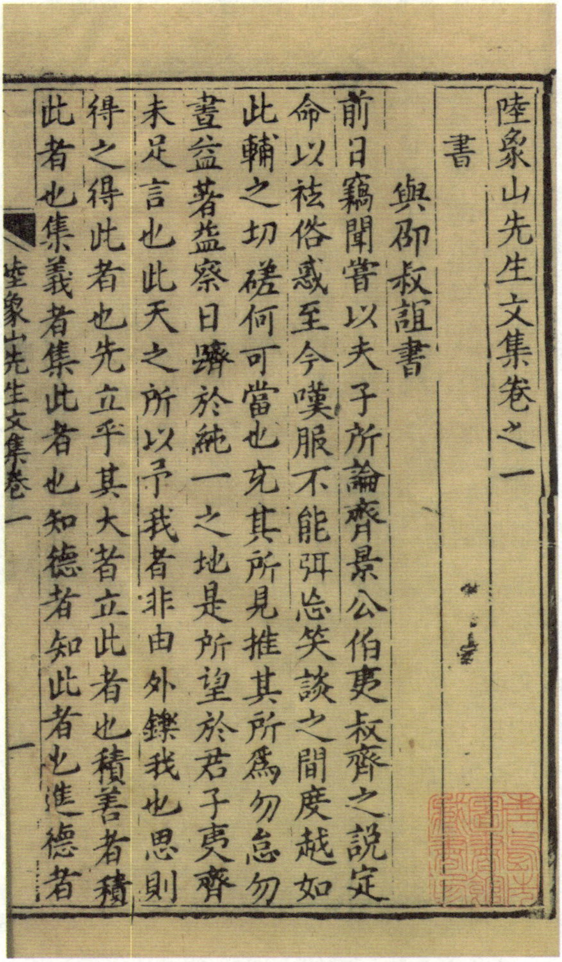
陸象山先生文集卷之一
書
與邵叔誼書
前日竊聞嘗以夫子所論齊景公伯夷叔齊之說定
命以祛俗惑至今嘆服不能弭忘笑談之間度越如
此輔之切磋何可當也充其所見推其所為勿怠勿
晝益著益察日躋於純一之地是所望於君子夷齊
未足言也此天之所以予我者非由外鑠我也思則
得之得此者也先立乎其大者立此者也積善者積
此者也集義者集此者也知德者知此者也進德者
陸象山先生文集卷一　一

劉槎翁先生詩選十二卷

劉槎翁先生詩選十二卷，（明）劉崧撰，明萬曆二十五年（1597）張應泰刻本。框高十九・二厘米，寬十二・八厘米。每半葉十行，行二十字，白口，四周單邊。《山東省珍貴古籍名録》（第一批）1749號，《中國古籍善本書目》集部6419號。

劉崧（1321–1381），原名楚，字子高，江西泰和人。博學工詩，江西人宗之爲西江派。有《北平八府志》、《槎翁詩文集》、《職方集》。

劉崧是明初江右詩派的代表人物，楊慎評明詩，以其爲第一。明史稱其"善爲詩，豫章人宗之爲'西江派'云"。徐泰《詩談》稱其"如冬嶺孤松，老而愈秀"。胡應麟《詩藪》稱："當明之初，吴中詩派，昉於高啓；越中詩派，昉於劉基；閩中詩派，昉於林鴻；嶺南詩派，昉於孫蕡；而江右詩派，則昉於崧。"《四庫全書總目》该書提要則稱其："大抵以清和婉約之音，提導後進，迨楊士奇等嗣起，複變爲臺閣博大之體，久之遂浸成冗漫，北地信陽乃乘其弊而力排之，遂分正、嘉之門户，然崧詩平正典雅，實不失爲正聲。固不能以末流放失，并咎創始之人矣。"

此書正文前有萬曆二十五年丁酉秋月涇上張應泰《刻劉槎翁詩選序》。序中曰："年十六游興國，爲童子師，然猶日誦詩千數言，至夜賦詩文以自勵。居三年未有異也。"元末兵亂，他攜家人避亂山中，依然與兄弟子侄以詩相唱和，"睹物觸事，傷時感舊，一於詩發之"。劉崧論詩重視詩歌的言情特徵，他在《自序詩集》中說："詩本人情，詠於物理，凡歡欣哀怨之節之發乎其中也，形氣盛衰之變之接乎其外也，吾於是而得詩之本焉。"劉崧在此所說的"人情"即指人的性情，是發自人本心的喜怒哀樂之情。"物理"指外在自然與人類社會的興衰變化之理。詩歌創作本於人的性情，情發於内，物感於外，然後形於歌詠，這是從詩歌發生學的角度對傳統詩歌理論的發揮。

劉崧的詩歌數量衆多，内容豐富，其中有一個比較突出的主題，即表現了詩人心中自由與功名、仕與隱的矛盾。以寫實的手法反映元代末年動亂的社會現實，描寫戰亂給人們帶來的災難和痛苦，是劉崧詩歌的另一重要内容。

劉崧一生注重對詩歌藝術的追求，古體學漢魏，近體學盛唐，字鍛句煉，造境頗深。從詩歌創作的總體成就看，在元末明初的詩壇上，劉崧的詩歌創作雖然稍遜於楊維楨、高啓，但仍爲一代詩歌大家。

此本为明萬曆二十五年（1597）張應泰刻本，被收入中國古籍善本書目編輯委員會編的《中國古籍善本書目》集部 6419 號，全國共有九家單位收藏有此種書。

（撰稿人：黃麗群）

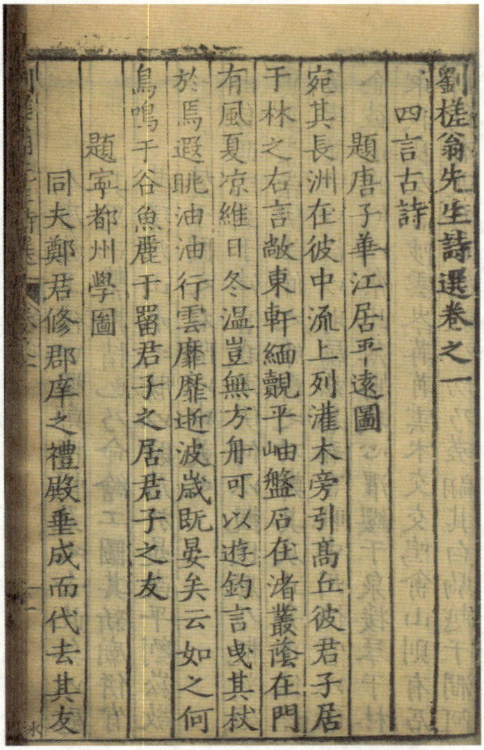
劉槎翁先生詩選卷之一
四言古詩
題唐子華江居平遠圖
宛其長洲在彼中流上列灌木旁引高丘彼君子居于林之右言敞東軒緬覩平岫盤石在渚叢蔭在門有風夏凉維日冬温豈無方舟可以遊釣言曳其杖於焉遐眺油油行雲靡靡逝波歲既晏矣云如之何鳥鳴于谷魚麗于罶君子之居君子之友
題寧都州學圖
同夫鄭君修郡庠之禮殿垂成而代去其友

白沙先生文編六卷年譜一卷

白沙先生文編六卷年譜一卷，（明）陳獻章撰，（明）唐伯元輯；年譜一卷，（明）王弘誨撰，明萬曆十一年（1583）郭惟賢、汪應蛟等校刻本。一函四册，框高二十·八厘米，寬十三·四厘米。每半葉十行，行二十一字，白口，左右雙邊，單黑魚尾。《山東省珍貴古籍名録》（第一批）1769 號，《中國古籍善本書目》集部 7049 號。

陳獻章（1428–1500），字公甫，號石齋，别號碧玉老人、江門漁父等，謚號“文恭”。廣東江門白沙里人，因此尊稱“白沙先生”，明代理學家、教育家、書法家、詩人，成化十九年授翰林院檢討，乞歸終養。萬曆二年（1574），朝廷下詔建家祠於白沙鄉，并賜額聯及祭文肖像，額曰“崇正堂”，聯曰：“道傳孔孟三千載，學紹程朱第一支。”萬曆十三年（1585），皇帝又詔準從祀孔廟，有“嶺南一人”、“廣東第一大儒”盛譽。

唐伯元（1540–1597），明潮州府澄海縣（今屬汕頭市澄海區）人。明代大儒，理學家，賜進士出身，官至南京户部主事，文選清吏司郎中等。崇奉程朱理學，反對王守仁的新理學即所謂“心學”。認爲心性（或曰天理）是以物爲載體的，離開物，心性便無從談起。其一生著述十多部，但存世不多，以今存的《醉經樓集》爲其主要代表作。

王弘誨（1541–1617），字紹傳，號忠銘，廣東瓊州府（今海南省）定安縣人，明代名臣、教育家。嘉靖四十四年（1565）進士，歷任翰林院檢討、南京禮部尚書等。在文學上卓成一家，著有《尚友堂稿》、《吴越游記》、《天池草》等。

白沙哲學擺脱宋儒繁瑣的學風，力求簡易的治心涵養功夫，形成一個有自己特點的江門學派，打破了程朱理學原有的理論格局，使明代學術由此開始了新階段，在明代理學史上具有革命性貢獻。黄宗羲説“有明之學，至白沙始入精微，至陽明而後大”；聶豹亦稱：“周程以後，白沙得其精，陽明得其大。”著作被匯編爲《白沙子全集》。

鈐印：鄭辱盦藏書、古諸縣鄭氏藏。可知此本曾爲現代著名金石藝術家、藏書家鄭爰居收藏。

（撰稿人：朱桂華）

鄭辱盦藏書

古諸縣鄭氏藏

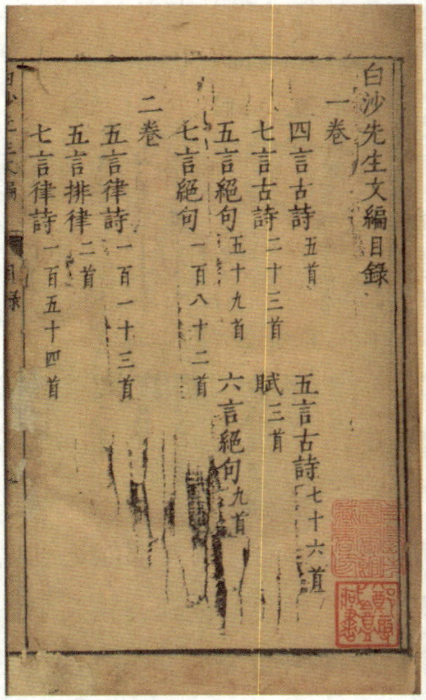

白沙先生文編目錄

一卷

四言古詩五首　五言古詩七十六首

七言古詩二十三首　賦三首

五言絕句五十九首　六言絕句九首

七言絕句一百八十二首

二卷

五言律詩一百一十三首

五言排律二首

七言律詩一百五十四首

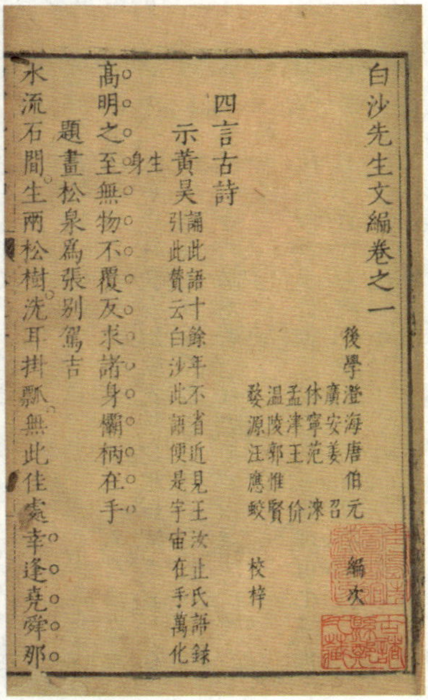

白沙先生文編卷之一

後學澄海唐伯元編次

廣安姜召　休寧范淶　孟津王价　溫陵郭惟賢　婺源汪應蛟　校梓

四言古詩

示黃昊 謂此語十餘年不省近見王汝止氏語錄引此贊云白沙此語便是宇宙在手萬化生身

高明之至，無物不覆。反求諸身，把柄在手。

題畫松泉爲張別駕吉

水流石間，生兩松樹。洗耳掛瓢，無此佳處。幸逢堯舜邪。

升庵外集一百卷

升庵外集一百卷，（明）楊慎撰，明萬曆四十五年（1617）刻本。框高二十·八厘米，寬十四·四厘米。每半葉十行，行二十字，白口，左右雙邊。《山東省珍貴古籍名録》（第一批）1879 號，《中國古籍善本書目》集部 7775 號。

楊慎（1488–1559），字用修，號升庵。明四川新都人。楊廷和子。正德六年進士。授翰林修撰。嘉靖初，充經筵講官，召爲翰林學士。大禮議起，上疏力諫，并與王元正等率群僚伏哭，遭廷杖，死而復蘇，遣戍雲南永昌衛。卒於戍所。慎投荒三十餘年，博覽群書。明世記誦之博，著述之富，推爲第一。所撰詩、詞、散曲等甚多，其詩沉酣六朝，攬采晚唐，創爲淵博靡麗之詞，造詣深厚，獨立於當時風氣之外。但因僻處雲南，故不能如李夢陽、何景明爲文壇領袖。另撰各種雜著一百餘種。有《升庵全集》。

四川省圖書館所編《楊升庵著述目録》達二百九十八種。他的主要作品收入《升庵集》（八十一卷，又稱《升庵全集》）。此集爲萬曆間四川巡撫張士佩所編訂，取楊慎《丹鉛録》等書，删除重複，分類編次，附於詩文之後。包括賦及雜文十一卷，詩二十九卷，雜著四十一卷。其雜著合集另有《升庵外集》一百卷，明楊金吾輯的《升庵遺集》二十六卷。詞、散曲、彈詞另輯有《升庵長短句》三卷，《陶情樂府》四卷等。

楊慎的文學作品，數量繁多，體裁形式多樣，詩文都能達到當時最高的成就，即便是詞作也能和唐宋大家相媲美。他對各種文學體裁都能運用自如，而且雅俗兼擅，詩詞皆能，取得了顯著的成就，在明代文學史上具有重要地位。《升庵集》集中了楊慎的主要學術思想、哲學見地、文學作品、文學思想以及楊慎對天文、地理、動植物的認識，是楊慎作品中重要的一部分，也是明清考據學研究的重要資料。《升庵集》的整理、編排和刊刻於明代已開始。先後有嘉靖年間滇、蜀、吴中初具總集性質的三個本子，至今滇、蜀俱已無傳本，衹有吴中本存有殘本。萬曆年間，文人學士開始大規模地整理《升庵文集》，有萬曆十年蔡汝賢、張士佩訂刻的《太史升庵文集》八十一卷、萬曆二十四年潮陽莊誠刻本《太史升庵文集》八十一卷、萬曆二十九年王藩臣、蕭如松翻刻的《升庵先生文集》八十一卷，以及萬曆間陳大科重刻的《太史升庵全集》八十一卷。同時，具有補遺性質的《升庵遺集》、《升庵外集》也與《升庵文集》并行於世。

此本鈐有“鄭辱盦藏書”、“鄭時印信”、“諸城鄧邨棣華書屋尹氏家藏”、“筠谷藏書”、“孝珅寶藏”藏書印，可知其爲山東著名藏書家鄭爰居、山東諸城鄧邨尹氏等人所收藏。鄭爰居先生（1891–1958），原名時，又名再時，字爰居，又字雲渠、雲衢，後以字行，室號寒松堂，又號椒木盦。本書現藏青島市圖書館。

（撰稿人：黄麗群）

鄭辱盦藏書

鄭時印信

筠谷藏書

諸城鄧邨棣華書屋尹氏家藏

孝珅寶藏

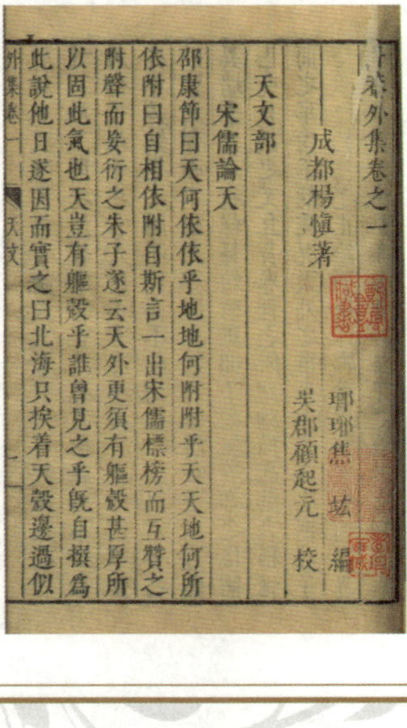
升菴外集卷之一
成都楊慎著
瑯琊焦竑編
吴郡顧起元校
天文部
宋儒論天
邵康節曰天何依依乎地地何附附乎天天地何所依附曰自相依附自斯言一出宋儒標榜而互贊之附聲而妄衍之朱子遂云天外更須有軀殼甚厚所以固此氣也天豈有軀殼乎誰曾見之乎既自擬為此說他日遂因而實之曰北海只挨着天殼邊過似
外集卷一　天文

新刻張太岳先生詩文集四十七卷

新刻張太岳先生詩文集四十七卷，（明）張居正撰，明萬曆四十年（1612）刻本。框高二十・四厘米，寬十四・四厘米。每半葉十行，行二十字。白口，四周單邊。《山東省珍貴古籍名録》（第一批）1960號。

張居正（1525–1582），字叔大，號太岳。明湖廣江陵人。嘉靖二十六年進士。授編修。嚴嵩、徐階均器重之。遷右中允，領國子司業事，與祭酒高拱善，相期以相業。階代嵩爲首輔，傾心委之。隆慶元年引之入閣。階致仕，居正與司禮監李芳謀，引拱入閣。同定封俺答事，北邊遂得安寧。此後漸生嫌隙，神宗時與司禮監馮保謀，逐拱，遂爲首輔。爲政綜核名實，信賞必罰。倚任戚繼光鎮薊門，用李成梁鎮遼東，以加強邊備。用潘季馴治河。清丈土地，行一條鞭法。在位十年，頗行改革。然持法嚴峻，怨者頗多；不能虚心納言，御史動輒得罪；厭惡講學，以詔書毁天下書院；父喪不肯解職，以“奪情”留任，頗遭時議。神宗即位時年幼，小有過失，慈圣太后即責云：“使張先生聞，奈何？”及帝漸長，心厭之。卒，謚文忠。未幾彈劾者即紛起。次年，追奪官爵；又次年，籍没家産。天啓間，始追復故官。有《張太岳集》、《太岳雜俎》等。

張居正的文集，編輯成書和刊刻的時間，應在萬曆四十年左右（1612），是由他的兒子張嗣修、張懋修等整理編纂的，定名爲《張太岳文集》。其著述的内容，分類編次爲四部分，即詩六卷、文十四卷、書牘十五卷、奏疏十一卷，共四十六卷，後有《行實》一卷，總爲四十七卷。是爲明刻本，亦即《四庫全書總目》中收録的刊本。

《張居正文集》對研究明朝嘉靖、隆慶，尤其是萬曆初期的政治、經濟、軍事等提供了一定幫助，他的奏疏有許多涉及當時的軍政大事。

明代思想家吕坤贊張居正："先生不刻意爲文，而莊雅冲夷，真醇正大，無奇譎之態，無藻繢之色，無柔曼之容，無豪宕之氣。讀其文，而得其所以爲文，見宏邃之養焉，見精明之識焉，見剸割之才焉，見篤實之學焉。"（吕坤《書太岳先生文集後》）清代陶澍："迄今讀其奏疏及手牘諸書，洞中窺要，言簡而慮周，卓然見之施行。其精神氣魄斡旋造化，而學識又足以恢之。"（《張太岳先生全集序》）文集中除應酬之文外，有些闡述其政治思想的文章，是他進行改革的理論根據。詩集收録有二百七十八首詩，其中有不少詩爲應制、應酬之作，雖爲應酬之作，仍能見其文字功底的深厚。張居正的詩歌除應制之外，也有透漏其真性情、大胸懷的詩歌。一些寫景述懷之作，清秀俊逸，文學價值較高。

此本首卷卷端鈐有"繼庭"印，現收藏於青島市圖書館。

（撰稿人：黄麗群）

繼庭

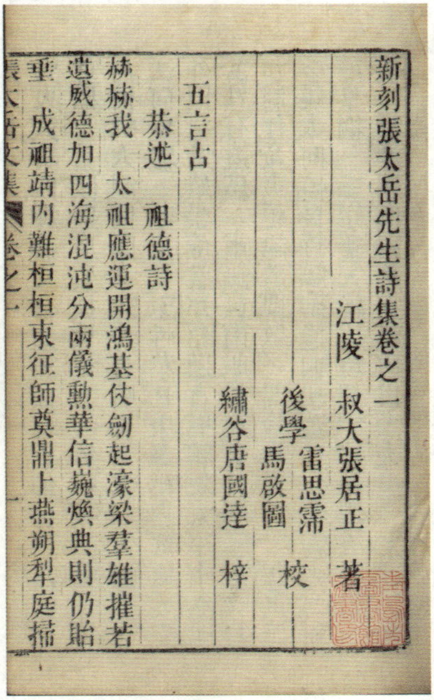

新刻張太岳先生詩集卷之一
江陵 叔大張居正 著
後學 雷思霈 校
馬啟圖
繡谷唐國達 梓
五言古
恭述 祖德詩
赫赫我 太祖應運開鴻基仗劍起濠梁羣雄摧若
遺威德加四海混沌分兩儀動華信巍煥典則仍貽
垂 成祖靖內難桓桓東征師奠鼎上燕朔犁庭掃
張太岳文集 卷之一 一

楊忠愍公集不分卷

楊忠愍公集不分卷，（明）楊繼盛著，明萬曆三十年（1602）吴氏刻本。框高二十・三厘米，寬十二・八厘米。每半葉九行，行二十字，白口，四周單邊。《山東省珍貴古籍名録》（第一批）1962 號，《中國古籍善本書目》集部 8529 號。

楊繼盛（1516–1555），字仲芳，號椒山，直隸容城（今河北容城縣北河照村）人。明代著名諫臣，嘉靖二十六年（1547）進士，官至兵部員外郎，曾任山東諸城縣令。因疏劾奸相嚴嵩致死。

楊繼盛一生命運多舛，七歲喪母，十歲喪父，三十歲時又喪長子，自己也於三十九歲時被誅。

嘉靖三十二年（1553 年），楊繼盛以《請誅賊臣疏》彈劾嚴嵩，歷數嚴嵩"五奸十大罪"，嚴嵩假傳聖旨，將楊繼盛投入死囚牢，在監獄中存活三年之久後，於嘉靖三十四年（1555）遭處決，被棄尸於市，臨刑前吟詩二首，其一曰，"浩氣還太虚，丹心昭萬古。生前未了事，留予後人補。"其二曰，"天王自聖明，制度高千古。平生未報恩，留作忠魂補。"繼盛妻殉夫自縊。燕京士民敬憫他的忠節，以其故宅，改廟以奉，尊爲城隍，并以其妻配祀。

楊繼盛將自己在獄中所著遺囑等文稿，交給其子應尾，叮囑十年以後纔能看。因爲他堅信十年之後，自己所受的冤屈，終會被昭雪。事實恰如其所料，隆慶元年（1567）繼盛得平反，昭雪之日距其被害十一年。1566 年嘉靖帝死，隆慶帝據嘉靖遺詔，褒録諸死諫者，吏部以楊繼盛爲褒録之首，贈太常少卿，謚忠愍，建"旌忠祠"於保定。清順治帝御制《褒忠録序》、《褒忠録論》，清乾隆帝爲楊繼盛畫像題詩，對其忠貞品格表達敬佩。《明史》有传。

從中進士到被害，衹有七八年時間，期間又遭貶謫、坐牢，因此他能留下的作品并不多。清康熙《楊忠愍公全集》是收文最多的刻本，其中有相當部份寫於獄中。其作品刻本還有：《楊忠愍公集》三卷附一卷，明隆慶三年王世貞刻本，這是最早的刻本；《楊忠愍公集》不分卷、《楊忠愍公行狀》一卷，明萬曆二十六年刻本；《楊忠愍公全集》四卷，清康熙三十七年朱永輝刻本。我館所藏該本屬年代較早的一種。查《中國古籍善本總目》，僅國家圖書館、青島市圖書館有藏。

書名頁題：刻椒山楊先生年譜文集，海陽石嶺吳氏梓。卷前有：隆慶三年林潤“重梓椒山楊忠愍公集序”；萬曆戊戌（1598）史宣政“楊忠愍公集序”。卷末有：萬曆壬寅（1602）吳時行“書忠愍楊公集後”。鈐印：“强恕堂”、“煙蘿館”、“北海狂夫”。

（撰稿人：賈曉伶）

强恕堂

北海狂夫

煙蘿館

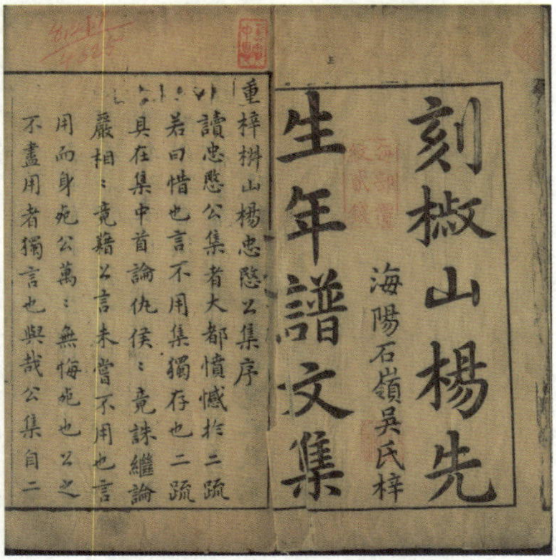

刻椒山楊先生年譜文集

海陽石嶺吳氏梓

重梓椒山楊忠愍公集序

讀忠愍公集者大都憤憾於二疏

若曰惜也言不用集獨存也二疏

具在集中首論仇侯竟誅繼論

嚴相竟籍之言未嘗不用也言

用而身死公萬萬無悔死也公之

不盡用者獨言也與哉公集自二

蔞山存家詩稿八卷

蔞山存家詩稿八卷，（明）楊巍撰，明萬曆三十年(1602)楊岑刻本。框高二十·五厘米，寬十四·二厘米。每半葉九行，行十八字，白口，四周雙邊，單黑魚尾。《山東省珍貴古籍名録》（第一批）1975號，《中國古籍善本書目》集部8582號。

存四卷（卷一至四）。

楊巍（1516–1608），字伯謙，號蔞山，海豐（今山東无棣）人。嘉靖二十六年（1547）進士，明中期重臣，官歷嘉靖、隆慶、萬曆三朝，官至吏部尚書，贈少保。工詩。《明史》有傳，稱“巍素厲清操，性長厚，有時望”。所著《蔞山存家詩稿》八卷，被收入《四庫全書》。

《四庫全書提要》述楊巍“自跋稱幼習舉子業，不知詩，至嘉靖乙卯補晋臬，提举曹忭始導之爲詩，歸田後與山人吕時臣相倡和，得詩六百餘篇，屬邢侗、鄒觀光評騭而存之，盖其中歲學詩，與唐高適相類。而天分超卓，自然拔俗，故能不染埃壒，獨發清音”。王士禛《池北偶談》稱其五言神韵清雋，簡古得陶體，爲明人所少。士禛嘗選訂其詩爲三卷，屬謝重輝刻之，今未見。此即鄒觀光删定之本也。

卷首有：萬曆壬寅鄒觀光序。鄒觀光，字孚如，德安府雲夢（今湖北雲夢）人。萬曆八年（1580）進士，官至南京兵部郎中。著有《孚如集》傳於世。

鈐印：“張鏡芙藏書印”、“膠海張鑒祥字鏡芙藏書畫印”。并有張鏡芙手寫題跋。表明此本曾爲山東著名藏書家張鏡芙收藏。張鏡芙（1890–1955），亦稱張錚夫，名鑒祥，山東諸城人。張鏡芙藏書以目録學著作爲主，因而稱“千目廬”，另專門收藏明清兩代山東人著作。解放後，其所藏山東人著作大多捐獻給了青島市圖書館。其藏書上多有題跋，起到了“辨章學術，考鏡源流”的作用。

《中國古籍善本總目》第一四二四頁集部明別集著録，全國有包括青島市圖書舘在内的十七家單位收藏。

（撰稿人：朱桂華）

膠海張鑒祥字鏡芙藏書畫印

張鏡芙藏書印

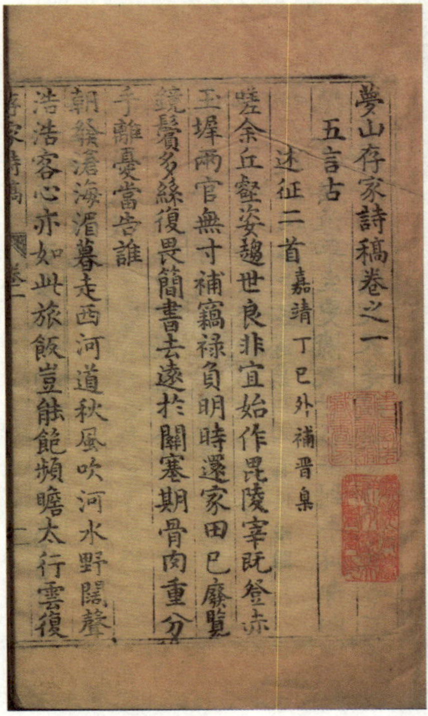

夢山存家詩稿卷之一

五言古

述征二首 嘉靖丁巳外補晋臬

嗟余丘壑姿趨世良非宜始作毘陵宰既登赤玉墀兩官無寸補竊祿負明時還家田已蕪覽鏡鬢多絲復畏簡書去遠於關塞期骨肉重分手離憂當告誰

朝發滄海湄暮走西河道秋風吹河水野闊聲浩浩客心亦如此旅飯豈能飽頻瞻太行雲復

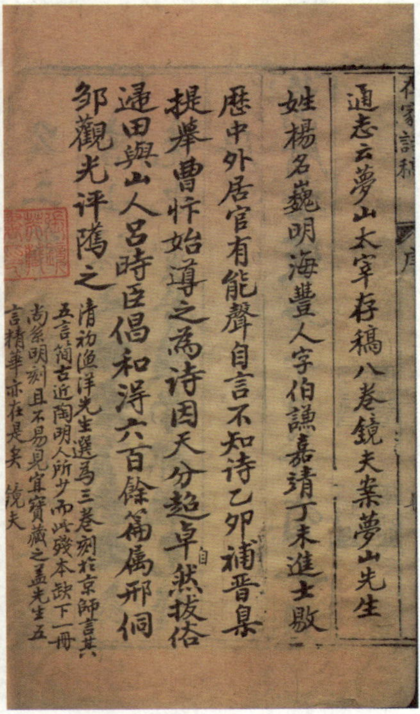

通志云夢山太宰存稿八卷鏡芙案夢山先生姓楊名巍明海豐人字伯謙嘉靖丁未進士歷歷中外居官有能聲自言不知詩乙卯補晋臬提舉曹忭始導之為詩因天分超卓然自拔偕通田與山人呂時臣倡和得六百餘篇屬邢侗邹觀光評騭之

清初漁洋先生選爲三卷刻於京師言其五言簡古近陶明人所少而此殘本缺下一冊尚系明刻且不易見宜寶藏之蓋先生五言精華亦在是矣 鏡芙

張鏡芙題識

穀城山館詩集二十卷

穀城山館詩集二十卷，（明）于慎行撰，明萬曆三十二年（1604）刻本。框高十九・七厘米，寬十二・九厘米。每半葉九行，行十八字。白口，四周單邊。《山東省珍貴古籍名録》（第一批）2019號。

于慎行（1545–1608），明山東東阿人，字可遠，更字無垢。于慎思弟。隆慶二年進士。萬曆初歷修撰、日講官，以論張居正“奪情”，觸其怒。以疾歸。居正死後復起。時居正家被抄没，慎行勸任其事者應念居正母及諸子顛沛可傷。累遷禮部尚書。明習典制，諸大禮多所裁定。以請神宗早立太子，去官家居十餘年。萬曆三十五年，廷推閣臣，以太子少保兼東閣大學士，入參機務，以病不能任職。旋卒，謚文定。學問貫穿百家，通曉掌故。與馮琦并爲一時文學之冠。有《穀城山館詩文集》。

《四庫全書總目》云：“慎行有《讀史漫録》，已著録。慎行於李攀龍爲鄉人，而不沿歷城之學。其《論古樂府》曰：‘唐人不爲古樂府，是知古樂府也，不效其體而特假其名以達所欲言。近世一二名家，至乃逐句形模，以追遺響，則唐人所吐棄矣。’其《論五言古詩》曰：‘魏晋之於五言，豈非神化，學之則迂矣。何者，意象空洞，樸而不敢琱。軌塗整嚴，制而不敢騁。少則難變，多則易窮。若原本性靈，極命物態，洪纖明滅，畢究精蘊，唐詎無五言古詩哉。’其生平宗旨，可以概見。然其詩典雅和平，自饒清韵。又不似竟陵、公安之學，務反前規，横開旁徑，逞聰明而偭古法。其矯枉而不過直，抑尤難也。”

正文前有明萬曆甲辰年（1604）夏六月陸樹聲撰《穀城山館詩集序》云：“……宗伯穀城于公，與予同列史局，又同典南宫禮而出履後先，耿耿相望，徒結思於濟河泰山之間，遡梓其詩，檇李而走，一介徵言爲序，予耄矣……”言刻書事。另有明邢侗撰《穀城山館詩集序》。

此本鈐有："李葆恂"、"葆恂心力所聚"、"文石"、"義州李大翀石孫嗣藏"、"李大翀讀書記"、"李叔子"、"竹園居士之印"、"柱下寫官"等藏書印，可知曾爲清末民初文學家李葆恂及其孫李大翀等人收藏過。李葆恂（1859–1915），字寶卿，又字叔默，一字文石，號戒庵、猛庵等，直隸義縣人。現藏青島市圖書館。

（撰稿人：黄麗群）

李大翀讀書記

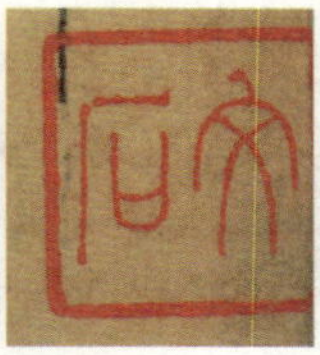
文石

李叔子

義州李大翀石孫嗣藏

葆恂心力所聚

柱下寫官

山堂

葆恂

竹園居士之印

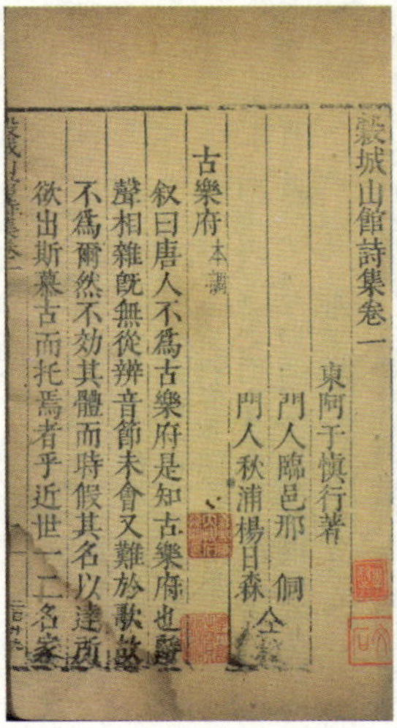
穀城山館詩集卷一
東阿于愼行著
門人臨邑邢　侗
門人秋浦楊日森　仝校
古樂府本調
叙曰唐人不爲古樂府是知古樂府也
聲相雜旣無從辨音節未會又難於欵故
不爲爾然不効其體而時假其名以達
欲出斯慕古而托焉者乎近世一二名家

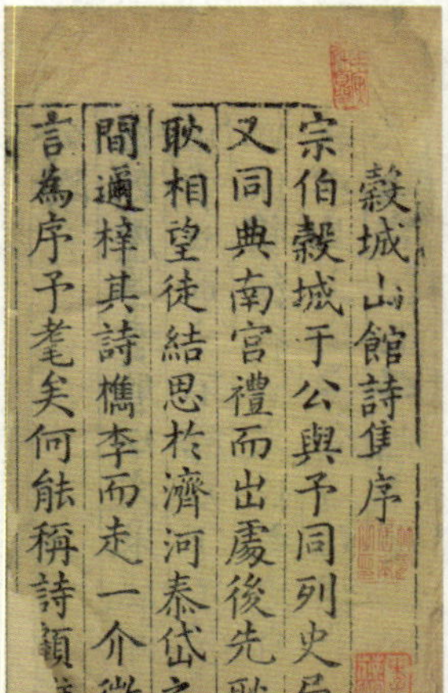
穀城山館詩集序
宗伯穀城于公與予同列史局
又同典南宮禮而出處後先耿
耿相望徒結思於濟河泰岱之
間遹梓其詩檇李而走一介徵
言爲序予耄矣何能稱詩顧

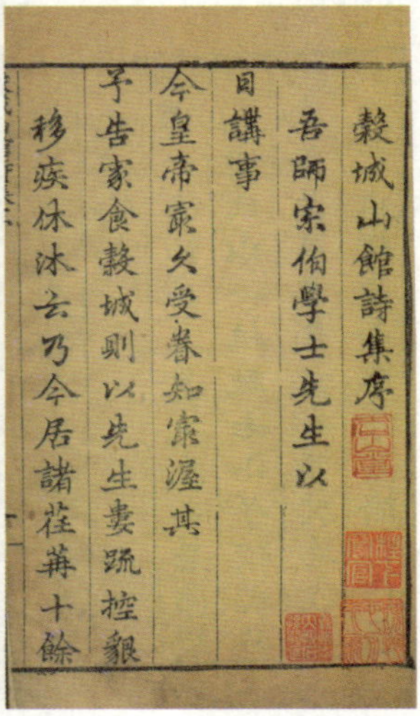
穀城山館詩集序
吾師宗伯學士先生以
日講事
今皇帝寵久受眷如霈渥其
予告家食穀城則以先生婁疏控籲
移疾休沐云乃今居諸荏苒十餘

銓部王先生文集一卷詩集一卷

銓部王先生文集一卷詩集一卷，（明）王教撰，王所明輯明萬曆四十四年（1616）張至發刻本。一函三册。框高二十三・二厘米，寬十五・八厘米。每半葉九行，行二十字，白口，四周單邊，單黑魚尾。《山東省珍貴古籍名録》（第一批）2026號，《中國古籍善本書目》集部9090號。

王教，字子修，號秋澄，淄川人。明隆慶辛未（1571）進士，歷官吏部考功主事、文選清吏司郎中。没後贈太常寺少卿，《明史》有傳。

張至發（1573–1642），淄川（今山東淄博）人。明萬曆二十九年進士，歷官河南巡按、禮部左侍郎兼東閣大學士。

銓部，主管選拔官吏的部門。在明代，文歸吏部，武歸兵部。歷代吏部職掌甚重，故常以“銓部”指吏部。

首有：萬曆四十年畢自嚴序；丙辰文翔鳳序；高舉“秋澄王公傳”。卷端題：甥張至發校梓。末有：萬曆丙辰張至發後序。

鈐印：“淄川畢氏珍藏”。

（撰稿人：朱桂華）

淄川畢氏珍藏

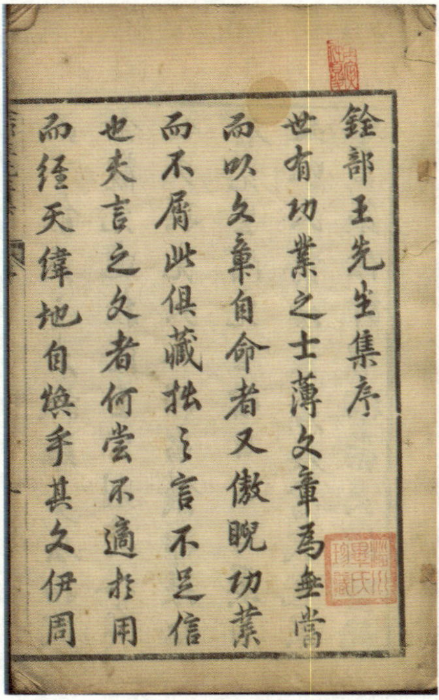

銓部王先生集序
世有功業之士薄文章爲無當
而以文章自命者又傲睨功業
而不屑此俱藏拙之言不足信
也夫言之文者何嘗不適於用
而經天緯地自煥乎其文伊周

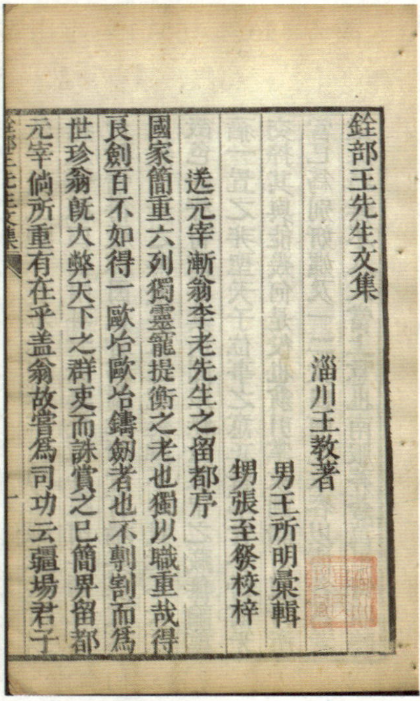

銓部王先生文集
淄川王教著
男王所明彙輯
甥張至發校梓
送元宰漸翁李老先生之留都序
國家簡重六列獨靈寵提衡之老也獨以職重哉得
良劍百不如得一歐冶歐冶鑄劍者也不劃割而爲
世珍翁既大弊天下之群吏而誅賞之已簡畀留都
元宰倘所重有在乎蓋翁故嘗爲司功云疆場君子

宗伯集八十一卷

宗伯集八十一卷，（明）馮琦撰，明萬曆三十二（1604）年刻本。框高二十・八厘米，寬十四・六厘米。每半葉九行，行十七字。白口，左右雙邊。《山東省珍貴古籍名録》（第一批）2043 號，《中國古籍善本書目》集部 9230 號。

存五十六卷（卷一至二十九、卷五十五至八十一）。

馮琦（1558–1603），字用韞，一字琢庵，明山東臨朐人。萬曆五年進士，授編修，累官禮部尚書。疏請停礦稅，征還各地稅監，不果。又極陳士子崇佛教之弊，請約禁。卒謚文敏。有《經濟類編》、《宗伯集》。在當時文壇有着極其重要的地位，被稱爲振興内翰之杰。

馮氏世家是明清時期誕生於山東臨朐的一個文學世家。從明中葉至清初，馮氏一族人才輩出，數代科舉，以文學和事功顯名於時。從明中期馮裕起，至清前期馮協一止，共歷七世。其中，馮裕、馮惟敏父子在文壇上有較大影響，而馮琦、馮溥也對其所處的文壇有一定影響。

馮琦的詩文集有《北海集》和《宗伯集》兩種，皆付梓於馮琦卒後，《千頃堂書目》均著録。因臨朐在東漢、唐、宋時曾爲北海郡，馮琦《北海集》以此得名；又因其卒官禮部尚書，後人名其集爲《宗伯集》。《宗伯集》共八十一卷，幾乎包括了《北海集》的全部作品（卷四十六除外），也幾乎囊括了馮琦的所有作品。《宗伯集》前冠以于慎行的《宗伯馮先生文集叙》、《馮宗伯詩序》和李維禎的《馮宗伯集序》。前六卷爲詩：卷一收四言詩一首、擬古樂府五首、五言古詩四十二首；卷二收七言古詩二十五首；卷三收五律一百零五首；卷四五律一百三十首；卷五收七律一百一十首；卷六收五言排律八首、七言排律一首、五言絶句三十八首、七言絶句七十二首、詞五首。共計詩五百三十七首，比《北海集》多出十一首；詞六首，與《北海集》所收相同。卷七至卷八十一爲文：卷七至卷十四共收序六十七篇，比《北海集》少收一篇；卷十五收記十篇；卷十六收記三篇、題跋三篇、傳五篇；卷十七收贊四篇、篇一篇、墓表七篇；卷十八、十九共收行狀六篇（墓表、行狀各比《北海集》少一篇）；卷二十至卷二十三共收墓志銘二十四篇；卷二十四收表八篇；卷二十五收啓二十八則；卷二十六、二十七共收議六篇；卷二十八、卷二十九收敕諭一篇、浩敕六十四篇，比《北海集》少兩篇；卷三十收經筵講章六篇；卷三十一至卷四十七爲《舊講通鑒直解》，共二百五十二則；卷四十八至卷五十九爲奏疏，共九十七封；卷六十至卷六十六共收論兩篇、策十四篇；卷六十七、六十八共收祭文二十五篇；卷六十九至卷八十一收書牘共二百八十六則。如此，《宗伯集》共收各類文體達九百一十九篇。除兩集所收各類文體數目略有不同外，《宗伯集》比《北海集》多收文體爲經筵講章和日講通鑒直解。

他的詩敏捷奇偉。于慎行有這樣的評價：“公文爲古體，淵源漢魏，而軼出於唐；其爲近體沉浸盛唐，而致極於杜，兼備衆美而出。”（《宗伯集序》）此評雖有溢美，但對馮琦文學觀點、文學創作的評述，基本符合事實。

此書卷五十五至八十一爲補配明萬曆三十五年刻本，正文前有明萬曆乙巳季秋上浣之吉于慎行撰《宗伯馮先生文集叙》。原包背裝，後改爲綫裝。鈐有“海源閣”、“楊氏珍藏”，可知曾被海源閣楊氏收藏。海源閣是我國歷史上最著名的私人藏書樓之一，爲清道光二十年（1840）楊以增所建，與“鐵琴銅劍樓”、“皕宋樓”、“八千卷樓”合稱“清代四大藏書樓”。現藏青島市圖書館。

（撰稿人：黄麗群）

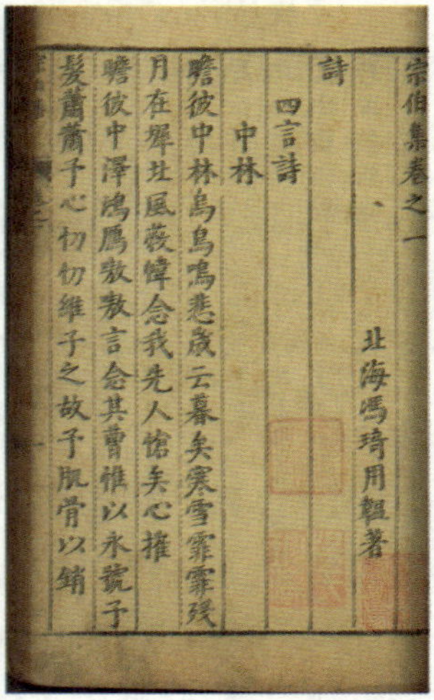
宗伯集卷之一
北海馮琦用韞著
詩
四言詩
中林
瞻彼中林鳥鳥鳴悲歲云暮矣寒雪霏霏殘
月在樑壯風發幃念我先人惂矣心摧
瞻彼中澤鴻鴈嗷嗷言念其曹誰以永號予
髮蕭蕭予心切切维子之故予肌骨以銷

海源閣

楊氏珍藏

袁中郎全集四十卷

袁中郎全集四十卷，（明）袁宏道撰，明末刻本。框高十九·六厘米，寬十四·七厘米。每半葉九行，行二十字，白口，四周單邊。《山東省珍貴古籍名録》（第一批）2098號，《中國古籍善本書目》集部9522號。

袁宏道（1568–1610），字中郎，號石公，荆州公安（今湖北公安）人，明末著名文學家，萬曆二十年（1592）進士，歷任吴縣（今江蘇蘇州）知縣，禮部、吏部主事，稽勛郎中等職。與其兄袁宗道、弟袁中道皆有才名，并稱"公安三袁"。在文學上他反對"文必秦漢，詩必盛唐"的復古之風，強調寫詩作文應"獨抒性靈，不拘格套，非從自己胸臆流出，不肯下筆"（《叙小修詩》）。此即性靈説，世稱"公安派"或"公安體"。性靈説堪稱公安派論文之核心，對打破封建思想束縛，有一定的積極作用。袁宏道爲"三袁"中文學成就最高者。

《袁中郎全集》四十卷，包括文集二十五卷，詩集十五卷，他的詩文和關於文學理論、哲學思想方面的重要論述，都收在這部集子裏。其散文率真自然，尺牘、隨筆、游記、傳記等均有佳作，尤其游記極具清新意趣，深受後人稱贊。其詩成就遜於散文。

在中國文壇上，載道文學一直佔據着正統地位，表現人性和自我的作品却受到排斥與冷落。像袁中郎這樣極富個性的作家，必然不能被統治者欣賞。1981年7月，上海古籍出版社出版的《袁宏道集箋校》，《前言》中有一段關於列爲"禁書"的説明："乾隆皇帝編《四庫全書》，發現袁宏道集子裏的一通書劄和一首詩，'有偏謬語'，當即下令抽毁。……不單那兩篇詩文抽毁，連其他找不出'偏謬語'的所有著作也全部列爲'禁書'。"然而袁中郎的著作是列入《四庫全書》"存目"的，就表明它們已收進《四庫全書》，而《四庫全書》中是不許有"禁書"

的。“存目書”，是《四庫全書》的一個組成部分。當時乾隆規定：對收録之書，應按其内容高下和實際需要，分别采用刻、抄、存目三種形式：“所有進到各遺書……擇其中罕見之書，有益於世道人心者，壽之梨棗，以廣流傳，餘則選派謄録，匯繕成編，陳之册府，其中有俚淺訛謬者，止存書名，匯爲總目，以彰右文之盛。此采擇四庫全書本指也。”當時因限於人力物力，選送刊刻的爲數極少，主要靠書手抄録，而被指爲品質較差爲數更多的書，就衹能“存目”。這類“存目書”有六千多種，約爲抄録入庫書的兩倍；在二百卷的《四庫全書總目》中，“存目”有九十多卷。

《袁中郎全集》有明萬曆間刻本；1981 年上海古籍出版社以崇禎間佩蘭居四十卷本爲底本，以吴郡書種堂本、袁小修編校本等多種版本爲校本，重新編爲五十五卷，附録三卷。

我館所藏該本爲明末刻本，《中國古籍善本總目》未著録。書内鈐有：“鄭辱盦藏書”、“丁蘭谷家藏書”，證明此本曾爲鄭爰居等人舊藏。該書保存完整，具有重要的歷史資料及版本價值。

（撰稿人：牛　泉）

鄭辱盦藏書

丁蘭谷家藏書

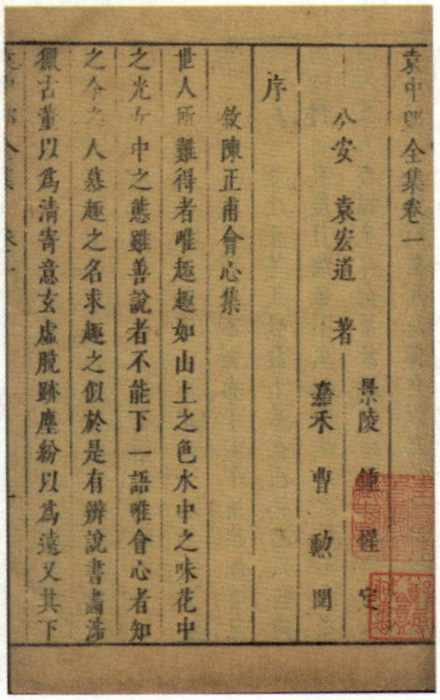

袁中郎全集卷一
公安 袁宏道 著　景陵 鍾惺 定
嘉禾 曹 勳 閱
序
敘陳正甫會心集
世人所難得者唯趣趣如山上之色水中之味花中
之光女中之態雖善說者不能下一語唯會心者知
之今之人慕趣之名求趣之似於是有辨說書畫涉
獵古董以爲清寄意玄虛脫跡塵紛以爲遠又其下

四素山房集十九卷皇華集一卷

四素山房集十九卷皇華集一卷，（明）劉鴻訓撰，明崇禎刻清雍正印本。框高二十·八厘米，寬十四·六厘米。每半葉九行，行二十一字，小字雙行同，白口，四周單邊。《山東省珍貴古籍名録》（第一批）2120號，《中國古籍善本書目》集部9839號。

劉鴻訓（1565–1634），字默承，號青岳，山東長山人。劉一相之子。萬曆四十一年（1613）進士，授庶吉士，改授翰林院編修，曾參修國史。泰昌元年（1620），出使朝鮮。後任右中允，又改左諭德。天啓六年（1626），任少詹事，因忤魏忠賢，被削籍爲民。思宗時，官禮部尚書。《明季北略》卷三："十一月，廷推閣員，以錢龍錫、楊景辰、來宗道、李標、周道登、劉鴻訓爲大學生，入閣辦事。"崇禎二年（1629），謫戍代州。崇禎七年（1634）五月，卒於戍所。著有《四素山房集》、《皇華集》、《玉海纂》、《困學紀聞鈔》等。《明史》載其生平，"鴻訓居政府，鋭意任事。帝有所不可，退而曰：'主上畢竟是冲主。'帝聞，深銜之，欲置之死。賴諸大臣力救，乃得稍寬"。

《四素山房集》十九卷輯録劉鴻訓生平所作詩文，前有王與胤、周應期、章世純等序，該書計有詩、册、論、詔、誥勅、疏揭、序文、書牘、箋、表、啓、碑記、傳、雜著、志銘、行狀、墓表、祭文等。《皇華集》一卷，爲劉鴻訓出使朝鮮期間所作詩文，由朝鮮國王收集成册。前有朝鮮輔國崇禄大夫領中樞府事臣柳根《皇華集序》，其中詳述了朝鮮國王有感於劉鴻訓對朝鮮文化的推進和交流，命人收集劉鴻訓等人在出使朝鮮期間的詩文酬唱之作，以示對天朝上國文化的推崇之意。《四素山房集》卷首鈐有"柳浪"藏印，然未知其意，或爲閑章。王與胤撰《四素山房集序》，其末署名"胤"字缺最後一筆，據此可定此本爲清雍正印本。《四庫未收書輯刊》録有："四素山房集十九卷皇華集一卷（明）劉鴻訓撰 明崇禎刻清雍正印本”，與我館所藏應是同一版本。

（撰稿人：朱妍蕾）

柳浪

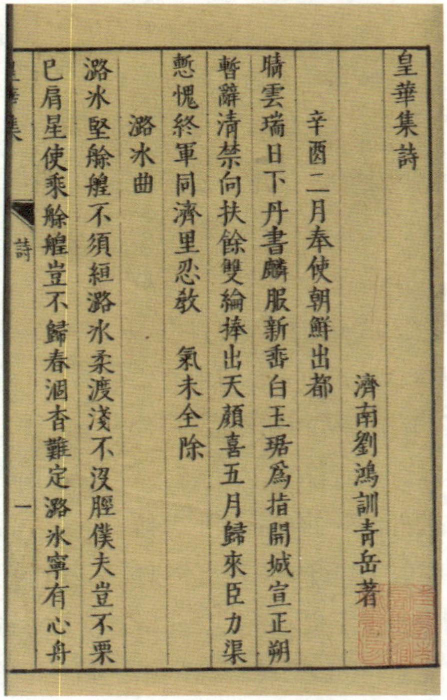

皇華集詩

濟南劉鴻訓青岳著

辛酉二月奉使朝鮮出都

晴雲瑞日下丹書麟服新香白玉珺爲指闕城宣正朔暫辭清禁向扶餘雙綸捧出天顏喜五月歸來臣力渠慙愧終軍同濟里忍敎　氣未全除

潞水曲

潞水堅艅艎不須絙潞水柔渡淺不沒脛僕夫豈不栗已肩星使乘艅艎豈不歸春淈沓難定潞水寧有心舟

皇華集　詩　一

眉公先生晚香堂小品二十四卷

眉公先生晚香堂小品二十四卷，（明）陳繼儒撰，明湯大節簡綠居崇禎間（1627–1644）刻本。一函十六册。框高二十一厘米，寬十四·五厘米。每半葉九行，行二十字，白口，四周單邊，單白魚尾。《山東省珍貴古籍名録》（第一批）2133 號，《中國古籍善本書目》集部 10110 號。

陳繼儒（1558–1639），字仲醇，自號空青，又號眉公，松江華亭（今上海）人。文學家、書畫家。與同郡董其昌齊名，是晚明文坛最有代表性的“山人”一族的领袖人物。曾兩赴鄉試不第，年二十九即焚棄儒衣冠，絶意仕進。筑“東佘山居”，有顽仙盧、來儀堂、晚香堂等，過起了幾十年的隱居生活，在此或讀書講經，或吟風弄月，著述頗豐，有《陳眉公全集》、《雲山卷》、《小窗幽記》、《梅花册》等傳世，《四庫全書》收其作品達三十餘種。《明史》有傳。

陳繼儒隱居松江白石山時，曾自称白石樵。其詩文初刊成《白石樵真稿》二十四卷、尺牘四卷，書前有崇禎九年（1636）董其昌序、章臺鼎序。後由其贅婿湯大節輯刻成《眉公先生晚香堂小品》二十四卷。

陳氏多聞博識，工詩善文，尤其對“芽甲一新，精彩八面，有法外法、味外味、韵外韵”的小品文十分傾心。“小品”，大致指篇幅短小、雋永新異的散文。書中不僅有文史、宗教、藝術等方面的內容，對明末社會現實也給予了揭示，其雜文既涉學術，亦不乏生活情趣：如談茶、談酒、談奇好、談園林、談人生的種種體驗，語言活潑幽默，風格鮮明，可讀性强。它反映了一代名士恬静、安逸的文人情懷，也是晚明文化具有市民化特征的反映。

書名頁題：陳眉公先生小品，簡綠居珍藏。首有王思任、陶珽序；簡綠居主人湯大節“例言”。湯大節字半李，武林人，其刻書處曰“簡绿居”。王重民《中國善本書提要》指出：例言稱“先生集昔年曾爲吴兒贋刻”，蓋指《白石樵真稿》，此刻在《真稿》以後，《眉公全集》（此集係眉公謝世後，由其子、孫等編纂）以前，三集互有出入，文字間亦有異同，蓋均從陳氏家稿上版。參訂者有王璣等五人。鈐印：“晚香堂”、“奇文共欣賞”。

該本初刻精印，保存完整。《中國古籍善本總目》集部明别集類著録。

（撰稿人：朱桂華）

晚香堂

奇文共欣賞

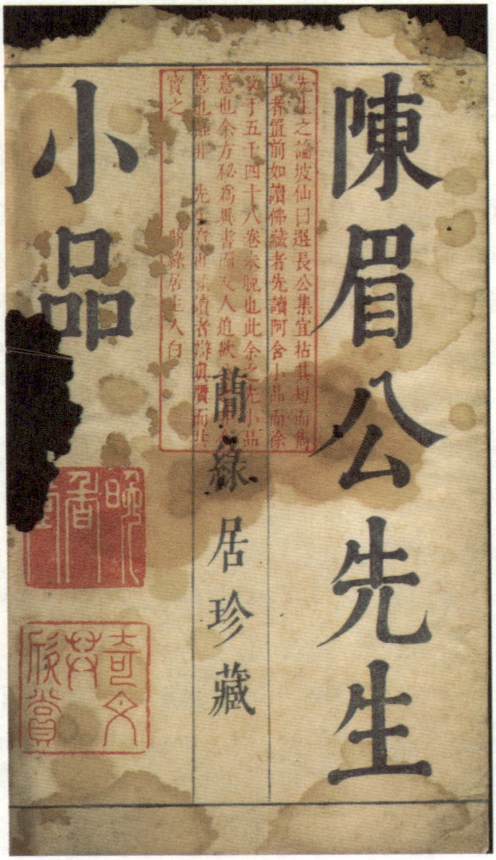

牧齋初學集一百十卷目録二卷

牧齋初學集一百十卷目録二卷，（清）錢謙益撰，明崇禎十六年燕譽堂刻本。框高二十一・三厘米，寬十四・六厘米。每半葉十行，行十八字，白口，四周單邊，單黑魚尾。《山東省珍貴古籍名録》（第一批）2152號。

存一百零三卷（一至四十六卷，四十八至一百零四卷）。

錢謙益（1582–1664），字受之，號牧齋，晚號蒙叟，東澗老人，江蘇常熟人。萬曆三十八年（1610）進士，官至禮部侍郎，東林黨領袖之一，詩文大家，《明史》有傳。在他等身的著作中，詩文集《牧齋初學集》（作於明末）和《牧齋有學集》（入清後作品）最爲重要。

本集一至二十卷爲詩集，其餘爲文集，包括雜文、序、記、行狀、墓志銘、神道碑銘、奏疏、題跋等。由其門人瞿式耜刻於明崇禎十六年（癸未，1643），皆手寫上板(據傳爲瞿氏手寫，亦未可知)，筆畫舒展流暢，結構考究，刻印極精良，實屬上乘之本。該書在清乾隆時期遭禁，但因錢氏名氣，且集合了他在經學、史學、文學、釋道等各學科方面的見解和成就，故仍在清人文集中極富盛名，歷來被衆多藏家視爲珍寶。

封面題：崇禎癸未歲刊行、燕譽堂藏板。

首有：程嘉燧、蕭士瑋、瞿式耜等序。

程嘉燧（1565–1643），字孟陽，號松圓、偈庵，明代書畫家、詩人。休寧（今屬安徽）人。與同里婁堅、唐時升并稱“練川三老”。著有《浪淘集》。

蕭士瑋(生卒年不詳)，字伯玉，安徽泰和縣人。明萬曆四十四年(1616)進士，歷官禮部、吏部主事。明亡後回故里，潛心學問，著有《春浮園集》等。钱谦益贊其:“無俗情、無俗務、無俗文、無俗詩。”

瞿式耜（1590–1650），字起田，號稼軒、耘野，江蘇常熟人，明末詩人、民族英雄。早年拜錢謙益爲師，萬曆四十四年（1616）進士，官江西永豐知縣、户科給事中，後遭排擠罢歸故里。自此以詩酒自遣，集大儒雋語爲《愧林漫録》十卷。清滅南明後，英勇就義。

（撰稿人：朱桂華）

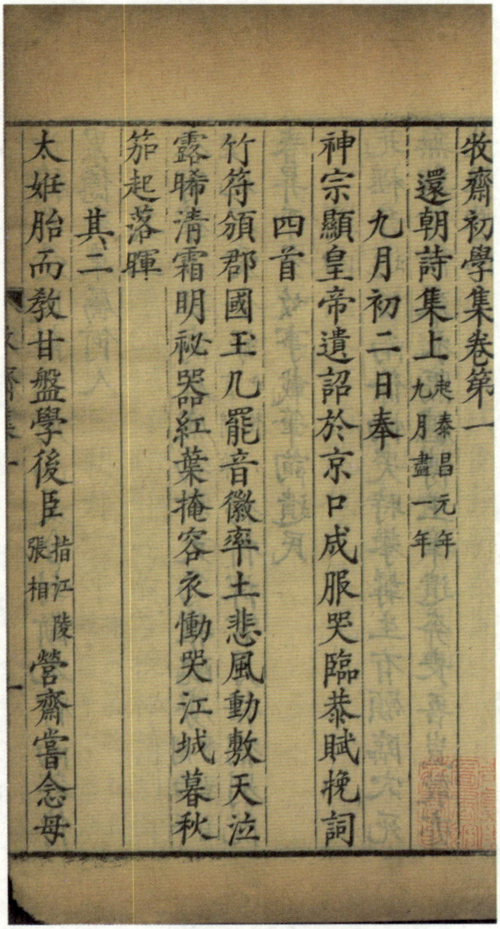
牧齋初學集卷第一

還朝詩集上 起泰昌元年九月盡一年

九月初二日奉

神宗顯皇帝遺詔於京口成服哭臨恭賦挽詞

四首

竹符頒郡國玉几罷音徽率土悲風動敷天泣

露晞清霜明祕器紅葉掩容衣慟哭江城暮秋

笳起落暉

其二

太姙胎而教甘盤學後臣 指江陵張相 營齋嘗念母

删補古今文致十卷

删補古今文致十卷，（明）劉士鏻編，（明）王宇增删，明天啓刻本。框高二十一厘米，寬十三・六厘米。每半葉九行，行二十字，白口，四周單邊，單黑魚尾。《山東省珍貴古籍名録》（第一批）2394 號，《中國古籍善本書目》集部 17687 號。

劉士鏻，字越石，杭州人，明崇禎辛未（1631）進士。

王宇，字永啓，福建閩縣人，萬曆三十八年（1610）進士，官南刑部主事。

文致者，中華古文之極致也。編者以"文致"名書，意在標榜其文選之精。《古今文致》輯録漢至明代的作家文章十卷，多爲抒情散文和小品文，題裁涉序跋題記、書傳銘贊、疏論評説、碑碣辨對等。

《四庫全書總目》该書提要云："是集輯漢魏六朝以至明人所著……詮次頗傷於蕪雜，無所取裁。"該書作爲一部歷代散文小品集，内容豐富，大致按歷史時期爲序，但個别篇目有張冠李戴等錯訛。

書名頁題：新鐫王永啓先生評選古今文致。卷首有：天啓三年（1623）王宇序，劉士鏻自序，金伯宗序。

該書現存版本較多，分藏全國多家圖書館。明代天啓僅歷七年，所刻書籍較少，因此該書還是比較珍貴的。

此本《中國古籍善本總目》集部總集類有著録，全國有包括青島圖書館在内的三十多家單位有藏。《四庫》入存目。

（撰稿人：朱桂華）

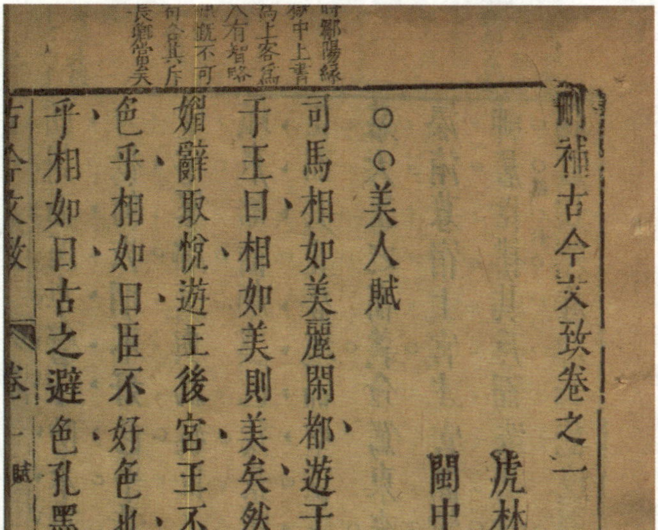

時鄒陽緣獄中上書爲上客爲人有智略慨不可苟合其斥長卿當是矣

刪補古今文致卷之一

虎林　劉士鏻越石　原選

閩中　王　宇永啓　增刪

○○美人賦　司馬相如

司馬相如美麗閑都遊于梁王梁王悅之鄒陽譖之于王曰相如美則美矣然服色容冶妖麗不忠將欲媚辭取悅遊王後宮王不察之乎王問相如曰子好色乎相如曰臣不好色也王曰子不好色何若孔墨乎相如曰古之避色孔墨之徒聞齊饋女而遐逝望

古今文致　卷一　賦　一

唐文粹一百卷

唐文粹一百卷，（宋）姚鉉輯，明嘉靖八年（1529）晋府養德書院刻本。框高二十・九厘米，寬十三・六厘米。每半葉十三行，行二十一字，小字雙行同，白口，四周單邊。《山東省珍貴古籍名録》（第一批）2420號，《中國古籍善本書目》集部17956號。

姚鉉（968–1020），字寶之，廬州合肥人。太平興國八年（983）登進士第。解褐大理評事，知潭州湘鄉縣。三次任殿中丞職，通判簡州、宣州、昇州三州。姚鉉爲人儁雅豪爽，頗有氣度，文辭敏麗，善筆札。其藏書多有異本。被貶謫居時，曾設專人爲他寫書、抄書。又據其藏書，采集唐代文苑辭章，分門别類，纂爲《唐文粹》百卷。被貶流放期間，仍然傭夫荷擔攜圖書以自隨。卒後，其子以藏書獻於朝廷，詔藏秘閣，并授官職。姚鉉尤尚韓愈、柳宗元之文風，其去取謹嚴，爲蕭統《文選》之後又一總集。

《唐文粹》選録詩文，以古體爲依歸，不收近體詩。分爲二十余體，每體又分若干類，共收文、賦一千一百零四篇，詩九百六十一首。其推崇古體的傾向是很鮮明的。姚鉉還認爲唐以來流傳的詩賦選本"率多聲律，鮮及古道，蓋資新進後生干名求試之急用爾"，所以集中衹選古今樂章、樂府詞和古調歌篇。有助於糾正唐末五代以來所形成的衰靡文風，開歐陽修、梅堯臣等人詩文改革的先河。

我館所藏《唐文粹》一百卷爲明嘉靖八年晋府養德書院刻本，前有明嘉靖五年丙戌仲秋朔旦晋藩志道堂撰《重刊唐文粹序》及明嘉靖七年晋藩養德書院撰《刻唐文粹後序》，該書具有重要的歷史資料和版本價值。

（撰稿人：朱妍蕾）

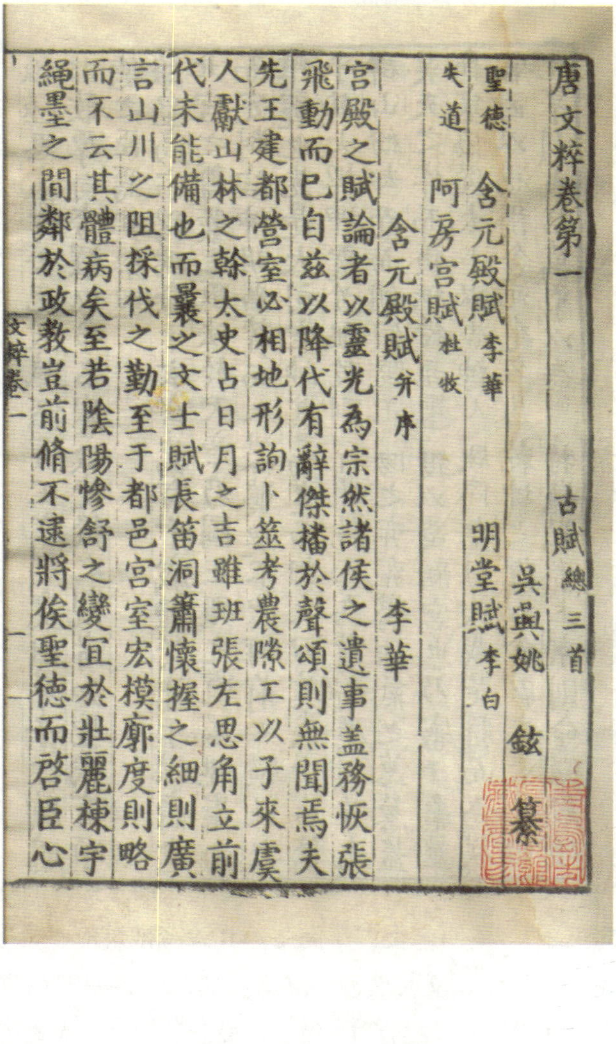
唐文粹卷第一　古賦總三首

吳興姚鉉纂

聖德　含元殿賦李華　明堂賦李白

失道　阿房宮賦杜牧

含元殿賦并序　李華

宮殿之賦論者以靈光爲宗然諸侯之遺事蓋務恢張飛動而已自兹以降代有辭傑播於聲頌則無聞焉夫先王建都營室必相地形詢卜筮考農隙工以子來虞人獻山林之榦太史占日月之吉雖班張左思角立前代未能備也而曩之文士賦長笛洞簫懷握之細則廣言山川之阻採伐之勤至于都邑宮室宏模廓度則略而不云其體病矣至若陰陽慘舒之變宜於壯麗棟宇繩墨之間鄰於政教豈前脩不遠將俟聖德而啓臣心

文粹卷一　一

皇明詩選十三卷

皇明詩選十三卷，（明）陳子龍撰，（清）李雯、宋徵輿輯，明崇禎刻本。竹紙，一函五册。框高十九·四厘米，寬十四·五厘米。每半葉九行，行十八字，白口，四周單邊。《山東省珍貴古籍名録》（第一批）2494 號，《中國古籍善本書目》集部 18643 號。

陳子龍（1608–1647），初名介，字臥子、懋中、人中，號大樽、海士、軼符等，明末文學家，崇禎十年進士。清兵陷南京，他和太湖民衆開展抗清，事敗被捕，投水殉國。其詩歌成就較高，詩風悲壯蒼涼，充滿民族氣節。擅七律、七言歌行、七絶，被譽爲“明詩殿軍”。亦工詞，屬婉约詞名家、雲間詞派盟主，被後世衆多詞評家譽爲“明代第一詞人”。

李雯（1608–1647），字舒章，明末文學家。明崇禎十五年（1642）舉人，與陳子龍、夏允彜、周立勛、徐孚遠、彭賓號稱“雲間六子”。詩詞與陳子龍、宋徵輿齊名，著有《蓼齋集》等。

宋徵輿（1618–1667），字直方，一字轅文，清順治四年（1647）進士，與陳子龍、李雯等以古學相砥礪，所作詩詞以博贍見長，著有《林屋文稿》十六卷、詩稿十四卷。

陳、李、宋皆爲松江華亭（今上海松江，雲間是松江的别稱）人，时称“雲間三子”，爲明末復古派健將。其論詩推崇前、後七子，受王世貞影響尤深，主張“文必秦漢、詩必盛唐”。該編即爲貫徹其詩學宗旨的選本。共選詩一千二百首，僅前、後七子的中堅人物李夢陽、何景明、李攀龍、王世貞等四人作品即入選六百首。而明代其他重要詩人，如明初高啓僅選十四首、劉基僅選十首、袁凱僅選八首……

該集篇幅雖不能與陳子龍另一部明代文選《明經世文編》相比肩，但也是選評認真、頗具代表性的明詩選本。所選詩作基本能反映明初至隆慶詩歌創作的概貌，彰顯了選編者“移風易俗，返於醇古”，以振明末衰頹之文風的意圖。

該書以古近體、五七言類編；附有詩人傳略，并有三編者評語，分别署“臥子”（陳子龍）、“舒章”（李雯）、“轅文”（宋徵輿）。

該書入清後爲禁書，孫殿起《清代禁書知見録》記載：“《皇明詩選》十三卷，明松江陳子龍選，無刻書年月，約崇禎間刊。内有徐渭、陳繼儒等詩，應請抽毀。余細檢此本，徐渭、陳繼儒二人詩文皆未毀，遂知蔣復貞此本乃據初刻重印。李雯、宋徵輿二人明亡後變節降清，蔣復貞僅舉二人言之，又改《皇明文選》爲《明文選》，文網故也。”

該本書名頁題：李舒章宋轅文兩先生選評明詩選，吴門蔣復貞梓。當爲崇禎十六年刻本、清蔣復貞重印本。蔣復貞主要生平時間或在清康熙初年。

在衆多明詩選本中，論廣博，首推《列朝詩集》與《明詩綜》；論簡要則屬《皇明詩選》和《明詩别裁》。《明詩别裁》自乾隆初年刊行以來，翻印頗多，廣爲流傳。而《皇明詩選》入清後遭禁毀，故傳世較爲稀少。

首有：陳子龍、李雯、宋徵輿序。

鈐印：“巴陵方氏碧琳瑯館藏書”，“方功惠藏書印”。方功惠（1829–1897），字慶齡，號柳橋，湖南巴陵人（今岳陽），清末湖南四大藏書家之一。

（撰稿人：朱桂華）

巴陵方氏碧琳瑯館藏書

方功惠藏書印

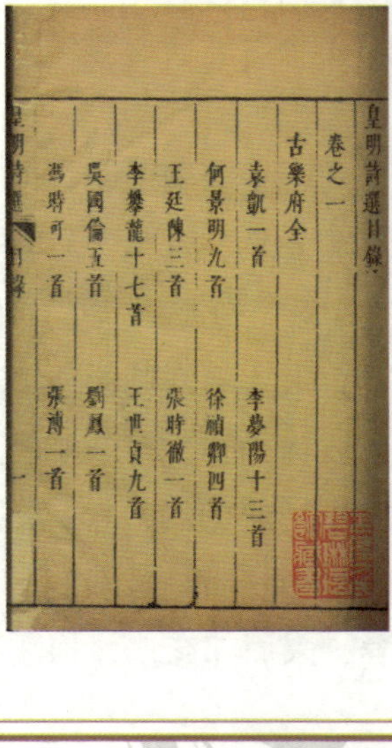

皇明詩選目錄
卷之一
古樂府全
袁凱一首　李夢陽十三首
何景明九首　徐禎卿四首
王廷陳三首　張時徹一首
李攀龍十七首　王世貞九首
吳國倫五首　劉鳳一首
馮時可一首　張溥一首

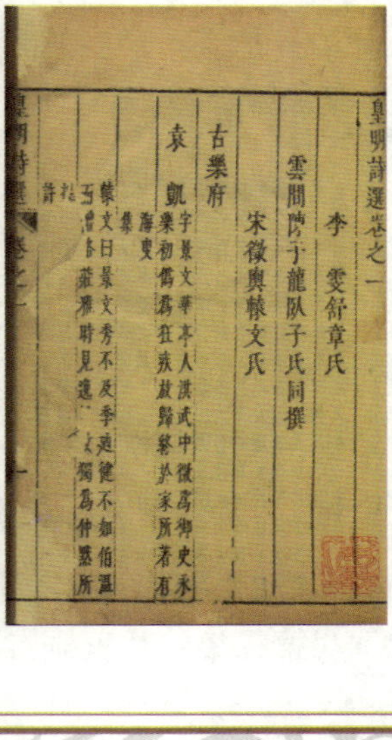

皇明詩選卷之一
李　雯舒章氏
雲間陳子龍臥子氏同撰
宋徵輿轅文氏
古樂府
袁　凱　字景文華亭人洪武中徵爲御史丞樂初僞爲狂疾放歸終於家所著有海叟集

宋名家詞

宋名家詞，（明）毛晋輯，明毛氏汲古閣刻本。六函三十六册，框高十九厘米，寬十四·五厘米。每半葉八行，行十八字，白口，左右雙邊。《山東省珍貴古籍名録》（第一批）2561號。

毛晋（1599–1659），原名鳳苞，字子晋，江蘇常熟人。一生藏書極富，三十歲岁即開始從事編校刻書，是歷代私家刻書最多的，所刻書籍紙墨上乘，雕印精良，因而流布甚廣，有“毛氏之書走天下”的美譽。在中國出版史上具有重要地位。毛晋去世後，所藏善本先後被季振宜、徐乾學等購藏。

毛晋對所藏善本秘籍，尤其是宋版元槧，常雇用高手影抄，字體工整漂亮，如同原作，遂以“毛抄”聞名。詞作爲文章之一種，萌於唐而盛於宋。詞宗宋猶詩之宗唐。毛晋此刻，即宋詞總集。通行版本爲《宋六十名家詞》，原名《宋名家詞》，包羅頗廣。《宋六十名家詞》分六集，自晏殊《珠玉詞》至盧炳《烘堂詞》共六十一家，遂以六十家詞傳。每家之後，各附以跋語，或説明版本，或介紹詞人，或進行評論，是流布最廣的詞集之一，三百多年來一直爲學者稱頌，是研究詞學的重要叢書。

清馮煦曾據以輯爲《六十一家詞選》，但校勘粗疏，錯訛較多。此書另有商務印書館影印本、《四部備要》本。

我館所藏該書收詞三十家，分爲二集，細目爲：

第一集：六一詞一卷，宋歐陽修撰；珠玉詞一卷，宋晏殊撰；樂章集一卷，宋柳永撰；東坡詞一卷，宋蘇軾撰；山谷詞一卷，宋黄庭堅撰；淮海詞一卷，宋秦觀撰；小山詞一卷，宋晏幾道撰；東堂詞一卷，宋毛滂撰；稼軒詞四卷，宋辛棄疾撰；放翁詞一卷，宋陸游撰；計十家。

第二集：片玉詞二卷，宋周邦彦撰；梅溪詞一卷，宋史達祖撰；

白石詞一卷，宋姜夔撰；竹山詞一卷，宋蔣捷撰；溪堂詞一卷，宋謝逸撰；樵隱詞一卷，宋毛幵撰；酒邊詞二卷，宋向子諲撰；石林詞一卷，宋葉夢得撰；書舟詞一卷，宋程垓撰；西樵語業一卷，宋楊炎撰；竹屋癡語一卷，宋高觀國撰；坦菴詞一卷，宋趙師使撰；惜香樂府十卷，宋趙長卿撰；夢窗詞稿丙稿一卷、丁稿一卷，宋吴文英撰；近體樂府一卷，宋周必大撰；竹齋詩餘一卷，宋黄機撰；金谷遺言一卷，宋石孝友撰；散花菴詞一卷，宋黄昇撰；和清真詞一卷，宋方千里撰；後村別調一卷，宋劉克莊撰；計二十家。

每家之前（個別家除外）都有序；各家之後皆有毛晉手書題識、題記，用以簡評作品及作者或述版本情況。

（撰稿人：朱桂華）

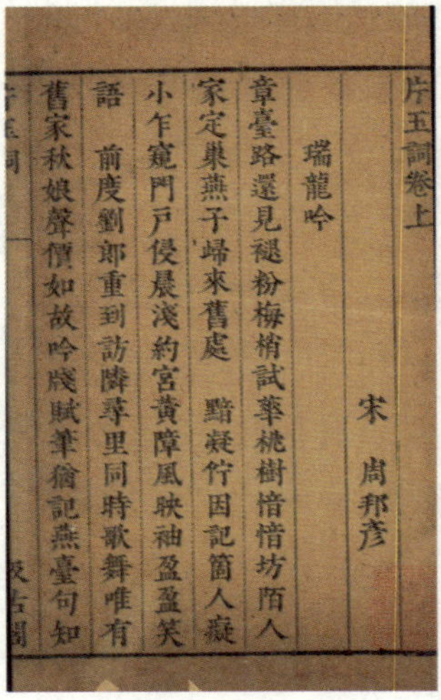

片玉詞卷上

宋 周邦彥

瑞龍吟

章臺路還見褪粉梅梢試華桃樹愔愔坊陌人家定巢燕子歸來舊處 黯凝竚因記箇人癡小乍窺門戶侵晨淺約宮黃障風映袖盈盈笑語 前度劉郎重到訪鄰尋里同時歌舞唯有舊家秋娘聲價如故吟牋賦筆猶記燕臺句知

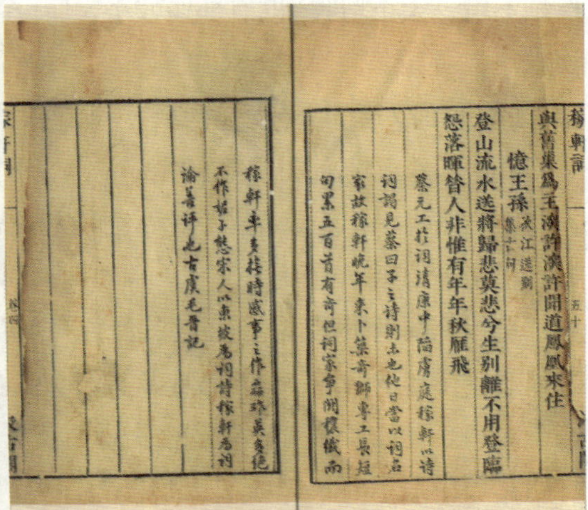

稼軒詞

與舊巢爲主演許演許開道鳳凰來住

憶王孫 秋江送別 集古句

登山流水送將歸悲莫悲兮生別離不用登臨怨落暉昔人非惟有年年秋雁飛

蔡元工於詞清康中陪虜庭稼軒以詩詞謁見蔡曰子之詩則未也他日當以詞名家故稼軒晚年來卜築奇獅專工長短句累五百首有奇但詞家爭開㦸鐵而

稼軒率多撫時感事之作磊砢英多絕不作妮子態宋人以東坡爲詞詩稼軒爲詞論善評也 古虞毛晉記

毛晉題識

漢魏叢書三十八種二百五十卷

漢魏叢書三十八種二百五十卷，（明）程榮輯，明萬曆二十年（1592）刻本。框高二十厘米，寬十四·二厘米。每半葉九行，行二十字，小字雙行同，白口，左右雙邊。《山東省珍貴古籍名録》（第一批）2631號。

程榮，字伯仁，歙縣人，編刊有《山房清賞》二十八卷。

《漢魏叢書》是程榮於萬曆二十年（1592）編刊的我國第一部名副其實的以漢魏人著作爲主，間有晋、梁、陳、隋人著作，專收古經逸史、稗官野乘之類的大型叢書。這部叢書以編校審、篇目全、刻印精，成爲古代大型出版叢書之祖及著名的精善本。《漢魏叢書》收録諸書，巨細不鐲、大小均收，既有部頭較小、僅一卷的晋王弼《周易略例》、漢申培《詩説》、漢馬融《忠經》、漢黄石公《素書》等，又有部頭較大的《韓詩外傳》、《大戴禮記》、《春秋繁露》、《風俗通義》、《劉子新論》等。特别值得注意的是，本叢書收書不作任何删節，舉凡諸書的序、跋等一律予以保留，從而便較完好地保存了諸書的版刻源流，提高了諸書的版本價值。

自程刻問世後，因程刻而起的叢書有萬曆間武林何允中輯刻的《廣漢魏叢書》七十六種，乾隆五年（1791）王謨輯刻的《增訂漢魏叢書》八十六種。我館所藏《漢魏叢書》爲明萬曆二十年（1592）刻本，前有明萬曆壬辰臘月屠隆撰《漢魏叢書序》。由於這類叢書斷代明確，主題清楚，網羅了這一時期的重要著述，爲研究這一段歷史提供了極大方便。

此本具有重要的歷史資料及版本價值，對研究漢魏著作提供了豐富的文獻材料。

（撰稿人：朱妍蕾）

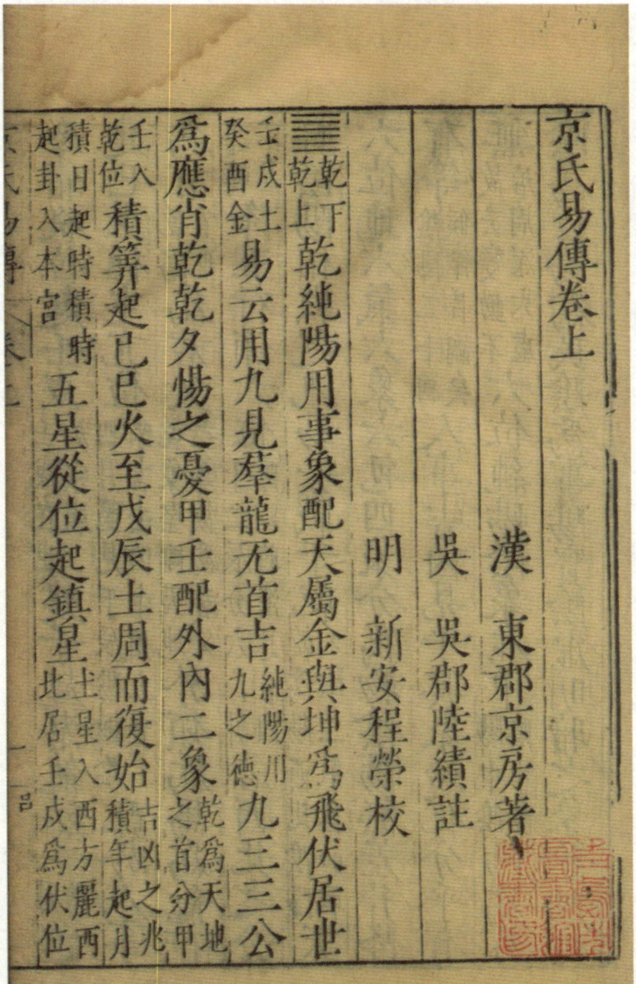

京氏易傳卷上

漢　東郡京房著

吳　吳郡陸績註

明　新安程榮校

☰乾下乾上 乾純陽用事象配天屬金與坤爲飛伏居世 壬戌土癸酉金 易云用九見羣龍无首吉 純陽用九之德 九三三公爲應肖乾乾夕惕之憂甲壬配外內二象 乾爲天地之首分甲壬入乾位 積筭起巳巳火至戊辰土周而復始 吉凶之兆積年起月積日起時積時 五星從位起鎮星 土星入西方麗西北居壬戌爲伏位起卦入本宮

京氏易傳　卷上　一

尚白齋鐫陳眉公訂正秘笈二十一種四十九卷

尚白齋鐫陳眉公訂正秘笈二十一種四十九卷，(明)陳繼儒編，明萬曆三十四年（1606）沈氏尚白齋刻本。框高二十・六厘米，寬十二・五厘米。每半葉八行，行十八字。白口，四周單邊。《山東省珍貴古籍名録》（第一批）2638號，《中國古籍善本書目》叢部96號。

陳繼儒（1558–1639），字仲醇，號眉公，又號麋公。諸生。明松江府華亭人。志尚高雅，博學多通，少與同郡董其昌、王衡齊名。年二十九，取儒衣冠焚棄之，隱居小昆山，後居東佘山，杜門著述。工詩善文，短翰小詞，皆極風致。書法蘇、米，兼能繪事。董其昌久居詞館，書畫妙天下，推仲醇不去口。眉公又刺取瑣言僻事，詮次成書，遠近争相購寫，於是名動寰宇。屢奉詔徵用，皆以疾辭。卒於家。有《眉公全集》。

《尚白齋鐫陳眉公訂正秘岌》原名《寶顏堂秘笈》，是陳繼儒主持編寫的大型叢書，分“正”、“續”、“廣”、“普”、“匯”、“秘”六集。據《中國叢書綜録補正》，“正集”全名爲《尚白齋鐫陳眉公訂正秘笈》，“秘集”亦冠名爲“尚白齋”，而“廣集”、“普集”冠名爲“亦政堂”。“尚白齋”、“亦政堂”分别爲當時書商沈孚先、沈德先之齋名，通稱爲“寶顏堂秘岌”是因爲寶顏堂爲陳繼儒齋名，而繼儒名在二沈之上。“寶顏堂”的由來，據《太平清話》卷一“顔書《朱巨川浩》真迹……今藏余家，余故有寶顏堂印。”

陳繼儒一生著述頗豐，據《陳眉公先生全集》(明崇禎刻本)中其長子陳夢蓮小記可知，雖然其少年行文隨手而應之作與爲他人代筆之稿十無一二存留，但陳繼儒身歸道山後尚遺留筒稿共計七千餘頁，夢蓮準備分四次刻版出集：第一刻六十卷，第二刻二十卷，第三刻二十餘卷，第四刻約二十卷，共約一百二十卷。現存陳繼儒著述，計著有《陳眉公先生全集》六十卷，《晚香堂小品》二十四卷，《白石樵真稿》二十四卷，《眉公雜著》四十八卷；編有《寶顔堂秘笈》二百二十六種四百五十七卷，《古文品外録》三十四卷，《秦漢文膾》五卷，《古逸民傳》二十二卷，《古論大觀》四十卷；《文奇豹斑》十二卷，《國朝名公詩選》十二卷，《樂府先存》三卷。《四庫全書》存其書目涉及史、子、集三部十一類二十五種。

（撰稿人：黄麗群）

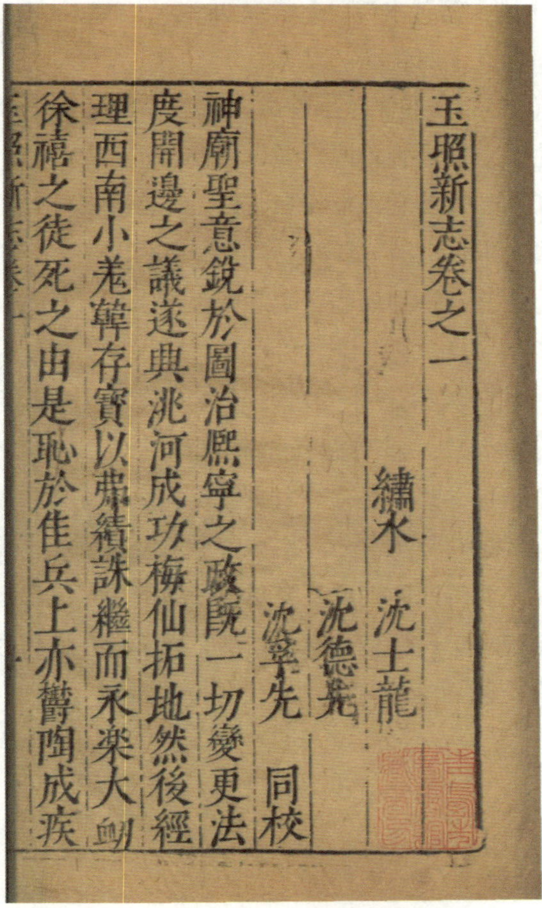
玉照新志卷之一
繡水　沈士龍
沈德先
沈孚先　同校
神廟聖意鋭於圖治熙寧之政既一切變更法
度開邊之議遂興洮河成功梅仙拓地然後經
理西南小羌韓存寶以弗績誅繼而永樂大衂
徐禧之徒死之由是恥於佳兵上亦欝陶成疾

寶顔堂續秘笈五十種一百卷

寶顔堂續秘笈五十種一百卷，（明）陳繼儒輯，明萬曆沈氏尚白齋刻本。框高二十・七厘米，寬十二・七厘米。每半葉八行，行十八字，小字雙行同，白口，四周單邊。《山東省珍貴古籍名録》（第一批）2639 號，《中國古籍善本書目》叢部 98 號。

存三十一種五十四卷。

陳繼儒（1558–1639），字仲醇，號眉公，又號麋公，明松江府華亭人。諸生。志尚高雅，博學多通，少與同郡董其昌、王衡齊名。有《眉公全集》。寶顔堂，爲陳繼儒齋名，據陳繼儒《太平清話》卷一稱："顔書《朱巨川誥》真迹……今藏余家，故余有寶顔堂印。"

《寶顔堂秘笈》爲陳繼儒所輯叢書，收唐、宋、元、明書籍二百餘種，分正、續、廣、普、匯、秘六集。所收多學故瑣言、藝術語録之作。尚白齋爲明代書商沈孚先之齋名，《中國叢書綜録補正》著録《寶顔堂秘笈》正集、續集，前皆冠有"尚白齋"之名。《寶顔堂秘笈續集》共收録書籍五十種，其中既有《朱文公政訓》、《真西山政訓》等政論書籍，又有《枕中書》等修仙書籍，所收範圍甚廣。《寶顔堂秘笈》對於研究整個晚明時期的士風及晚明士子的生活狀況都有着極高的價值。我館所藏版本年代較早，保存較爲完好，具有較高的歷史資料價值和版本價值。

（撰稿人：朱妍蕾）

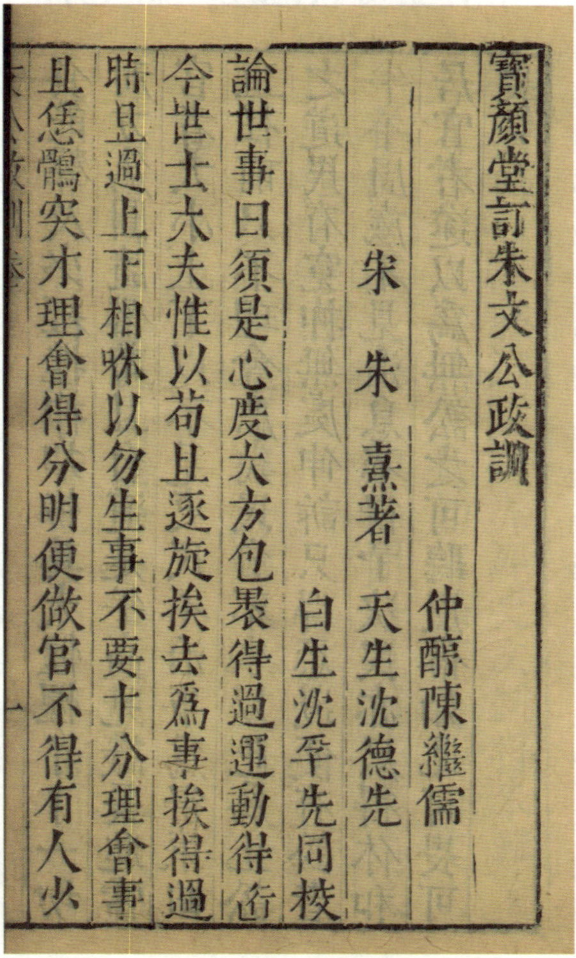

賓顏堂訂朱文公政訓

仲醇陳繼儒

宋　朱　熹著　天生沈德先

白生沈孚先同校

論世事曰須是心度大方包褁得過運動得行

今世士大夫惟以苟且逐旋挨去爲事挨得過

時且過上下相咻以勿生事不要十分理會事

且恁鶻突才理會得分明便做官不得有人必

朱文公政訓卷　一

津逮秘書十五集一百四十一種七百四十八卷

津逮秘書十五集一百四十一種七百四十八卷，（明）毛晋輯，明崇禎毛氏汲古閣刻本。框高十九·四厘米，寬十四厘米。每半葉九行，行十九字，白口，左右雙邊。《山東省珍貴古籍名録》（第一批）2646號，《中國古籍善本書目》叢部150號。

毛晋（1599–1659），字子晋，號潛在。原名鳳苞，字子久，明蘇州府常熟人。諸生。晚年拜錢謙益爲師。好古喜藏書，湖州書舶常雲集常熟七裡橋毛宅。有汲古閣、目耕樓爲蓄書之所。所藏多宋元善本。所抄録的秘籍，人稱“毛鈔”。刻《津逮秘書》十五集。有《蘇米志林》、《海虞古今文苑》、《明詩紀事》、《詞苑英華》等。

《津逮秘書》是一部很有特色的叢書，此書收録諸多罕見而又有實用的筆記雜録，尤以宋人筆記爲多。共分十五集，收書一百四十一種，計七百四十八卷。取酈道元《水經注》“積石之石室外有積卷焉，世士罕津逮者。今而後問津不遠，當不怪入其窟按其簡者爲之唐述矣”之意，而定其叢書之名。《津逮秘書》之成書與胡震亨所輯《秘册匯函》頗有淵源。胡震亨爲毛氏好友，其所刻《秘册匯函》多收當時世所罕見而又具有學術價值的筆記小説等。然而此書尚未刻完即遭火災，故胡氏將所刻殘版皆付毛晋，毛晋以此爲基礎，擴而大之，輯成爲《津逮秘書》。

《津逮秘書》在明後期諸多叢書中獨具價值，首先是其收書多爲首尾完備的足本。此前明代許多叢書多收不足之本，删節割裂，面目全非。清代學者對此深惡痛絶，而毛晋所輯《津逮秘書》不但版本精良，且抄録完整，對很多筆記雜著等改正竄誤，還其本來面目。其次，毛晋所收之書多爲罕見之書，如《茅亭客話》、《湘山野録》等。此外，《津逮秘書》的選書還注重舊本、善本，且注重實用，其對宋代筆記看重有加，認爲其可補宋史之不足。毛晋曾在《汲古閣書跋》中稱：“余讀史至宋，每病其蕪蔓糜腐，輒爲掩卷，因搜洪容齋、姚令威諸家小説，梓而行之，以補其一二。”

我館所藏《津逮秘書》爲明崇禎毛氏汲古閣刻本，此本鈐有“馮氏珍賞”、“象巖”、“弆保長藏”、“合璧聯珠”、“睿吾識齋主人”等印章，可證其版本精良，傳承有序，具有較高的古籍文獻價值。

（撰稿人：朱妍蕾）

弆保長藏

馮氏珍賞

睿吾識齋主人

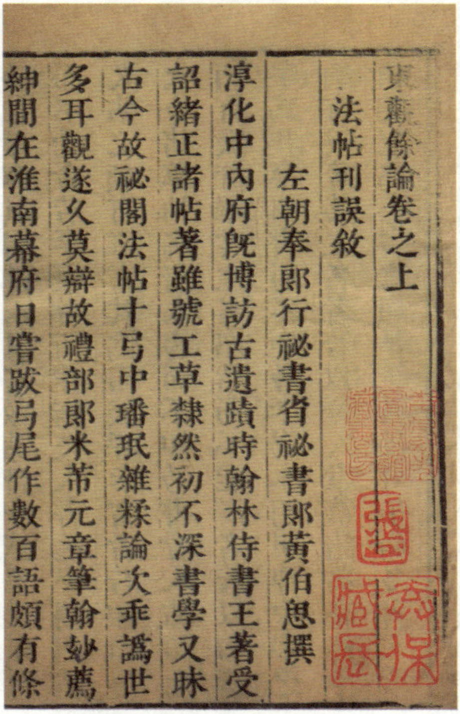

東觀餘論卷之上
法帖刊誤敘
左朝奉郎行祕書省祕書郎黃伯思撰
淳化中內府旣博訪古遺蹟時翰林侍書王著受
詔緒正諸帖著雖號工草隸然初不深書學又昧
古今故祕閣法帖十弓中瑉珷雜糅論次乖謬世
多耳觀遂久莫辯故禮部郎米芾元章筆翰妙薦
紳間在淮南幕府日嘗跋弓尾作數百語頗有條

水西記略一卷

水西記略一卷，（清）王鉞撰，（清）王阮亭評，康熙壬戌（1682）刻本。框高十九·六厘米，寬十二·六厘米。每半葉九行，行二十二字，白口，左右雙邊，單黑魚尾，天頭小字注。《山東省珍貴古籍名録》（第一批）2792 號，《中國古籍善本書目》史部 3347 號。

王鉞（1623–1703），字仲威，號任庵，山東諸城人，出身相州王氏世家。清初文學家、理學家、詩人，順治十六年（1659）進士。康熙八年（1669）選廣東西寧縣令，累官至山西巡撫、吏部右侍郎、都察院左都御史。鄉謚"文貞先生"。《清史》有傳。子沛思、沛憺、沛憻、沛恂均爲清朝重臣。事迹載家傳及縣志。崇祀名宦鄉賢祠，西寧父老立有《遺愛》《崇蔭》二祠紀念。工於詩文，著作豐富，有《世德堂集》四卷、《粤游日記》一卷，《星馀筆記》一卷，《朱子語類纂》十三卷，《讀書蕞殘》三卷及《暑窗臆説》二卷行世，多被選入《四庫全書》。

王士禛（1634–1711），字子真，一字貽上、豫孫，號阮亭，又號漁洋山人，新城（今山東桓台）人，清初著名詩人。

卷前有阮亭序，李澄中跋。

此本《中國古籍善本總目》第三三二頁史部雜史類有著録，全國僅有國家圖書館、青島圖書館兩家收藏，甚爲稀見。

（撰稿人：朱桂華）

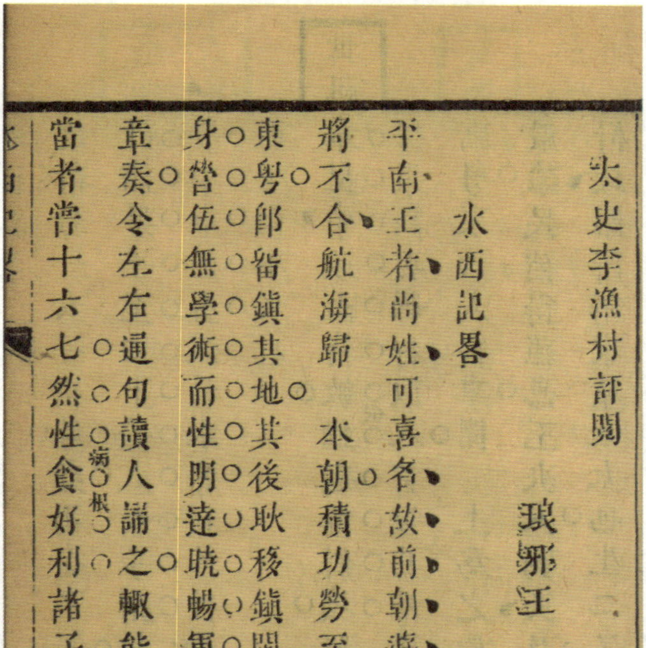
太史李漁村評閱

瑯琊王鉞任菴著　男沛恒 沛思 沛恂校訂

水西記畧

平南王者尚姓可喜名。故前朝遊擊將軍也。守旅順與主將不合航海歸　本朝積功勞至封王與靖南王耿同定東粵留鎮其地其後耿移鎮閩中獨平南王留粵王起身營伍無學術而性明達曉暢軍事餙上下文移及一切章奏令左右通句讀人誦之輙能解其大畧有所處置得當者嘗十六七然性（病根）貪好利諸子女頗多不能不一一爲

水西記畧　一

虞初新志二十卷

虞初新志二十卷，（清）張潮輯，清康熙刻本。框高十八·七厘米，寬十三·九厘米。每半葉九行，行二十字。白口，四周單邊。《山東省珍貴古籍名録》（第一批）3062號，《中國古籍善本書目》子部8847號。

張潮（1659-？），字山來，一字心齋，清安徽歙縣人。以歲貢考選，授翰林院孔目。在任綜合輯録清初各家著述爲《昭代叢書》。又與王晫同輯《檀幾叢書》、《虞初新志》等。有《心齋雜俎》、《心齋詩鈔》、《花影詞》等。

《虞初新志》爲短篇文言小説集。小説以"虞初"命名，始見於班固《漢書·藝文志》所載《虞初周説》，張衡《西京賦》稱"小説九百，本自虞初"。虞初舊釋人名，他是漢武帝時一個方士，後人將他當成"小説家"的始祖，虞初同時也成爲了"小説"的代名詞。明人蒐集《續齊諧記》和唐人小説八篇，刻爲一書，命名《虞初志》，《四庫全書總目》作《陸氏虞初志》，直以"虞初"作書名。後湯顯祖有《續虞初志》四卷，鄧喬林有《廣虞初志》四卷，大抵裒集前人文章，非自撰寫，張潮的《虞初新志》也是收集明末清初人的文章，匯爲一編，共二十卷。

張潮所輯《虞初新志》共計二十卷，收録周亮工、吴偉業、魏禧、徐芳、陳鼎、鈕琇等人的作品一百五十篇。其特點是所收均爲明末清初人的作品，有鮮明的時代性，反映當時生活的色彩。它的内容比較多樣，既有歷史上實有人物的傳記，也有奇聞逸事，還有假鬼神以述人情的小説。《虞初新志》所收故事的題材很廣泛，一般都帶有一些奇異的情節或不尋常的事件和人物，而且《虞初新志》所收篇章與以前各家選本有所不同，其中大抵真人真事，不盡是子虚烏有，這也是該書的一個鮮明特徵。

卷首有張潮康熙二十二年（1683）《自叙》，云："此虞初一書，湯臨川稱爲小説家之珍珠船，點校之以傳世，洵有取爾也。獨是原本所撰述，盡摭唐人軼事，唐以後無聞焉。臨川續之，合爲十二卷，其間調笑滑稽、離奇詭異，無不引人著勝。究亦簡帙無多，搜采未廣，予是以慨然有虞初後志之輯，需之歲月，始可成書。先以《虞初新志》授梓問世。"言其刻書緣由。卷末有張潮康熙三十九年（1700）《總跋》。

此本鈐有""路訥夫"、"諸城孝友堂路氏珍藏圖書章"、"溉根"、"無憂龍威象六心"等印，表明其曾爲諸城路氏珍藏，現收藏於青島市圖書館。

（撰稿人：黃麗群）

路訥夫

諸城孝友堂路氏珍藏圖書章

溉根

無憂龍威象六心

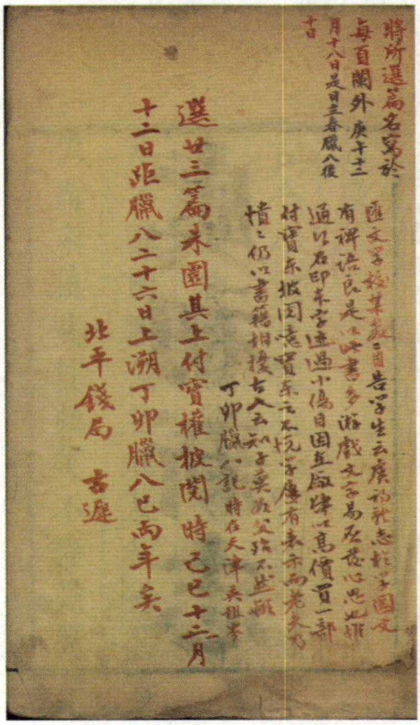
選廿三篇未圖其上付寶權披閱時己巳十二月
十二日距臘八二十六日上溯丁卯臘八已兩年矣
北平錢局　古遲

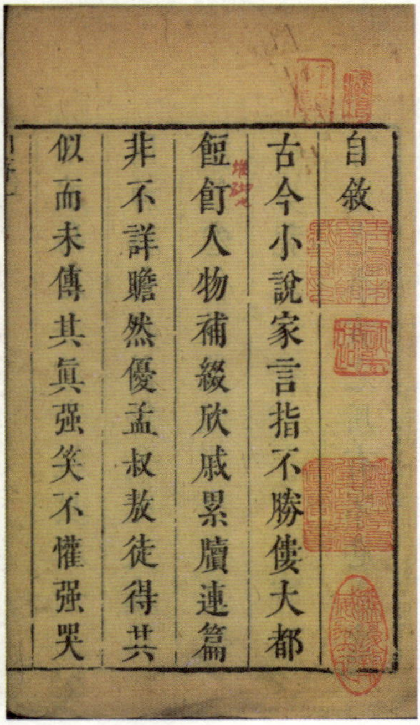
自敘
古今小說家言指不勝僂大都
餖飣人物補綴欣戚纍牘連篇
非不詳贍然優孟叔敖徒得其
似而未傳其真强笑不懽强哭

佚名題識

二西匯删二十四卷

二西匯删二十四卷，（清）王訓纂，清康熙三年（1664）擇雅堂刻本。框高十九厘米，寬十一・八厘米。每半葉九行，行二十四字，白口，四周單邊。《山東省珍貴古籍名録》（第一批）3081號，《中國古籍善本書目》子部10158號。

王訓，字敷彝，一字念泉，號悔齋，山東安丘人，清初官員，順治丁亥進士，官萬全縣知縣。

《二西匯删》爲其編纂的一部類書。類書，即采集各種圖書資料，并按反映事物的性質分類編輯成書的書籍，是我國一種傳統的工具書。它輯録經、史、子、集各類著作，所收内容相當廣泛，幾乎無所不包。清代官私所輯類書甚多，見於《清史稿・藝文志》及其補編所録的即有一百四十六部，一萬三千八百余卷。由於清代科舉制度盛行，專門輯録圖書資料，以供應試之用的類書層出不窮。《二西匯删》即是此類應試類書中的一種。《四庫全書總目》該書提要稱："是書分十六門，一百七十子目，大抵爲科舉答策而設。有采自本書者，亦有轉相稗販，迷其出典者，如敬廪篇中關龍逄冕危石履春冰語，本出自《荷子》，乃漏去關字，但稱龍逄曰，似一人姓龍名逄，而所注書名乃做《諫桀》二字，又似龍逄所著之書名曰《諫桀》也。知其抄撮類書，非根柢之學矣。"

我館所藏《二西匯删》爲康熙三年（1664）擇雅堂刻本，爲該書的初刻本，年代較早。書前有當時國學名家周亮工等人所作之序言，具有較爲重要的歷史資料和版本價值。

（撰稿人：朱妍蕾）

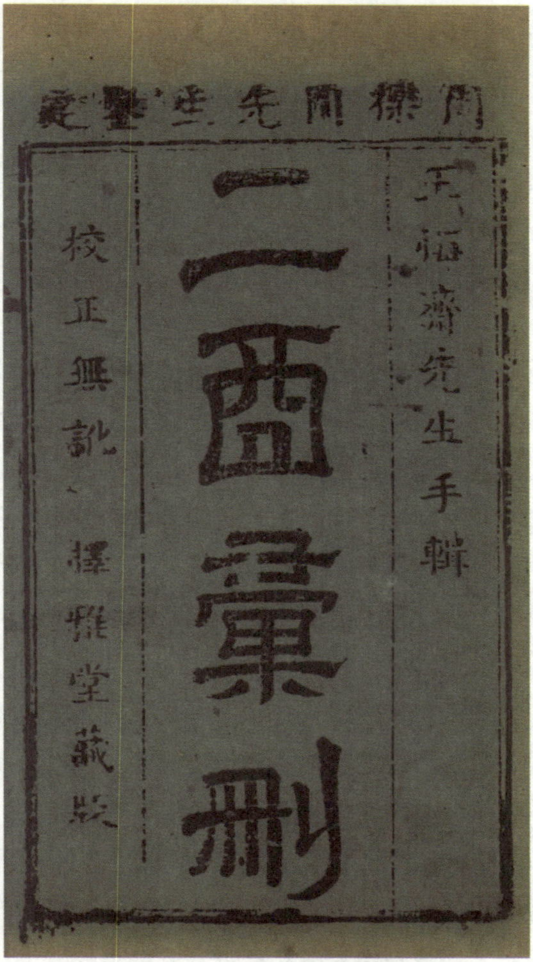
閩樂閒先生鑒定

天福齋先生手輯

二酉彙刪

校正無訛　擇雅堂藏版

佩文韵府一百零六卷

佩文韵府一百零六卷，（清）張玉書等編，清康熙五十年（1711）内府刻本。框高十六·七厘米，寬十一厘米。每半葉十二行，行二十五字，小字雙行同，白口，四周雙邊。《山東省珍貴古籍名録》（第一批）3086 號。

《佩文韵府》是一部查找詞藻、典故的類書。“佩文”爲清康熙皇帝的書齋名，“韵府”有韵書之庫之意，故命名曰《佩文韵府》。《佩文韵府》以元陰時夫《韵府群玉》和明凌稚隆《五車韵瑞》爲基礎，再匯鈔類書中有關材料增補而成。全書按平水韵分平、上、去、入四聲，按韵排列，分爲一百零六卷。每一聲按韵目依次排列，每一字下注出反切音及較早的音義，下收尾字與標目字相同的詞。收詞又分“韵藻”、“增”、“對語”、“摘句”四類，每類以構詞數字排列。“韵藻”爲陰氏、凌氏兩書原有部分；“增”爲陰氏、凌氏兩書未收見補之詞；“對語”爲二字、三字對使語；“摘句”爲以該字爲尾的五、七言詩。同數字的詞以經、史、子、集爲序，兼顧時間。每詞下引古書用例，少一二條，多者數十條，引文一般衹注書名，引詩衹標作者。每一韵部後有“韵藻補”一項，收不見於陰、凌兩書之字。

《佩文韵府》一書是由清康熙皇帝主持編纂的，史料皆載康熙本人對於《佩文韵府》的編纂非常重視，從編纂階段的材料選取、體例確定到校刻階段的校勘審閱、增補考訂，都親自過問。《御制佩文韵府序》中稱：“嘗謂《韵府群玉》、《五車韵瑞》諸書，事繫於字，字統於韵，稽古者近而取之，約而能博。諸書簡而不詳，略而不備，且引據多誤，朕每致意焉。欲博稽衆籍，著爲全書。爰於康熙四十三年夏六月朕與内直翰林諸臣親加考訂，證其訛舛，增其脱漏，或有某經某史所載，某字某事未備者，朕復時時面諭，一一增録，漸次成帙。

猶以故實或未極博，於十月復命閣部大臣，更加匯求，以裒益之。既有原本、增本，又有内增、外增，將付剞劂矣，名曰《佩文韵府》。隨於十二月開局武英殿，集翰林諸臣合并詳勘，逐日進覽，旋付梓人。於五十年全書告成，共一百零六卷，一萬八千餘頁。”

我館所藏《佩文韵府》爲清康熙五十年内府刻本，此本《國家圖書館古籍善本書目》、《北京大學圖書館藏古籍善本書目》均有著録。此本鈐有“體元主人”、“萬幾餘暇”印章，此爲康熙皇帝用印。《佩文韵府》卷帙浩大，内容豐富，所收之詞上自先秦典籍，下至明代文人著作，至今仍然是人們查閱古代詞語、成語和典故出處的極爲重要的工具書。

（撰稿人：朱妍蕾）

體元主人

萬幾餘暇

羅昭諫集八卷

羅昭諫集八卷，（唐）罗隐撰，（清）张瓚订鋟，清康熙九年（1670）瑞榴堂刻本。框高十九・一厘米，寬十三・二厘米。每半葉十一行，行二十字，小字雙行同，白口，四周雙邊。《山東省珍貴古籍名録》（第一批）3178 號，《中國古籍善本書目》集部 2049 號。

羅隱（833–909），原名横，字昭諫，號江東生，新登（今浙江富陽）人，唐末文学家。少時既負盛名，但因議論時政，譏諷公卿，十考進士不中，遂改名隱。後投吴越王錢鏐。歷任錢塘令、節度判官、著作佐郎等官。他生活於動亂時代，又久受壓抑，故所作詩文多憤懣諷刺，同情人民疾苦，却又攻擊農民起義。著有《詩集》十四卷、《甲乙集》三卷、《外集》一卷。

《唐摭言》卷十："時宗人羅隱亦以律韵著稱，然隱才雄而粗疏，鄴才清而綿緻。"《舊五代史》卷二十四："詩名於天下，尤長於咏史，然多所譏諷。"《羅昭諫集序》（戴京曾）："羅昭諫詩言中有響，《三百篇》後頗寓諷諫之意，或者以其語多平易而忽之，要之勝填詞豪艷而無當於興感者什百矣。况其精邃自然處，正復不讓唐之初盛。"

羅隱著述，歷代諸家公私書目著録頗多。今存世詩集唯《甲乙集》十卷。最早版本有黄丕烈藏宋刊本《甲乙集》十卷本；明末毛氏汲古閣刻《唐人八家詩》本；席啓寓《唐百名家》本，十卷外另有補遺一卷。黄氏所藏宋刊本，據《士禮居藏書題跋記》卷五："《甲乙集》。……卷首文太青、漁洋山人兩家圖章，余所藏書未之見，更足以罕見珍，故特表出之。至於十卷本，毛刻亦然，然字句不盡合，諒未見宋刻廬山真面目，當以此爲最耳。"毛氏汲古閣刻本見於傅增湘《藏園群書經眼録》卷十二《集部》："《甲乙集》十卷。唐羅隱撰。汲古閣刻本。何義門（焯）據宋本手校。用朱筆。宋本十行十八字。"黄氏所藏宋刊本後歸常熟瞿氏鐵琴銅劍樓，瞿鏞曾將其與毛氏汲古閣刻本相校。《四部叢刊》本即以此宋刊本影印，成爲學界通行的版本。羅隱詩集除此宋刊本的版本源流外，《全唐詩》將羅隱詩集編爲十一卷。（卷六五五至卷六六五）當代羅隱詩集編著作品中，雍文華校輯的《羅隱集》中《甲乙集》以《四部叢刊》本爲底本，共收録羅隱詩四百九十首。李之亮《羅隱詩集箋注》以《全唐詩》本爲底本，共收輯羅隱詩四百九十三首，其中差异出於佚詩輯録方面的不同。

清康熙九年張瓚據《江東集》抄本和《甲乙集》刻本相互参校校訂，合刻爲《羅昭諫集》八卷，所收尚未備也。我館所藏《羅昭諫集》八卷是康熙九年初刻本，版本價值較高。此本首卷卷端題：新城袁英、袁弘器仝校。正文前有序，言張瓚成書事。

此本鈐有“諸城楊駪所藏”等印章，可知曾爲諸城楊駪等所收藏。

（撰稿人：黄麗群）

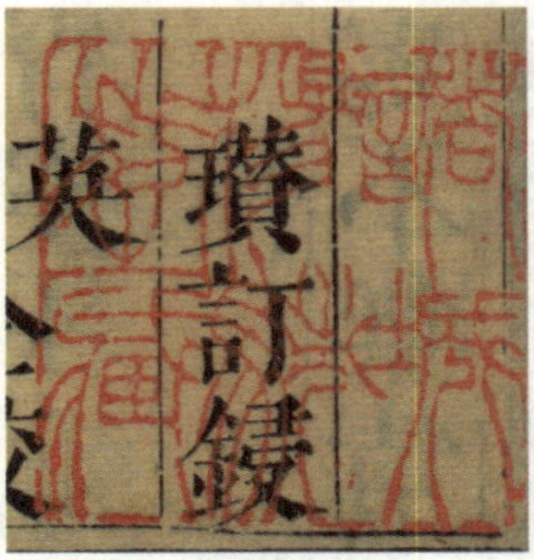

諸城楊駪所藏

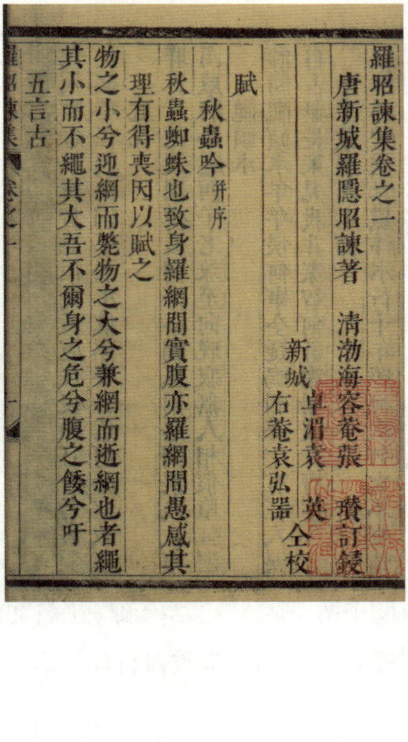

羅昭諫集卷之一
唐新城羅隱昭諫著　清渤海容菴張　瓚訂鋟
新城　卓湄袁　英
右菴袁弘器　仝校
賦
秋蟲吟并序
秋蟲蜘蛛也致身羅網間實腹亦羅網間愚感其
理有得喪因以賦之
物之小兮迎網而斃物之大兮兼網而逝網也者繩
其小而不繩其大吾不爾身之危兮腹之餒兮吁
五言古

逋齋詩四卷二集二卷又二卷

逋齋詩四卷二集二卷又二卷，（清）劉正宗撰，（清）順治刻本。存一函二册，框高十九·二厘米，寬十三厘米。每半葉八行，行十八字，白口，四周單邊，單黑魚尾。無格。《山東省珍貴古籍名録》（第一批）3293 號，《中國古籍善本書目》集部 10893 號。

劉正宗（1594–1661），字可宗，又字憲石，順治時賜字中軒，號逋齋，山東安丘人。明崇禎元年（1628）進士，官至大學士，爲當時詩壇 "京師三大家"（另兩人是王鐸、薛所蘊）之首，與"江左三大家"抗衡。其詩長於古體，秉歷下、宗唐人；内容上多表達個人際遇及宦海沉浮之感歎，在明末清初之際頗有影響，薛所蘊序中説劉詩"每篇出手，争相傳誦……"另有《雪鴻草》一卷傳世。

卷首有：張縉彦、胡世安、薛所蘊等人的序言。

張縉彦（1599–1670），字濂源，號坦公，又號外方子、大隱，河南新鄉縣人。明崇禎四年（1631）進士，歷任户部主事、編修、兵科都給事中。與同邑袁樞常有詩文唱和往來。著有《菉居文集》、《菉居詩集》、《甯古塔山水記》等。

胡世安（？ –1663），字處静，别號菊潭，四川井研人。明崇禎元年（1628）進士，官至秘書院大學士、太子太師。工詩文，著有《秀岩集》、《大易則通》、《異魚圖贊箋》等，多種入《四庫全書總目》并傳於世。

薛所藴（？ –1667），字子展，號行屋，河南孟津人。崇禎元年進士，累官國子監司業、禮部左侍郎。工詩文，著有《桴庵集》、《澹友軒集》等。

是書入《四庫未收書目録》。

（撰稿人：朱桂華）

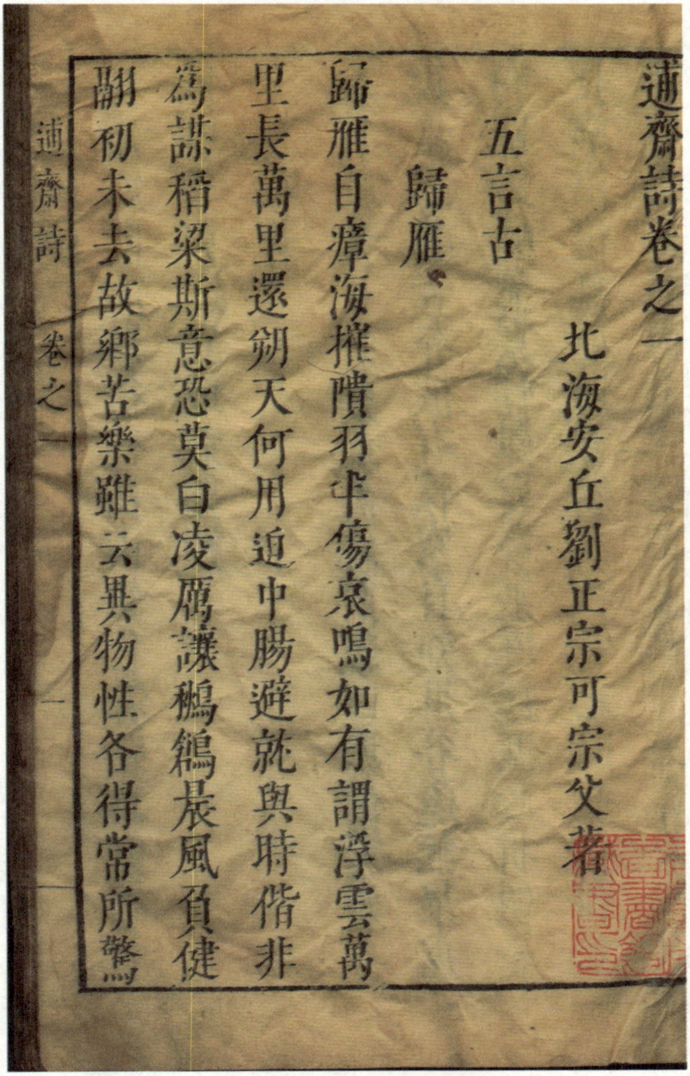

逋齋詩卷之一

北海安丘劉正宗可宗父著

五言古

歸雁

歸雁自瘴海摧隤羽半傷哀鳴如有謂浮雲萬里長萬里還朔天何用廻中腸避就與時偕非爲謀稻粱斯意恐莫白淩厲讓鶬鴰晨風負健翮初未去故鄉苦樂雖云異物性各得常所驚

逋齋詩　卷之一　一

但吟草八卷恭紀詩一卷

但吟草八卷恭紀詩一卷，（清）蕭惟豫撰，清康熙五十年（1711）自刻本。框高十八・一厘米，寬十三・七厘米。每半葉十行，行十九字，小字雙行同，黑口，左右雙邊。《山東省珍貴古籍名録》（第一批）3333號，《中國古籍善本書目》集部11869號。

蕭惟豫（1636–1722），字介石，號韓坡，生於崇禎九年。順治十一年經魁，十五年二甲進士，十七年江西典右正主考，十八年授翰林院編修，封文林郎。康熙二年授内國史院侍讀，直隸武鄉試正主考，提督順天等處學政。其生平游歷、朋友贈答、事官所題之作匯纂成集，刊刻爲《但吟草》八卷附《恭紀詩》一卷。

此書卷首蕭惟豫自叙云："山川之閲歷，風雨之感興，友朋之贈答，觸物流連，偶有吟詠多率筆以成，取其適情怡性，不深究夫聲律之合拍也。古人云，惟學士一官不可以無文章，讀斯語而滋愧矣。檢篋中舊稿，凡傳記碑銘，散失十不存一，僅得詩五百餘首，昔年曾質之王阮亭、田綸霞、馮大木，雖猥加評論，皆棄吾短而稱吾長也，今編輯成帙，付之梓人，非以沽名，將以垂示子孫。"言其刻書事。

此書爲蕭惟豫康熙五十年自刻本，也是其初刻本，正文前有康熙二十五年菊月同學弟田雯序，以及馮廷櫆序。首卷卷端題"安德蕭惟豫韓坡著，新城王士禛阮亭評"。王士禛（1634–1711），小名豫孫，字貽上，號阮亭，别號漁洋山人，人稱王漁洋，謚文簡。山東新城（今山東桓台）人，清代著名文人，進士出身，康熙年間官至刑部尚書。工詩文，勤著述，著作有《漁洋山人精華録》、《池北偶談》等五百餘種。與蕭惟豫同爲順治十五年（1658年）戊戌科進士。此書年代較早，校刻精良，版本價值較高。

（撰稿人：黄麗群）

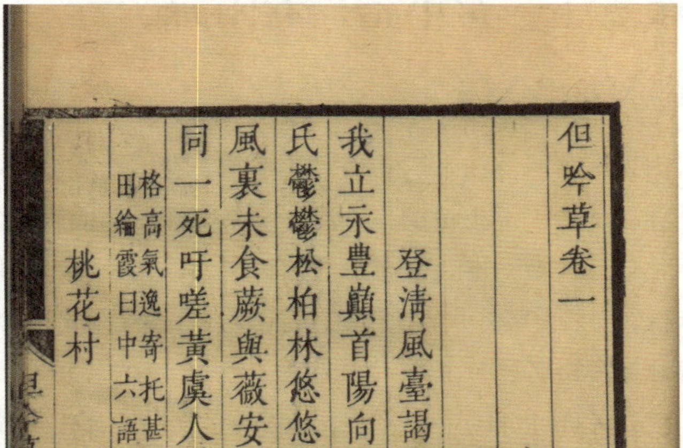

但吟草卷一

安德蕭惟豫韓坡著

新城王士禛阮亭評

登清風臺謁夷齊廟

我立永豐巓首陽向我峙遂之清風臺以訪墨胎氏鬱鬱松柏林悠悠濼漆水雨洗春色深人入清風裏未食蕨與薇安知肉食鄙爲頑與爲廉百年同一死吁嗟黃虞人在此不在彼

格高氣逸寄托甚遠讀之亦覺清風謖然

田綸霞曰中六語卽說盡

桃花村

漁洋山人精華録箋注十二卷補一卷續補一卷續録箋注一卷年譜一卷附録一卷

漁洋山人精華録箋注十二卷補一卷續補一卷續録箋注一卷年谱一卷附录一卷，（清）王士禛撰，（清）金榮笺注，金氏鳳翽堂刻本，乾隆二年（1737）續刻本。框高十八·二厘米，寬十二·二厘米。每半葉十一行，行二十字，小字雙行三十字，白口，左右雙邊，單黑魚尾。《山東省珍貴古籍名録》（第一批）3351 號。

王士禛（1634–1711），字子真，號阮亭，又號漁洋山人，謚文簡，新城（今山東桓台）人。清初著名詩人、學者、文學家，文壇公認的盟主。著有詩文集《帶經堂集》九十二卷，從中選詩近千首，名《漁洋山人精華録》十卷：古體詩四卷、今體詩六卷，康熙三十九年（1700）初刻。王士禛的詩集在當時影響極大，爲其笺注者不乏其人，其中尤以雍正間金榮撰《漁洋山人精華録箋注》十二卷最爲出名。

此本版心下鐫：“鳳翽堂”。清康熙鳳翙堂精寫刻本爲清代著名寫刻本之一，字體秀美，版刻精緻，具有較高的文獻價值。

（撰稿人：朱桂華）

漁洋山人精華録箋注卷第一

中吳金榮林始箋注

徐淮岱陽纂輯

順治丙申漁洋集

對酒（古辭）曹魏樂奏武帝所賦對酒歌太平其旨言王者德澤廣被政理人和萬物咸遂若梁范雲對酒心自足則言但當爲樂勿徇名自欺也

對酒歌慨慷（古樂府魏武短歌行）對酒當歌人生幾何（又）慨當以慷憂思難忘自我屬有生共得睹太平（夏樹芳詞林海錯）（漢書）三登曰太平北史積儲九稔謂之太平皇帝陛下惟樂康（史記）秦始皇本紀臣等上尊號主曰去泰著皇采上古帝位號曰皇帝（高祖本紀）五年尊漢王爲皇帝（按）高起王陵曰陛下慢而侮人（刺客傳）曰願陛下少假借之則陛下之稱非始自漢也（蔡邕獨斷）曰天子近臣執兵陳于陛下謂之陛下不敢指斥天子故以在陛下者而告之因卑達尊之意上書亦然（楚辭九歌）君欣欣兮樂康宮府治丞相無私人（漢書百官公卿表）相國丞相秦官秦有左右高帝即位置一丞相諸諫

三魚堂文集十二卷外集六卷附録一卷

三魚堂文集十二卷外集六卷附録一卷，（清）陸隴其撰，清康熙四十年（1701）琴川書屋刻本。框高十七・八厘米，寬十四・三厘米。每半葉九行，行二十字，白口，左右雙邊。《山東省珍貴古籍名録》（第一批）3375號。

陸隴其（1630–1692），字稼書，清浙江平湖人。康熙九年進士。歷官江蘇嘉定、直隸靈壽知縣、監察御史，時稱循吏。學術專宗朱熹，排斥陸、王。有《三魚堂文集》、《困勉録》、《靈壽縣志》等。乾隆時，追謚清獻。陸隴其一生聚書不斷，家有"三餘堂"，藏書五百餘種，間有舊本和鈔本，編纂有《三魚堂書目》，有書目解題。

《三魚堂文集》是陸隴其主要著述之一，《四庫全書總目》該書提要云："是集爲其門人侯銓所編。凡雜著四卷，書一卷，尺牘一卷，序二卷，記一卷，墓表、志銘、廣記、傳共一卷。外集六卷，則裒其奏議、條陳、表策、申請、公移而終之以詩，隴其行狀之類亦并附焉。目録之末，有其從子禮徵跋，言隴其平生不屑爲詩古文詞，尤以濫刻文集爲戒，故易簀時篋中無遺稿，至康熙辛巳，禮徵乃旁搜廣輯，匯成是集，而屬銓分類編次。蓋隴其没後九年，此集乃出也。"其中叙述了《三魚堂文集》和《三魚堂外集》的成書過程及著述體例，據此可知，陸隴其所著文集大多爲後人搜輯而成，且不同時期之版本所收録篇目亦有不同，這與清初至清中期"文字獄"有一定關係。《三魚堂文集》中涉及吕留良的論述篇目，就爲四庫館臣所忌，其收録版本也不盡相同。《四庫全書總目》該書提要末亦言明"至於聖賢之道，本末同原，心法治法，理歸一貫。《周禮》皆述職官，《尚書》皆陳政事，周公、孔子初不以是爲粗迹。即黄干編朱子詩文，亦未嘗薄視論政之文，擯而外之。銓乃徒知以《太極論》冠篇，欲使隴其接迹周子，而以其循績别爲《外集》。尊空言而薄實政，是豈隴其之旨乎？以此本久行於世，故姑仍原刻録之，而附糾其編次之陋如右”。

我館所藏之版本爲清康熙四十年（1701）琴川書屋刻本，版刻時間較早，是該書重要版本之一，流行較廣，具有重要的歷史資料價值和版本價值。

（撰稿：朱妍蕾）

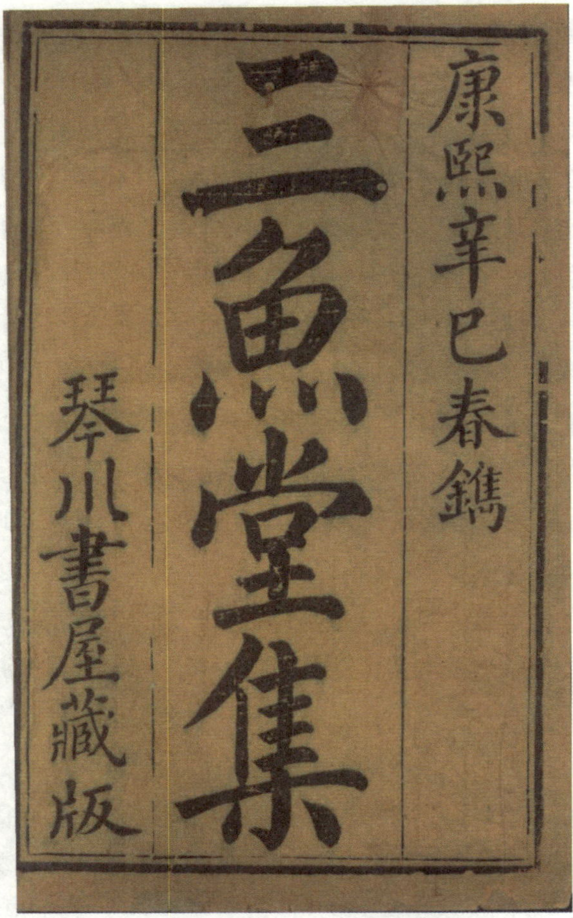

艮齋筆記八卷

艮齋筆記八卷，（清）李澄中著，清抄本。框高二十五·六厘米，寬十七·八厘米。每半葉十行，行十九字。《山東省珍貴古籍名録》（第一批）3387號，《中國古籍善本書目》子部6819號。

李澄中（1629–1700），字渭清，號茵田，又號漁村，山東諸城箭口鄉辛莊人，清初著名文學家。康熙十八年（1679），五十歲的李澄中得山東巡撫推薦，去北京參加博學鴻詞科考而中，授翰林院檢討，充明史纂修官。在翰林院任職十三年，曾被召赴瀛台，命賦白蓮詩，澄中一揮而就，博得康熙帝的稱贊，并“賜予綢疊”。其詩文與宋琬、王士禎、顔光敏等齊名。與明清山東文學大家相比，李澄中更加獨到的地方是他致力於賦的創作。李澄中學識淵博，詩、賦、文、書法皆精，一生著作甚豐，主要有《卧象山房文集四卷》、《詩集七卷》、《賦集一卷》、《艮齋筆記八卷》、《滇南日记三卷》、《東武吟》、《白雲村文集》等。

李澄中的另一重大貢獻，是他對故鄉人文的表彰。參加康熙朝修《明史》的，無論博學鴻儒，還是總裁、纂修官，多爲江浙人，所以明史中的人物傳記往往詳南而略北。李澄中是山東唯一博學鴻儒上榜參修明史者，對表彰明代故鄉先賢，盡了很大的努力。如當時人們對萬曆名臣丘橓争議很大，李澄中經過多方查考，提供了詳實確鑿的材料，使編纂者不能再輕易貶低。最終《明史》丘橓傳，與李澄中《白雲村文集》卷二《先外曾祖南京吏部尚書簡肅丘公傳》基本保持了一致。

李澄中在其雜著《艮齋筆記》中，表彰諸城人文者佔有相當篇幅。其卷一“情話録”叙述諸城的奇聞異事，可謂“家園情話”或“東武情話”。直到他去世前夕，仍孜孜於鄉幫文獻的整理。張侗《續三生傳》説：“庚辰夏六月，選同邑王鍾仙、丁野鶴、丘海石、劉子羽四先生詩，成於二十二日，乃卒。”乾隆《諸城縣志》記載，李澄中尚有雜著《齊魯紀聞》，但已失傳。

我館所藏該書爲紙捻裝訂，書衣題：李漁村先生艮齋筆記 。此書爲張鏡夫先生舊藏，卷末有其親筆題識。鈐有：“李肇湝印”。查《中國古籍善本總目》著録，为青島圖書館獨家所藏，堪稱海内孤本，彌足珍貴。

（撰稿人：劉昌瑋）

李肇湝印

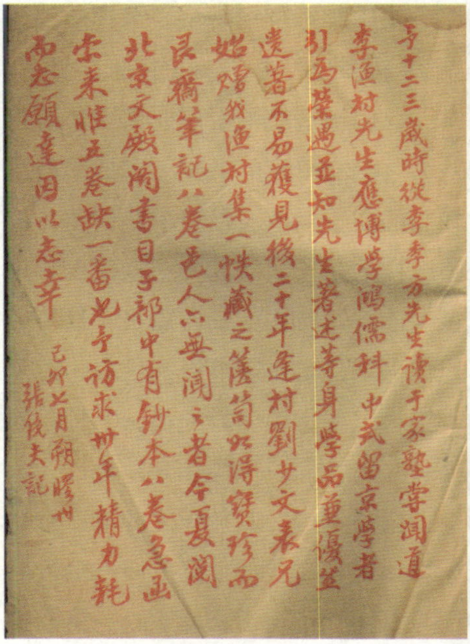

予十二三歲時從李季方先生讀于家塾嘗聞道
李漁村先生應博學鴻儒科中式留京學者
引為榮過丞知先生著述等身學品兼優並
遺著不易獲見後二十年逢村劉少文表兄
始贈我漁村集一帙藏之篋笥如得寶珍而
艮齋筆記八卷邑人亦無閱之者今夏閱
北京文殿閣書目子部中有鈔本八卷急函
索來惟五卷缺一番光予訪求卅年精力耗
而志願達因以志幸
己卯七月朔膠州張鏡夫記

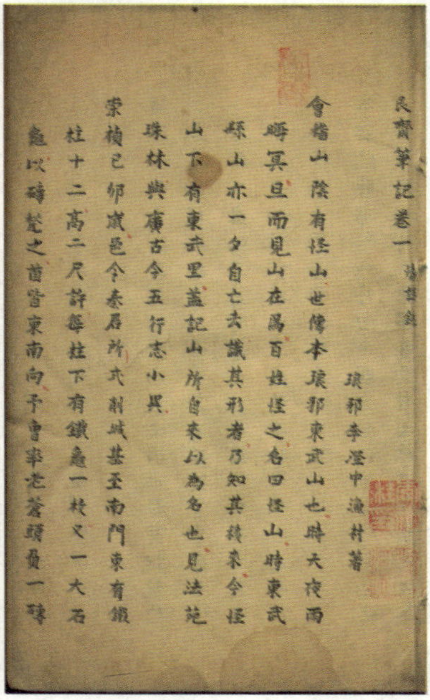

艮齋筆記卷一
琅邪李澄中漁村著
會稽山陰有怪山世傳本琅邪東武山也時大夜雨
晦冥旦而見山在焉百姓怪之名曰怪山時東武
縣山亦一夕自亡去識其形者乃知其移來今怪
山下有東武里蓋記山所自來以為名也見法苑
珠林與廣古今五行志小異
崇禎己卯歲邑令秦君所式剔城甚至南門東有鐵
柱十二高二尺許每柱下有鐵龜一枚又一大石
龜以磚甃之首皆東南向予曾率老蒼頭負一磚

張鏡夫題識

晚邨先生八家古文精選八卷

晚邨先生八家古文精選八卷，（清）吕留良辑，清康熙四十三年（1704）吕氏家塾刻本。框高二十・二厘米，寬十三・八厘米。每半葉十行，行二十五字。黑口，左右雙邊。《山東省珍貴古籍名録》（第一批）3593 號，《中國古籍善本書目》集部 17726 號。

吕留良（1629–1683），字莊生，又名光綸，字用晦，號晚邨。明末清初浙江石門人。明亡時尚未成年，散財結客，欲謀復明。事敗，改名爲醫。順治十年應試爲諸生，後即隱居不出。康熙間拒應鴻博之徵，最後剪髮爲僧，釋名耐可，字不味。初與黄宗羲交往，後反相訐。推重張履祥，治程朱之學，并進而求宋人學術之全，論著重“華夷之辨”，有種族思想。死後，以曾静之獄，雍正十年被剖棺戮屍，著述多毁。存《吕晚邨先生文集》、《東莊詩存》及與吴之振合輯之《宋詩鈔》。

此本版心下鎸“吕氏家塾讀本”，因被清統治者嚴厲禁毁，流傳甚稀。該本是吕葆中選定的唐宋八大著名文學家的散文，印成私塾課本，實際就是古典散文集，具有較高的文學價值。吕葆中是吕留良的長子，自幼蒙受庭訓。吕葆中是張履祥的弟子，與其父一樣信奉程朱理學，反對王陽明的心學。吕留良生前評選時文，刻印鬻書，吕葆中都幫助打理，曾到南京、福建等地售書。吕留良過世後，吕葆中繼承父業，繼續舉辦南陽講習堂，刻書銷售，并選編父親遺稿，如《吕晚村先生四書講義》、《晚村先生八家古文精選》、《家訓》等。

正文前有吕葆中序：“先君子晚歲選定古文，其於唐之韓柳、宋之歐曾王蘇諸家，則又撮其精腴若干篇以付家塾，而命葆中曰：‘汝試爲點勘，以授學者。毋繁冗，毋穿鑿，但正句讀，分段落，於一篇要害處稍爲提出，粗示學者以行文之法。至精妙處，則在學者熟復深思自得之耳。’葆中既受命，隨點數卷以進。……今者諸弟共請以選本付離開，以余所批點大半曾經先人過目，因遂仍之，而余并述緒語於簡端，以爲學者讀是書之法。康熙甲申長至後三日禦兒吕葆中謹識。”言其刻書事。

（撰稿人：黃麗群）

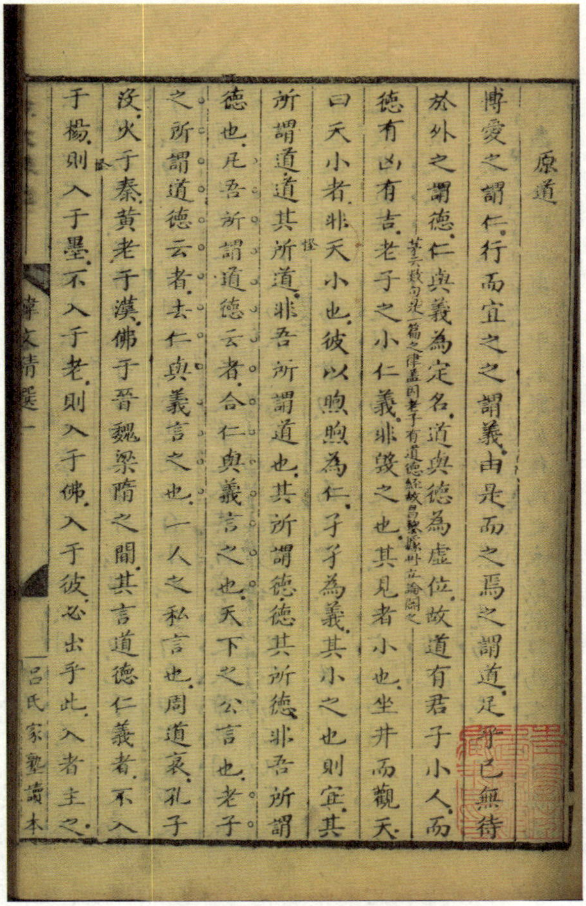

原道

博愛之謂仁。行而宜之之謂義。由是而之焉之謂道。足乎己無待於外之謂德。仁與義為定名。道與德為虛位。故道有君子小人。而德有凶有吉。老子之小仁義。非毀之也。其見者小也。坐井而觀天。曰天小者。非天小也。彼以煦煦為仁。孑孑為義。其小之也則宜。其所謂道。道其所道。非吾所謂道也。其所謂德。德其所德。非吾所謂德也。凡吾所謂道德云者。合仁與義言之也。天下之公言也。老子之所謂道德云者。去仁與義言之也。一人之私言也。周道衰。孔子沒。火于秦。黃老于漢。佛于晉魏梁隋之間。其言道德仁義者。不入于楊。則入于墨。不入于老。則入于佛。入于彼。必出乎此。入者主之。

首六數句是一篇之律蓋因老子有道德經故昌黎從此立論闢之

韓文精選一

呂氏家塾讀本

列朝詩集八十一卷

列朝詩集八十一卷，（清）錢謙益輯，清順治九年（1652）毛氏汲古閣刻本。框高二十・四厘米，寬十三・五厘米。每半葉十五行，行二十八字，白口，四周雙邊。《山東省珍貴古籍名録》（第一批）3649 號，《中國古籍善本書目》集部 18774 號。

錢謙益（1582–1664），字受之，號尚湖，又號牧齋，晚號蒙叟、東澗遺老，江南常熟人。明萬曆三十八年（1610）進士。歷編修、詹事，崇禎初官禮部侍郎，因事罷歸。以文學冠東南，爲東林巨子。筑絳雲樓，藏書極富。南明弘光帝時，起爲禮部尚書。清兵渡江，出城應降。順治三年，授禮部侍郎，任職五月而歸。後兩次以大案牽連入獄，均得倖免。七年，絳雲樓毁於火，藏書悉成灰燼，晚境頗頹唐。詩文極有造詣，入清後所作多抑塞憤張之語。有《初學集》、《有學集》、《國初群雄事略》，又編《列朝詩集》。清高宗列其入《貳臣傳》，焚其書，雖屢禁不止。其事見《清史・列傳》卷七十九。

《列朝詩集》編訂於明清之際，選録明代詩作，共八十一卷，入選詩人一千六百餘家。全書總分爲甲、乙、丙、丁四集。另外，帝王詩置於卷首爲“乾集”，僧道、婦女、宗室及域外詩列於卷末爲“閏集”，元末明初的詩則編在乾集後爲“甲集前編”。《列朝詩集》是仿金代元好問《中州集》而纂集的，旨在以詩存史，保存一代文獻，所以其編輯體例一如元好問的做法，以詩繫人，以人繫傳。所選作品一般都屬於作者的代表作，間亦有借詩以存其人的情况。每個作者的小傳，介紹姓氏爵里生平，品評其作品得失，資料較爲豐富，有些記述在今天已是罕見的史料，彌足珍貴。錢謙益作爲清初文壇盟主，小傳中有關詩的評論常有精闢獨到的見解。在談及詩家不同流派時，略有門户之見，但偏激之論不多。清人對此書頗有貶詞，如《四庫全書總目》該書提要謂其："以記丑言僞之才，濟以黨同伐異之見，逞其恩怨，顛倒是非，黑白混淆，無復公論。"

《列朝詩集》於康熙初年由錢氏絳雲樓付梓，不久即遭禁毁，流傳極少。此書尚有兩種版本存世，一爲清順治九年毛氏汲古閣刻本，一爲清宣統二年神州國光社重排鉛印本。現引用最多的《續修四庫全書》本，爲影印清順治九年毛氏汲古閣刻本。我館所藏此本，卷首第一頁版心鐫有"絳雲樓"字樣，版刻精美，保存完好。

卷首鈐有"鄭氏注韓居珍藏記"、"鄭杰之印"，可知此書曾爲清代鄭傑收藏。鄭杰，字昌英、亦齊，號注韓居士，侯官縣（今福州市）人。清乾隆年間貢生。好讀韓愈書，自題書室爲"注韓居"。其好藏書，特别注重收集閩中文獻，并藏有原徐惟起藏書，編纂《全閩詩録》，另著有《注韓居詩鈔》、《閩中録》、《晋文春秋》等。據此可見，我館所藏《列朝詩集》八十一卷，版本稀見，傳承有序，具有重要的文獻價值。

（撰稿人：朱妍蕾）

鄭杰之印

鄭氏注韓居珍藏記

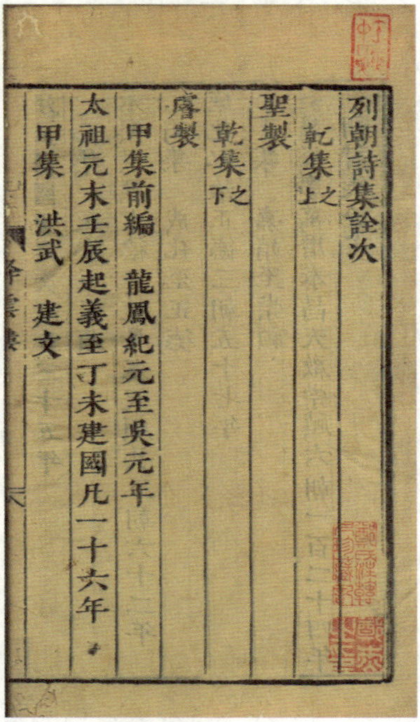

列朝詩集詮次
乾集之上 聖製
乾集之下 睿製
甲集前編 龍鳳紀元至吳元年
太祖元末壬辰起義至丁未建國凡一十六年
甲集 洪武 建文

珂雪詞二卷補遺一卷

珂雪詞二卷補遺一卷，（清）曹貞吉著，康熙间刻本。框高十七・三厘米，寬十二・七厘米。每半葉十行，行二十一字，白口，左右雙邊。《山東省珍貴古籍名録》（第一批）3729號。

第二册末有五葉爲抄補。

曹貞吉（1634–1698），字升六，又名貞白，又字升階、迪清，号實庵，因其書房名珂雪斋，後亦號珂雪，山東安丘人。康熙三年(1664)進士，官至禮部郎中，是清初著名的詞人、詩人，詞尤有名。其詞詠物懷古或珠圓玉潤或雄渾蒼茫。《四庫全書總目》説他的詞“大抵風華掩映，寄托遥深，古調之中，緯以新意”。時與納蘭性德、顧貞觀合稱“京華三絶”(三人皆爲康熙年間著名詞人)，與嘉善詩人曹爾堪并称为“南北二曹”。著有《珂雪集》、《珂雪詩》、《朝天集》、《鴻爪集》、《黄山紀游詩》等。

清初詞家林立，但《四庫全書》詞集之屬中獨收曹貞吉一人的個人詞集《珂雪詞》。晚清著名詞學家陳廷綽在《白雨齋詞話》裹曾對四庫館臣青睞《珂雪詞》進行了诠釋:“曹升六《珂雪詞》,在國初諸老中，最爲大雅。才力不逮朱、陳，而取徑較正。國朝不乏詞家，《四庫》獨收《珂雪》,良有以也。”陳氏認爲,“最爲大雅”、“取徑較正”是《珂雪詞》的主要特色。他的詞在政治上適應了清廷的需要。清入主中原後，反清復明的抗争不斷，而曹貞吉没有像其他漢族士人一様去發泄故國之思，表達亡國之痛，相反他的詞始終表達着渴望國家統一、民族和解、社會穩定、百姓安居這様一些主題，因此在政治上順應了清政府穩定天下、消解排滿情緒、鞏固統治地位的要求。

《珂雪詞》凡二百多調，每調之後皆列王士禛、彭孫遹、陈维崧等當时名家的評語。卷首有: 新安王煒序，東蒙高珩序，陽羨陳維崧“詠物詞序”，康熙丙辰（1676）禾具“詞話”，陳维崧等諸家題辭。

鈐有“陶齋鑒藏書畫”印，表明其曾爲皇族端方收藏。端方（1861–1911），字午橋，號陶齋，金石學家，清末大臣，官至直隶总督。著有《陶齋吉金录》、《端忠敏公奏稿》等。

（撰稿人：賈曉伶）

陶齋鑒藏書畫

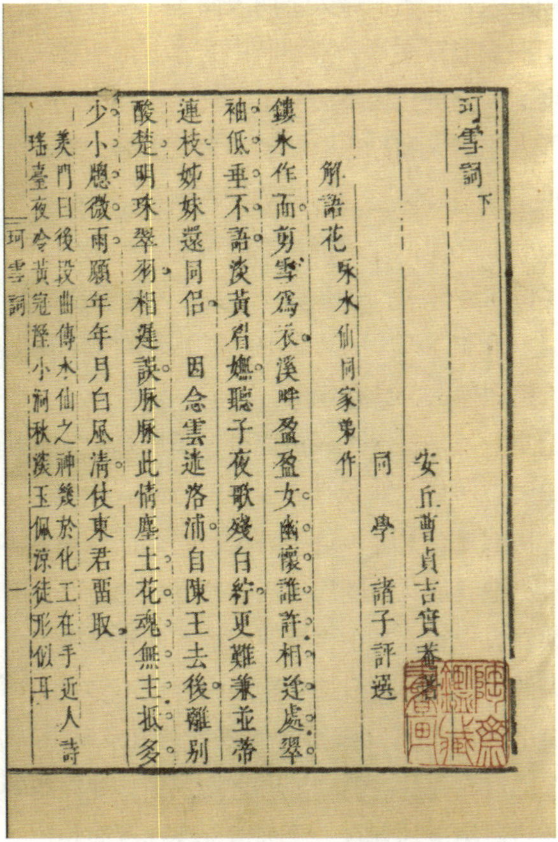

珂雪詞 下
安丘曹貞吉實菴著
同學諸子評選
解語花 咏水仙同家弟作
鏤冰作面剪雪爲衣溪畔盈盈女幽懷誰許相逢處翠
袖低垂不語淡黄眉嫵聽子夜歌殘白紵更難兼並蒂
連枝姊妹還同侶 因念雲迷洛浦自陳王去後離别
酸楚明珠翠羽相逢誤脉脉此情塵土花魂無主祗多
少小窻微雨願年年月白風清仗東君留取
羨門曰後段曲傳水仙之神幾於化工在手近人詩
瑤臺夜冷黄冠逕小祠秋淺玉佩凉徒形似耳
珂雪詞 一

田間全集五種七十卷

田間全集五種七十卷，（清）錢澄之撰，清康熙二十八年（1689）斟雉堂刻本。框高十七・九厘米，寬十三・八厘米。每半葉十行，行二十三字，小字雙行同，白口，左右雙邊。《山東省珍貴古籍名録》（第一批）3807號，《中國古籍善本書目》叢部439號。

錢澄之（1612–1693），初名秉澄，字飲光，一字幼光，晚號田間老人、西頑道人，安徽桐城人。明末諸生，復社成員。錢澄之自幼隨父讀書，十一歲能寫文章，崇禎時中秀才。南明桂王時，任翰林院庶吉士。一度削髮爲僧，後隱居鄉里，終生不仕清廷。錢澄之是明末清初杰出的學者、詩人和思想家，詩文尤負重名，與徐元文有書信往來。王夫之推崇他“詩體整健”。黄宗羲稱：“先生在前朝，黨錮之禍似范孟博，從亡之節似介子推，虎口殘喘，奔走南北。”其一生著述宏富，有《田間易學》、《田間詩學》、《莊屈合詁》、《所知録》《田間詩集》、《田間文集》、《藏山閣集》等，内容涉及哲學、文學、史學諸學科，精深邃密，卓有建樹。

《田間全集》乃是錢澄之入清之後，隱居鄉間，躬耕讀書所作。他曾筑廬於田野中居住，并親身參加田間勞動，許多詩篇都描述了勞動生活，如《田園雜詩》等。這些詩作較爲全面地描寫了錢澄之“日入開我卷，日出把我鋤”的隱居生活。錢澄之的詩歌還有一個顯著特點是直接反映社會現實，其中多與明末清初的社會政治、民生疾苦有關，絶少無聊的應酬之作，流連景物的内容也不多見，這一點在清初詩壇上尤爲突出。錢澄之自覺運用詩歌來記録和反映當時的社會現實，“以詩庀史”，這與他的詩歌理論有直接關係。他在詩歌創作上最推崇杜甫，於杜詩最稱道其真實、深刻地反映社會面貌這一方面，認爲真實而又富於藝術性地表現自己的思想情感、反映出時代的面貌，纔是杜詩最值得稱道的地方。由於清初文字獄的興起，錢澄之的著述多列爲禁毁之目，有的雖有印本，但流傳甚稀，如《田間易學》、《田間詩學》、《莊屈合詁》等。

我館所藏之《田間全集》爲清康熙年間刻本，刊刻年代較早，版本價值較高，前有張英、徐元文等人所撰之序。對於我們研究錢澄之的詩歌作品及詩歌理論，都具有較高的文獻價值和借鑒作用。

（撰稿人：朱妍蕾）

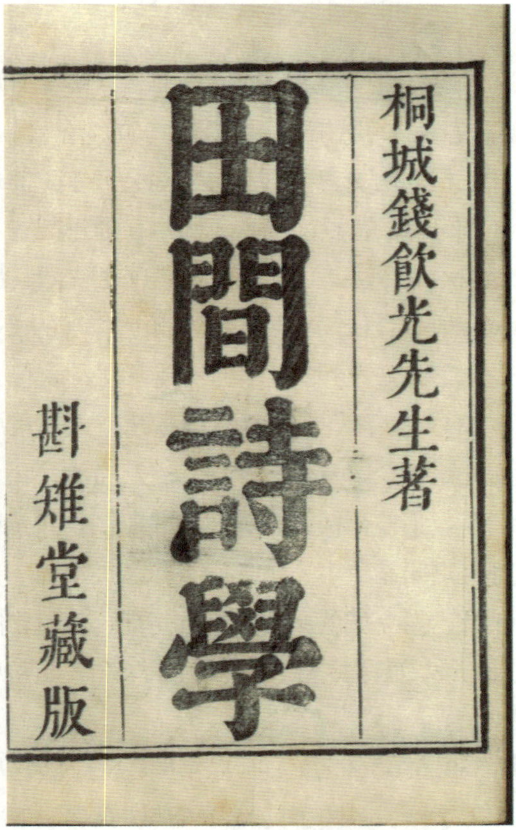

春秋左傳注疏六十卷

春秋左傳注疏六十卷，（晋）杜預注，（唐）陸德明釋文，（唐）孔穎達疏，明嘉靖刻本。框高二十・五厘米，寬十三・三厘米，每半葉九行，行二十字，小字双行同，白口，四周單邊。《山東省珍貴古籍名録》（第二批）0055 號。

存十卷（卷一至十卷）。

《左傳》原名爲《左氏春秋》，漢代改稱《春秋左氏傳》，簡稱《左傳》。舊時相傳是春秋末年左丘明爲解釋孔子的《春秋》而作。《左傳》實質上是一部獨立撰寫的史書。它起自魯隱公元年（前 722），迄於魯悼公十四年（前 453），以《春秋》爲本，通過記述春秋時期的具體史實來説明《春秋》的綱目，是儒家重要經典之一，與《春秋公羊傳》、《春秋穀梁傳》合稱“春秋三傳”。晋杜預所撰寫的《春秋左氏經傳集解》是《左傳》注解流傳至今最早的一種，收入《十三經注疏》中。

杜預（222–284），字元凱，西晋京兆杜陵人。司馬昭妹夫。初爲魏尚書郎。賈充定律令，預爲之注解。晋武帝立，爲河南尹，遷度支尚書。在朝七年，損益萬機，時號“杜武庫”。武帝咸寧四年，拜鎮南大將軍，都督荆州諸軍事，鎮襄陽，作滅吴準備。次年請伐吴。太康初，遣將攻吴，累克城邑，招降南方州郡，攻封當陽縣侯。官至司隸校尉。功成之後，耽思經籍。博學多通，著有《春秋左氏傳集解》等，自謂有“《左傳》癖”。卒謚成。

陸德明（約 550–630），名元朗，以字顯，唐蘇州吴人。善言玄理，通曉經學。歷仕陳、隋，爲國子助教。入唐，爲秦王府文學館學士，拜國子博士。曾以五六年之力，集漢魏六朝音切二百三十餘家，又采諸儒訓詁，辨正異同，考鏡源流，撰成《經典釋文》，開唐人義疏先河。《經典釋文》三十卷，對十二部經典及《老子》、《莊子》進行注音和釋義，其中包括《春秋左氏傳》。

孔穎達（574–648），字冲達，一作仲達，唐冀州衡水人。隋末，登進士第。入唐，歷遷國子博士、國子司業、國子祭酒。嘗受詔與顏師古等撰《五經正義》。

《春秋左傳正義》作爲《五經正義》之一，自唐以來，一直以單行本的形式存在，自南宋以後，《五經正義》始有合刻本。由於歷史、政治等因素，唐單行本多已不存。關於始刻合刻本情況，清代阮元在《春秋左傳注疏校勘記序》中説：“至於孔穎達等依經、傳、杜注爲《正義》三十六卷，本自單行，宋淳化元年有刻本。至慶元間，吴興沈中賓，分系諸經注本合刻之。”這裏提到的合刻本是指宋慶元間刻的八行本《春秋左傳正義》。南宋時收録《五經正義》成合刻本《十三經注疏》，研究《春秋左傳正義》的版本情況不可不知《十三經注疏》的版本。南渡以後，《春秋左傳正義》版本除宋八行本外，還有宋十行本，明閔本、監本、毛本，清武英殿本等。對於這些版本，李學勤在《十三經注疏整理説明》中説：“南宋岳珂《九經三傳沿革例》所載建本附釋音注疏本，世稱宋十行本，爲最古之版本。其版由元入明，遞有修補。明嘉靖中，又據之重刻，稱閩本；萬曆中，又有明監本，用閩本重刻；明崇禎中毛晋汲古閣又用明監本重刻，號毛本。清乾隆時有武英殿本。”此本即爲明嘉靖重刻本。

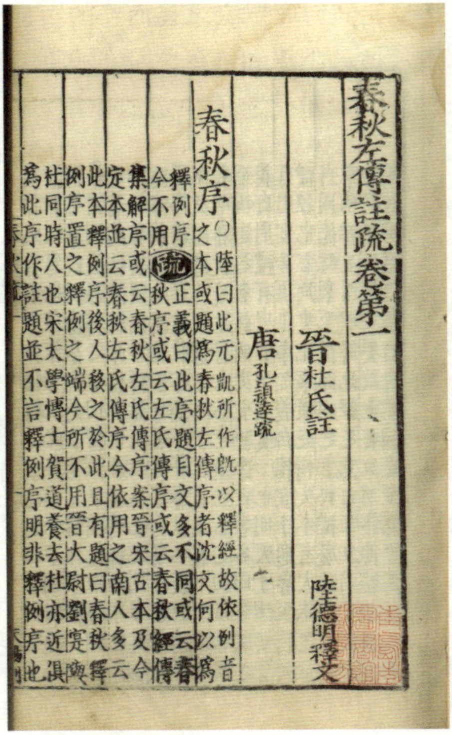
春秋左傳註疏卷第一
晉杜氏註　陸德明釋文
唐孔穎達疏
春秋序〇陸曰此元凱所作既以釋經故依例音之本或題爲春秋左傳序者沈文何以爲釋例序今不用【疏】正義曰此序題目文多不同或云春秋序或云左氏傳序或云春秋經傳集解序或云春秋左氏傳序案晉宋古本及今定本並云春秋左氏傳序今依用之南人多云此本釋例序後人移之於此且有題曰春秋釋例序置之釋例之端今所不用晉大尉劉寔與杜同時人也宋大學博士賀道養去杜亦近俱爲此序作註題並不言釋例序明非釋例序也

（撰稿人：黄麗群）

六書正義十二卷

六書正義十二卷，（明）吴元滿编集，明萬曆三十三年（1605）刻本。框高二十・二厘米，寬十四・四厘米。每半葉七行，大字不滿行，小字每行二十二字，白口，四周單邊。《山東省珍貴古籍名録》（第二批）0091號。

吴元滿，字敬甫，明徽州府歙縣人。萬曆時布衣，好六書，精字學，自三代及秦漢鼎彝碑銘，無不精究。有《六書正義》、《六書總要》、《諧聲指南》等。

宋元明以來文字學著作尤其是六書學著作甚多，《六書正義》是吴元滿博取衆家之長而寫的一部“六書學”專著。其書能正確認識六書、小學和經學之間的關係，以“六書”來考證漢字，對當時的漢字規範化起了一定的作用。在體例上突破《説文》，沿襲戴侗的以類分次和子母相生説。其關於“六書”理論的論述是對宋元明“六書”學説的繼承和發展。

《四庫全書總目》该書提要云：“今觀是書，大抵指摘許慎而推崇戴侗、楊桓，根本先已顛倒。又體例冗瑣，既略仿《六書故》，分數位、天文、地理、人倫、身體、飲食、衣服、宫室、器用、鳥獸、蟲魚、草木十二門，分隸五百三十四部，又略仿《六書統》而蔓延之。象形、指事、會意、諧聲廣爲二十九體，轉注、假借敷衍爲一十四門，殆於紛若亂絲。其附會存疑、闕疑備考、楷書備用、俗借俗轉諸條，亦多舛漏。”

此藏本鈐有“陶齋鑑藏書畫”、“丁福保鑑藏經籍圖書”、“即墨周氏珍藏”、“培之”、“子言”、“吴詩之印”、“沭戴氏藏書記”等印，表明其曾爲皇族端方、近代藏書家丁福保等人收藏。端方（1861–1911），字午橋，號陶齋，金石學家，清末大臣，官至直隶总督。著有《陶齋吉金录》、《端忠敏公奏稿》等。丁福保（1874–1952），字仲祜，號疇居士，一號濟陽破衲，近代藏書家、書目專家。

（撰稿人：黃麗群）

陶齋鑑藏書畫

洣戴氏藏書記

吳詩之印

子言

丁福保鑑藏經籍圖書

即墨周氏珍藏

培之

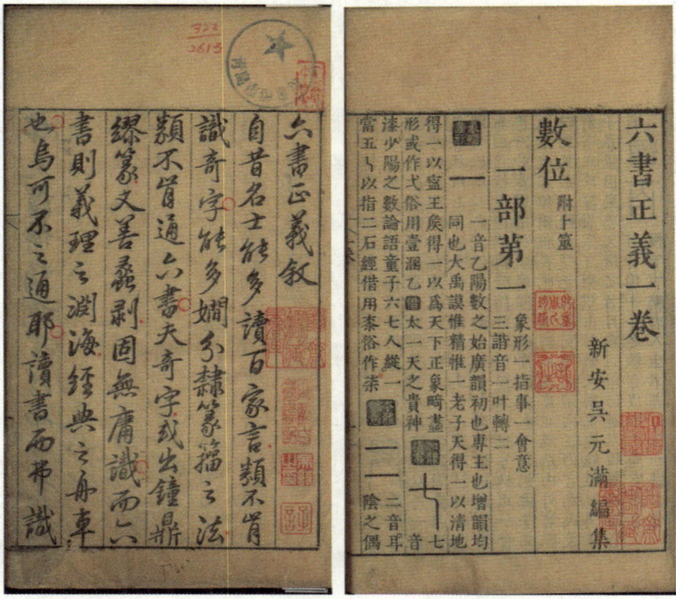

六書正義敘

自昔名士能多讀百家言類不肖

識奇字能多嫺分隸篆籀之法

類不肖通六書夫奇字或出鐘鼎

繆篆文篆蟲剔固無庸識而六

書則義理之淵海經典之舟車

也烏可不之通耶讀書而弗識

六書正義一卷

新安吳元滿編集

數位 附十篇

一部第一 象形一指事一會意 三諧音一叶轉二

一 一音乙陽數之始廣韻初也專主也增韻均同也大禹謨惟精惟一老子天得一以清地得一以寧王侯得一以為天下正象畸畫形或作弌俗用壹㒒乙太一天之貴神漆步陽之數論語童子六七人㒒一當五ㄟ以指二石經借用柒俗作柒

七 音七

二 二音耳陰之偶

洪武正韵十六卷

洪武正韵十六卷，（明）樂韶鳳等撰，明肅府刻本。框高二十一·二厘米，寬十四·七厘米。每半葉八行，大字不滿行，雙行小字二十四字，白口，四周雙邊。《山東省珍貴古籍名録》（第二批）0095 號。

樂韶鳳，字舜儀，明滁州全椒人。博學能文章。元末從朱元璋渡江，參軍事。洪武三年授起居注，累遷兵部尚書，與中書省等定教練軍士法。改侍講學士，訂正釋奠孔子樂章，編集《大明日曆》，撰《回鑾樂歌》，編《洪武正韵》。尋病免，復起爲國子司業，進祭酒。十三年致仕。

《洪武正韵》是明太祖洪武八年（1375）樂韶鳳、宋濂等十一人奉詔編成的官方韵書，共十六卷。明太祖朱元璋鑒於唐宋音韵在長江以北多失正，命與廷臣參考中原雅音正之，參纂者有翰林侍講學士樂韶鳳、宋濂，待制王僎，修撰李淑允，編修朱右、趙壎，典簿瞿莊、鄒孟達，典籍孫蕡、答禄興權；預評定者爲左御史大夫汪廣洋、右御史大夫陳寧、御史中丞劉基、湖廣行省參知事陶凱。於洪武八年（1375）成書，宋濂奉敕撰序。《洪武正韵》基本如實地記録了自隋唐至明初變化的讀書音的現狀。元明之際不僅南方方音保存入聲和入聲韵，就是基礎方言口語音的入聲和入聲韵也還没有最後消失，《洪武正韵》的目的就是爲了以雅音爲正，避免和減少摻雜方音成份。《洪武正韵》繼承了唐宋音韵體系，作爲明太祖興復華夏的重要舉措，在明朝影響廣泛。此外，《洪武正韵》作爲官修韵書，對東南亞文化有深遠影響，這與明代文化交流有了進一步發展有關，其中對朝鮮的影響最大。1443 年創製的朝鮮文字《訓民正音》，以及以學習漢語爲目的的《洪武正韵譯訓》、《四聲通考》、《四聲通解》等對音文獻，都是研究《洪武正韵》的可信參證。

我館所藏《洪武正韵》係明肅府刻本，保存完好，鈐有“即墨周氏珍藏”、“培之”、“顏氏之子”、“沽東老漁”、“顏七印”、“幼民”等藏書印，具有重要的历史资料及版本价值。

（撰稿人：朱妍蕾）

顏氏之子

即墨周氏珍藏

培之

顏七印

幼民

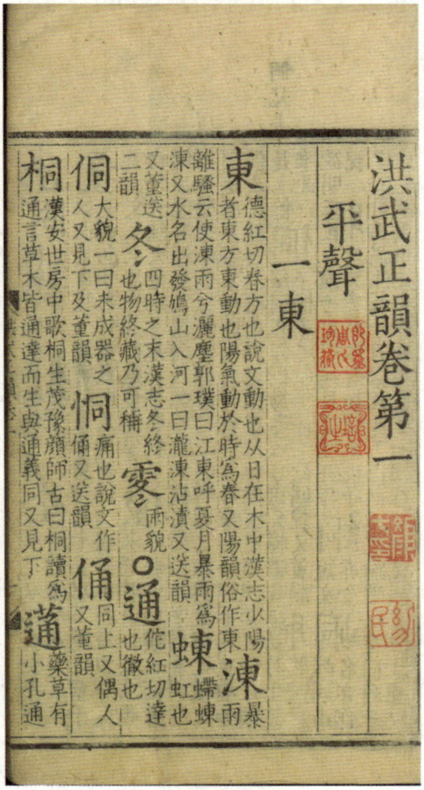

洪武正韻卷第一

平聲

一東

東德紅切春方也說文動也从日在木中漢志少陽者東方東動也陽氣動於時爲春又陽韻俗作東涷暴雨離騷云使涷雨兮灑塵郭璞曰江東呼夏月暴雨爲涷又水名出發鳩山入河一曰瀧涷沾漬又送韻蝀螮蝀虹也又董送二韻冬四時之末漢志冬終也物終藏乃可稱零雨貌○通佗紅切達也徹也侗大貌一曰未成器之人又見下及董韻恫痛也說文作痌又送韻俑同上又偶人又董韻桐漢安世房中歌桐生茂豫顏師古曰桐讀爲通言草木皆通達而生與通義同又見下蓪藥草有小孔通

史記一百三十卷

史記一百三十卷，（漢）司馬遷撰，（明）鍾惺評，明末大來堂刻本。框高十九・六厘米，寬十三・六厘米。每半葉九行，行十八字，白口，四周單邊。《山東省珍貴古籍名録》（第二批）0105號。

存一百二十五卷（卷六至卷一百三十）。

司馬遷（前145或前135-？）字子長，西漢左馮翊夏陽人。司馬談子。早年游歷遍及南北。初任郎中。曾奉使巴、蜀、邛、昆明等地，并隨武帝巡游諸名山大川、重要都邑。元封三年，繼父任爲太史令，得博覽皇室秘書。太元初年，參與立法改革，與唐都、落下閎等制定《太初曆》。又繼父遺志，開始撰史。天漢二年，李陵降匈奴，遷爲之辯解，得罪下獄，受腐刑。出獄後任中書令。發憤輯理金匱石室之文獻，寫成《太史公書》（即《史記》），是爲我國第一部紀傳體通史，上起黄帝，下至漢武帝太初年間，對後世史學、文學均有深遠影響。

全書共有本紀十二篇，表十篇，書八篇，世家三十篇，列傳七十篇，共一百三十篇。其包羅萬象，而又融會貫通，脉絡清晰，“王迹所興，原始察終，見盛觀衰，論考之行”（太史公自序），所謂“究天人之際，通古今之變，成一家之言”，詳實記録了上古時期的政治、經濟、軍事、文化等各個方面的發展狀况。

我館所藏《史記》一百三十卷爲方字精刻本。此本修於漢武帝太初元年至征和二年間，其後書有缺損，褚少孫爲之補撰。褚少孫爲漢元帝、成帝年間博士，凡少孫所補大都標明“褚先生曰”。清人錢大昕云“少孫補史，皆取史公所缺，意雖淺近，詞無雷同”。此本鈐有“高陽世家”鈐印，是史記諸多版本中網羅較爲全面的刊本，書品亦屬上乘，不爲多見。

（撰稿人：朱妍蕾）

高陽世家

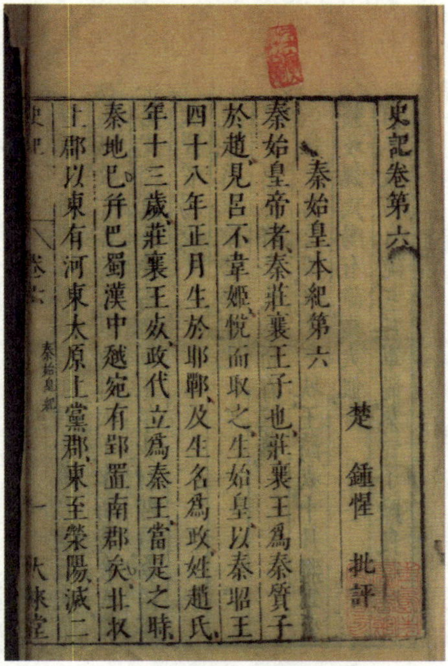

史記卷第六

楚 鍾惺 批評

秦始皇本紀第六

秦始皇帝者秦莊襄王子也莊襄王爲秦質子於趙見呂不韋姬悅而取之生始皇以秦昭王四十八年正月生於邯鄲及生名爲政姓趙氏年十三歲莊襄王死政代立爲秦王當是之時秦地已并巴蜀漢中越宛有郢置南郡矣北收上郡以東有河東太原上黨郡東至滎陽滅二

史記 卷六 秦始皇紀 一

宋書一百卷

宋書一百卷，（南朝・梁）沈約撰，明萬曆南京國子監刻本。框高二十二・六厘米，寬十五・八厘米。每半葉九行，行十八字，白口，四周雙邊，單黑魚尾。《山東省珍貴古籍名録》（第二批）0128號。

沈約（441–513），字休文，吴興武康(今浙江德清)人。歷仕宋、齊、梁三朝。齊永明五年(487)時，任太子家令兼著作郎，奉詔撰《宋書》。他依據宋代何承天、蘇寶生、徐爰等修撰的《宋書》及其他記述宋代歷史的書籍，增補宋末十几年的事迹而完成。

《宋書》是一部紀傳體斷代史，記述南朝劉宋王朝自劉裕建基至劉準共六十年的史實。該書工程巨大，内容詳備，含本紀十卷、志三十卷、列傳六十卷。全書以資料繁富而著稱於史林，是研究劉宋一代歷史的基本文獻。

与沈約同時或稍後，南齊時有孫巖著《宋書》六十五卷，王智深著《宋紀》三十卷，梁代有裴子野著《宋略》二十卷，王琰著《宋春秋》二十卷，鮑衡卿著《宋春秋》二十卷。但這些著作都已亡佚，現在就衹有沈約的這部《宋書》算是比較完整的了。

《史通・書志》説："宋氏年唯五紀，地止江淮，書滿百篇，號爲繁富。"《宋書》志前有"志序"，詳述前代修志情况，并上溯各志所記制度源流，可補前史缺志之憾，并可補《三國志》之缺。

《宋書》到北宋時已有很多缺失，後人取《高氏小史》、《南史》等書作了增補。因此現在的《宋書》雖仍爲百卷，但有些篇章已非原帙。

南監本即南京國子監刻本。明永樂帝北京建都後，政府分爲南京、北京兩套機構，國子監亦分南北，南監本用紙講究，字大墨濃，開本宏闊，版式氣派，爲明代内府刻書之典範，且珍貴稀見，至今受到藏書家厚愛。

卷前有：萬曆二十二年（1594）馮夢禎“南雍新雕宋書引”；萬曆甲午季道統“重刻宋書引”。

鈐印：“東武劉氏家藏”、“清愛堂”、“劉墉”，表明此本曾爲清代著名世家旺族清愛堂劉氏所藏，具有較高的歷史文獻價值。

（撰稿人：朱桂華）

東武劉氏家藏

清愛堂

劉墉

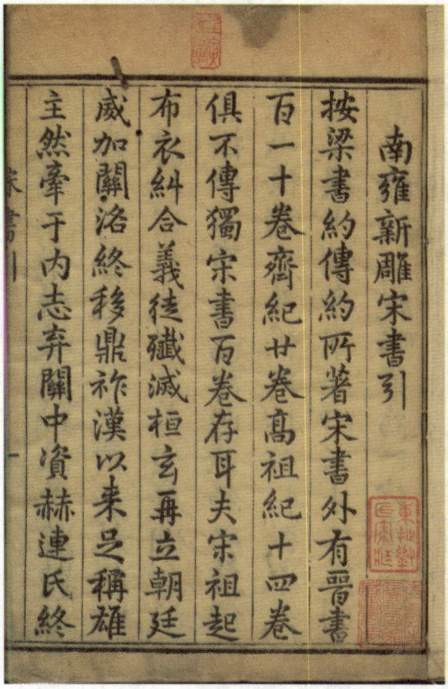
南雍新雕宋書引

按梁書約傳約所著宋書外有晉書百一十卷齊紀廿卷高祖紀十四卷俱不傳獨宋書百卷存耳夫宋祖起布衣糾合義徒殲滅桓玄再立朝廷威加關洛終移鼎祚漢以來足稱雄主然牽于内志弃關中資赫連氏終

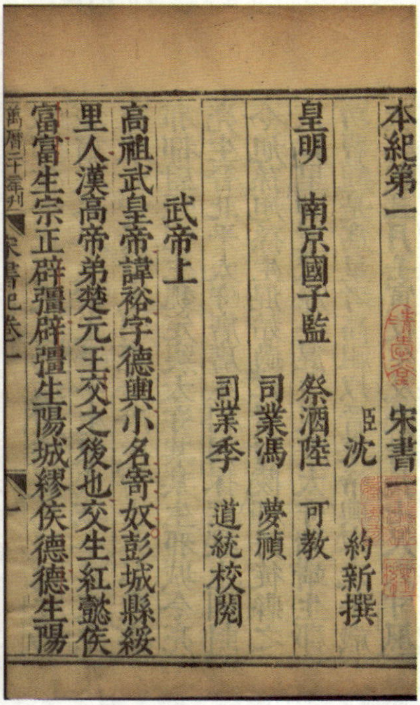
本紀第一　宋書一

臣沈約新撰

皇明　南京國子監　祭酒陸　可教

司業馮　夢禎

司業季　道統　校閱

武帝上

高祖武皇帝諱裕字德輿小名寄奴彭城縣綏里人漢高帝弟楚元王交之後也交生紅懿侯富富生宗正辟彊辟彊生陽城繆侯德德生陽

金史一百三十五卷

金史一百三十五卷，（元）脱脱等撰，明嘉靖八年（1529）南京國子監刻本。框高二十・四厘米，寬十六・二厘米。每半葉十行，行二十二字，黑口，左右雙邊。《國家珍貴古籍名録》（第三批）7577 號，《山東省珍貴古籍名録》（第二批）0138 號。

脱脱（1314–1355），蔑里乞氏，字大用，元蒙古人。馬札兒臺子。幼時由伯父伯顔撫養。從學於浦江人吴直方。初爲皇太子怯薛官。順帝至元元年，伯顔捕殺權臣唐其勢，脱脱擊敗其餘黨，盡擒以獻。歷御史中丞、虎符親軍都指揮使。四年，拜御史大夫。六年，以伯顔驕横擅權，乘其出獵黜之。至正元年任中書左丞相，悉改伯顔舊政，恢復科舉取士。爲總裁官，主修宋遼金三史。十二年，統兵鎮壓徐州紅巾軍。十四年，圍張士誠於高郵。被哈麻譖，遭劾削職，安置淮安，尋改流大理，被哈麻矯詔遣使鴆死。

《金史》是二十四史之一，是反映女真族所建金朝的興衰始末的重要史籍。《金史》是元修三史之一，最早議修於元世祖中統二年（1261），以後在至元元年、十六年，以及仁宗朝、文宗朝都分别議論過修史的事，都因義例難定未付諸實行，直到元順帝至正三年（1343），纔决定“各與正統”，遼金宋三史分别撰修。翌年十一月，《金史》告成，前後用了不到一年的時間。脱脱等主持編修的《金史》，是宋遼金三史中編撰得最好的一部，具體參加修纂的有沙剌班、王理、伯顔、趙時敏、費著、商企翁、鐵木爾塔識、張起岩、歐陽玄、王沂、楊宗瑞等，其中歐陽玄的貢獻最爲突出，他制訂《金史》撰修的發凡舉例，書中的論、贊、表、奏皆他屬筆。從元順帝至正三年（1343）三月開始編撰，至第二年十一月成書。全書共一百三十五卷，其中有本紀十九卷，志三十九卷，表四卷，列傳七十三卷。記載了上起金太祖完顔阿骨打出生（1068），下至金哀宗天興三年（1234）蒙古滅金，共一百二十年的歷史。學者們一般認爲，《金史》在二十四史中雖談不上是上乘之作，不能與《史記》、《漢書》、《三國志》等比美。但是，在元末所修三史中却是最好的一部。清代史學家趙翼評論說：“《金史》叙事最詳略，文筆亦極老潔，迥出宋、元二史之上。”（《廿二史劄記》卷二十七）《四庫全書總目》也說：“元人之於此書，經營已久，與宋、遼二史取辨倉卒者不同。故其首尾完密，條例整齊，約而不疏，贍而不蕪，在三史之中，獨爲最善。”

本館所藏《金史》爲明嘉靖八年（1529）南京國子監刻本。首卷卷端題張邦奇、江汝壁等校刊。

（撰稿人：張旭麗）

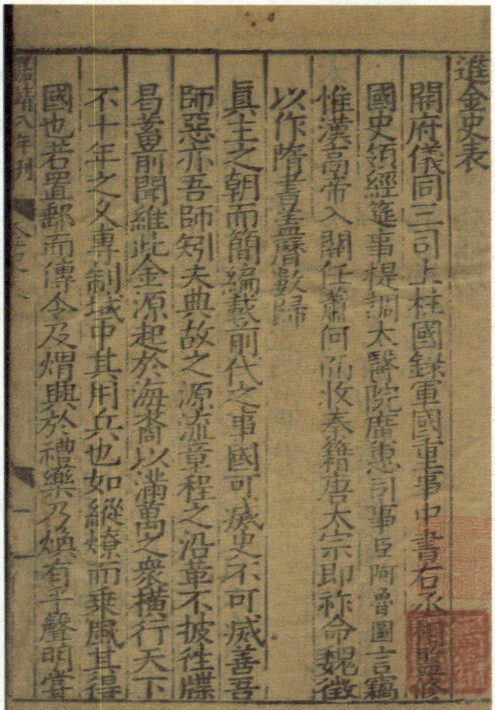
進金史表
開府儀同三司上柱國錄軍國重事中書右丞相監修
國史領經筵事提調太醫院廣惠司事臣阿魯圖言竊
惟漢高帝入關任蕭何而收秦籍唐太宗即祚命魏徵
以作隋書蓋曆數歸
真主之朝而簡編載前代之事國可滅史不可滅善吾
師惡亦吾師矧夫典故之源流章程之沿革不披往牒
曷蓋前聞維此金源起於海嶠以滿萬之衆横行天下
不十年之久專制域中其用兵也如縱燎而乘風其得
國也若置郵而傳令及熠興於禮樂乃煥有乎聲明實
嘉靖八年刊

諸儒唐書詳節六十卷

諸儒唐書詳節六十卷，（宋）吕祖謙輯，明正德十一年（1516）劉弘毅慎獨齋刻十七史詳節本。框高二十三·八厘米，寬十三·九厘米。每半葉十三行，行二十六字。《山東省珍貴古籍名録》（第二批）0192號。

吕祖謙（1137–1181），字伯恭，世稱東萊先生，宋婺州金華人，祖籍壽州。吕大器子。孝宗隆興元年進士，復中博學鴻詞科。歷官著作郎兼國史院編修官，參與重修《徽宗實録》，編纂刊行《皇朝文鑒》。博學多識，與朱熹、張栻等友善，講索益精，時稱東南三賢。爲學主明理躬行，反對空談心性，開浙東學派先聲。卒謚成，改謚忠亮。有《東萊吕太史集》、《歷代制度詳説》等。

宋代治史嚴謹，史學發展空前繁榮，《宋史·藝文志》中專門辟有史鈔一類。吕祖謙編輯十七史詳節，乃是合鈔衆書而成，對於史書中所載史實進行删節備檢，“簡汰而刊削之”，更直接地作爲原書的節簡本，達到方便迅速的效果，其内容均爲史書中的歷史事實。

《四庫全書總目》中《東萊集》提要稱：“祖謙於《詩》、《書》、《春秋》皆多究古義，於十七史皆有《詳節》，故辭多根柢，不涉游談。所撰《文章關鍵》，於體格源流，具有心解，故諸體雖豪邁駿發，而不失作者典型。亦無語録爲文之習，在南宋諸儒之中，可謂銜華佩實，又何必吹求過甚，轉爲空疏者所藉口哉？”此類史鈔節簡本的傳世，對於古籍文獻研究也有大有裨益的。吕祖謙作爲宋代知名學者，其所見之史料底本，皆爲宋代版本，自然比現在的本子質量更佳，因此可據之與現存史料古籍對照校勘。

我館收藏該書爲明正德十一年劉弘毅慎獨齋刻十七史詳節本，

鈐有“桑州季青陳氏收藏本”藏書印。該書具有重要的歷史資料及版本價值。

（撰稿人：朱妍蕾）

桑州季青陳氏收藏本

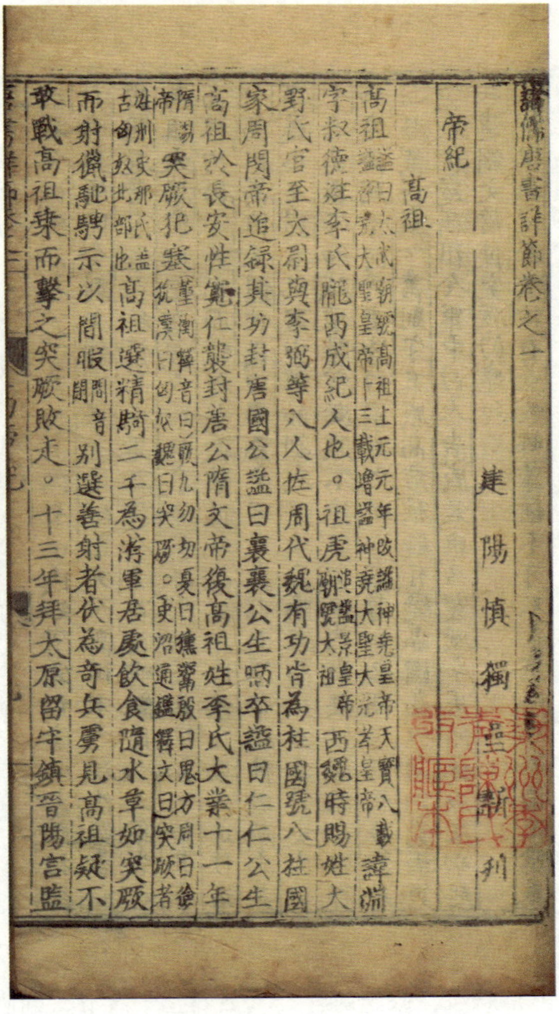

[illegible]唐書詳節卷之一

建陽慎獨齋新刊

帝紀

高祖

高祖（謚曰太武，廟號高祖。上元元年改謚神堯皇帝，天寶八載謚神堯大聖皇帝，十三載增謚神堯大聖大光孝皇帝）諱淵，字叔德，姓李氏，隴西成紀人也。祖虎（追謚景皇帝，廟號太祖），西魏時賜姓大野氏，官至太尉，與李弼等八人佐周代魏有功，皆為柱國，家。周閔帝追錄其功，封唐國公，謚曰襄。襄公生昞，卒謚曰仁。仁公生高祖於長安，性寬仁，襲封唐公。隋文帝後高祖姓李氏。大業十一年，隋煬帝……突厥犯塞……高祖選精騎二千為游軍，居處飲食隨水草如突厥，而射獵馳騁，示以閒暇（閒音閑），別選善射者伏為奇兵。虜見高祖疑不敢戰，高祖乘而擊之，突厥敗走。十三年拜太原留守，鎮晉陽宮監

月令廣義二十四卷

月令廣義二十四卷，（明）馮應京纂輯，（明）戴任增释，明萬曆三十年（1602）梅墅石渠閣刻本。框高二十二·八厘米，寬十四·三厘米。每半葉九行，行二十字，小字雙行同。白口，四周單邊。《山東省珍貴古籍名録》（第二批）0201號。

馮應京（1555–1606），明鳳陽府盱眙人，字可大，號慕岡。萬曆二十年進士。授户部主事，累遷湖廣按察佥事，分巡武昌、漢陽、黄州。税檢陳奉横行，巡撫以下皆惟諾惟謹，應京獨以法抑裁之，遂被誣奏逮獄。後以星變獲釋。天啓初謚恭節。有《月令廣義》、《經世實用編》。

《月令廣義》是一部綜合論述天文和氣候等，按月令記述事物的農書，也是中國古代可查最早的地理氣候論書籍。全書共二十四卷。卷首收《山海輿地全圖》、《授時圖》、《天文圖》、《十四氣七十二候圖》等三十餘幅。第一、二卷爲歲令，第三至二十一卷爲月令，第二十二、二十三卷爲晝夜令，第二十四卷爲時令，按歲、月、日分别記述政教、授時、占候、攝生等。與農業氣象有關的部分主要是物候、天氣諺語和一部分農事活動。本書大量集録了前人關於農業氣象的記述，并且加以分門别類的整理，内容龐雜，受陰陽五行之説影響頗深。

《四庫全書總目》该書提要云："明馮應京撰，戴任續成之。應京有《六家詩名物疏》，已著録。任始末未詳，惟卷端有二私印，一曰'肩吾父'，一曰'新安布衣'而已。是書前有任《叙由》一篇，稱應京初爲《士民月令》一卷，凡十有二令。今益以閏月而增《五紀篇》，冠以圖，統之以《歲總》。約十二月文義之同者，括爲《每月令》，領於春令之前。復概每月三十日所同者，立《晝夜令》，而一十二時區爲時令，繫諸篇終。其爲卷二十有五。則應京原書衹一卷，此本皆任所增加。而卷首《馮霑紀略》乃稱應京在鎮撫司作此書二十四卷，應京自序又稱任僅增三之二。大抵二人先後成之，而彼此均欲據以爲功，故其説矛盾也。其書較盧氏《月令通考》差詳備，而亦多猥雜。如諸神誕辰之類，皆本道書，而非可筆之儒籍者也。”

此本正文前有明萬曆辛丑歲孟秋之吉李登撰《月令廣義序》、明萬曆壬寅仲春顧起元撰《月令廣義序》、馮應京撰《月令廣義自序》、明萬曆壬寅仲秋吉月陳道立撰《月令廣義序》。鈐有“清河後裔”藏書章，現收藏於青島市圖書館。

（撰稿人：黄麗群）

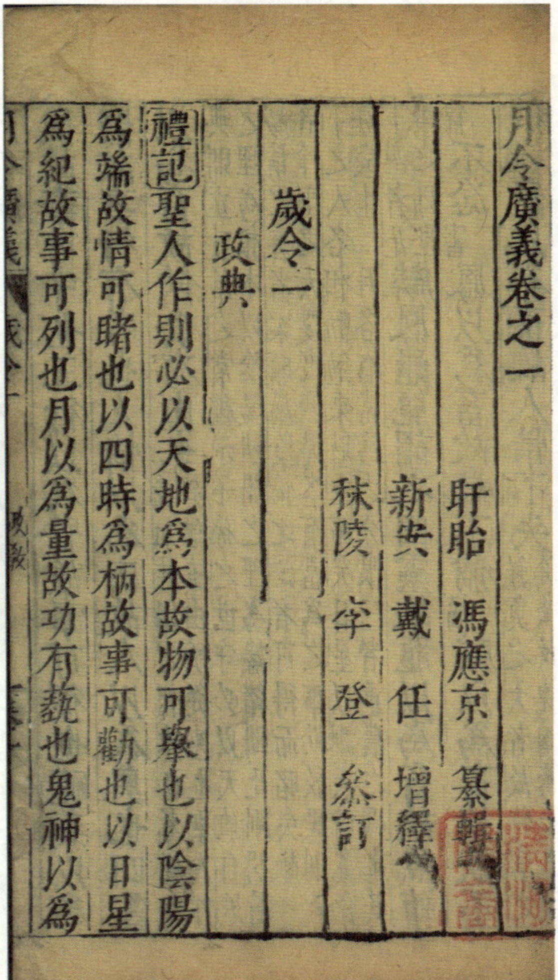
月令廣義卷之一
盱眙　馮應京　纂輯
新安　戴　任　增釋
秣陵　李　登　參訂
歲令一
攷典
禮記聖人作則必以天地爲本故物可舉也以陰陽爲端故情可睹也以四時爲柄故事可勸也以日星爲紀故事可列也月以爲量故功有蓺也鬼神以爲

清河后裔

呻吟語六卷

呻吟語六卷，（明）吕坤撰，明萬曆二十一年（1593）刻本。框高二十一·五厘米，寬十四厘米。每半葉九行，行十九字，小字雙行同，白口，左右雙邊。《山東省珍貴古籍名録》（第二批）0248號。

吕坤（1536–1618），字叔簡，號心吾，一號新吴，明河南寧陵人。萬曆二年進士，爲襄垣知縣。歷官右僉都御史，巡撫山西。召爲左僉都御史，刑部侍郎。二十五年上疏極言天下安危，不報。稱疾乞休。家居二十年，孫丕揚爲吏郡，以坤與沈鯉、郭正誠爲三大賢，屢次推薦，帝終不納。福王封國河南，賜莊田四萬頃。坤在籍上書諫，又移書執政言之。著作甚富，有《去僞齋文集》、《呻吟語》、《四禮約言》諸書。

《呻吟語》是語録體、箴言體的小品文集，刊刻於明萬曆二十一年（1593），時吕坤在山西太原任巡撫。《呻吟語》是吕坤積三十年心血寫成的著述，他在原序中稱："呻吟，病聲也，呻吟語，病時疾痛語也。"故以"呻吟語"命名。該書一共六卷，前三卷爲内篇，後三卷爲外篇，内篇分爲性命、存心、倫理、談道、修身、問學、應務、養生，外篇分爲天地、世運、聖賢、品藻、治道、人情、物理、廣喻、詞章等十七篇。涉獵廣泛，體悟性强。反映出作者對社會、政治、世情的體驗，對真理的不懈求索。其中閃爍着哲理的火花和對當時衰落的政治、社會風氣的痛惡。表現出其權變、實用、融通諸家的思想。《呻吟語》是隨得隨録的隨筆式語録體，行文靈活，文之長短，形隨意移；儒爲根底，兼采衆慧，亦莊亦諧；寓言性、文學性、趣味性、哲理性强，語言"簡重真切"。

《呻吟語》於明萬曆二十一年成書付梓，此版本稱"付梓版"。但是，在此之前，作者吕坤的底稿便曾被傳鈔流播，底稿傳鈔系統之版本稱“祖鈔版”。祖鈔版由於流傳面較廣，且非一人一時所鈔，傳鈔品質及分散子本等，都難以計量，現幾無存世，但祖鈔版些許内容可能已融入清後付梓版的子本，作爲新刻印本的校勘、補充内容等。付梓版則流傳有序，版本清晰。

此本鈐有“張鏡芙藏書印”，可知曾爲山東著名藏書家張錚夫收藏，現藏於青島市圖書館。

（撰稿人：黄麗群）

張鏡芙藏書印

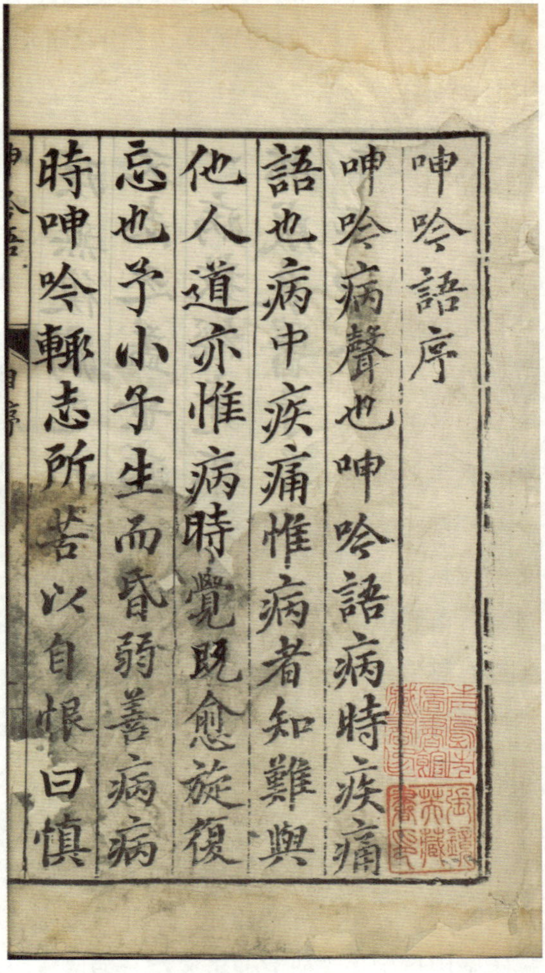

呻吟語序

呻吟病聲也呻吟語病時疾痛語也病中疾痛惟病者知難與他人道亦惟病時覺既愈旋復忘也予小子生而昏弱善病病時呻吟輒志所苦以自恨曰慎

運氣易覽三卷

運氣易覽三卷，（明）汪機撰，明嘉靖十二年（1533）刻本。框高十九·一厘米，寬十三·四厘米。每半葉十二行，行二十三字，小字雙行同，白口，四周單邊。《山東省珍貴古籍名録》（第二批）0281號。

汪機（1463–1539），字省之，號石山居士，明徽州府祁門人。初爲諸生，屢試不利，遂棄舉業，從父汪渭習醫。異癥奇疾，治之則愈。有《石山醫案》、《醫學原理》、《本草會編》、《素問鈔》、《脉訣刊誤》、《内經補注》、《外科理例》、《痘證理辨》、《針灸問對》、《傷寒選録》、《運氣易覽》等。其中除《本草會編》及《内經補注》已佚外，均有刊本行世。《四庫全書總目》该書提要云：此書"取《素問》中五運六氣之説詳加辨論，所衍各圖，亦頗有發明。然治病自以脉證爲主，拘泥司天在泉，終無當於經旨也"。

汪機在學術上，既受金、元各家影響，又不拘一格。其著作最顯著的特點，是善於匯集各家之説，在闡發中醫基礎理論方面有獨到的見解，由此也奠定了汪機一代名醫和新安醫學奠基人的位置。汪機一生究心醫學，撰寫醫學著作，直至古稀之年，仍刻意鑽研，握筆不輟。其中影響較大者，首推《石山醫案》。此爲門人陳桷"取機諸弟子所記機治療效益，裒爲一集"，全書三卷，尤其是《營衛論》一篇，提出了固定培元學説，奠定了新安醫學流派的理論基礎。

汪機在《運氣易覽》中系統整理了運氣理論，對運氣中的六十年交司時刻、月建、五音建運、南北政等重要問題進行了深入闡述，以臨床應用實例强調研究運氣要結合臨床實際應用，并闡明了研究運氣應持有正確態度，曰："運氣一書……豈可膠泥於法而不求其法外之遺耶，如冬有非時之温，夏有非時之寒……此四時不正之氣亦能病人也……又況百里之内晴雨不同，千里之邦寒暖各異……豈可皆以運氣相比例哉。務須隨機達變，因時識宜，庶得古人未發之旨，而能盡其不言之妙也。”

正文前有明嘉靖七年汪機《運氣易覽序》，曰：“予今搜輯纂爲此編，名曰《運氣易覽》，論以明其理，圖以揭其要，歌括以便於記誦，其於初學未必無補於萬一。然予老年心志昏瞀，未免書不盡言，言不盡意。改而正之，尚有望於後之君子云。”

卷末有嘉靖癸巳年（1533）程鐈跋，跋文曰：“……《素問補注》、《本草會編》、《痘證理辨》、《石山醫案》皆已梓行於世矣，最後出《運氣易覽》示鐈，鐈讀而請曰：‘是獨可以弗刻乎？’先生曰：‘運氣者，盧扁弗稽，淳華弗議，吾所以不敢輕以傳信也……鐈遂受而刻之，謹跋數語使人知傳書之不易焉爾。”《運氣易覽》成書後一直未能梓行，程力請刊版，汪機遂付之剞劂。根據上述序跋，知該書成於1528年左右，刊行於1533年左右。

（撰稿人：黃麗群）

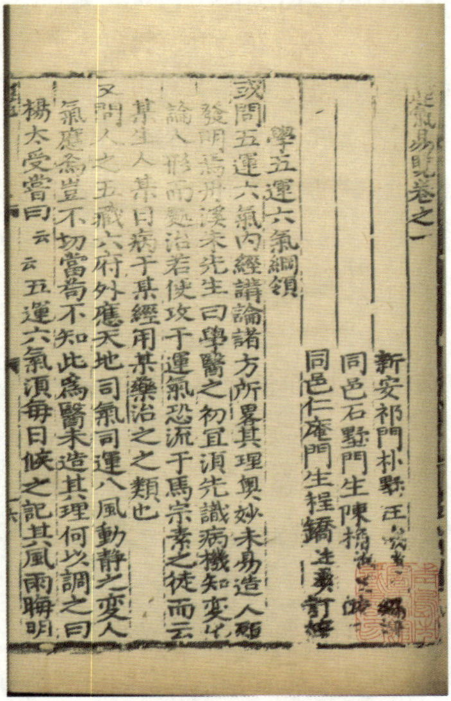
運氣易覽卷之一
新安祁門朴墅汪機省之編輯
同邑石墅門生陳桷惟宜校
同邑仁庵門生程鐈廷彝刊梓
學五運六氣綱領
或問五運六氣內經諄諄論諸方所畧其理奧妙未易造人鮮
發明焉丹溪朱先生曰學醫之初宜須先識病機知變化
論人形而處治若便攻于運氣恐流于馬宗素之徒而云
某生人某日病于某經用某藥治之之類也
又問人之五藏六府外應天地司氣司運八風動靜之變人
氣應焉豈不切當苟不知此爲醫未造其理何以調之曰
楊太受嘗曰云云五運六氣須每日候之記其風雨晦明

二如亭群芳譜二十九卷

二如亭群芳譜二十九卷，（明）王象晋纂輯，明天啓元年（1621）沙村草堂刻本。框高二十一·七厘米，寬十四·六厘米。每半葉八行，行十八字，小字雙行同，白口，左右雙邊。《山東省珍貴古籍名録》（第二批）0294 號。

王象晋（1561–1653），字藎臣，一字康宇，新城人。萬曆進士，官至浙江右布政使。優游林下二十年。有《群芳譜》、《清悟齋欣賞編》、《翦桐載筆》、《秦張詩餘合璧》。王象晋不僅是明代卓越的經濟植物學家，而且還以文學家傳名於後世。

《群芳譜》，全名《二如亭群芳譜》，是匯集十六世紀以前的古代農學大成，其内容相當廣泛，論述頗爲周詳。書内按天、穀、蔬、果、茶竹、桑麻葛棉、藥、木、歲、花、卉、鶴魚等十二個譜分類，并且對每一種植物都詳叙形態特徵、栽培、利用、典故和藝文，這是其他農書所不及的。《群芳譜》在各分譜的首端，均寫有分譜的“小序”，旨在簡介該譜的概貌。然後是“首簡”，概括本譜的要點，包含具有指導意義的内容。書中每一植物項下大都記述有藝植（包括栽培、管理、留種、加工、制用等措施），係參考前人的著述并結合個人經驗寫成的。

王象晋在《跋語》中寫道：“予性喜種植，斗室傍羅盆草數事，瓦缽内蓄文魚數頭。薄田百畝，足供饘粥。郭門外有園一區，題以涉趣，中爲亭，顏以‘二如’。雜藝蔬茹數十色，樹松竹棗杏數十株，植雜草野花數十器……暇則抽架上《農經》、《花史》手録一二則，以補諮詢之所未備……類而著之於編，而又冠以天時歲令，以便從事。歷十餘寒暑始克就緒。”

《群芳譜》書末作者自跋題有“天啓辛酉”，故一般認爲此書約完成於 1621 年。在《明史·藝文志》農家類已有著録。在《四庫全書總目》譜録存目中，卷數作三十。《鄭堂讀書記》著録也爲三十卷。汲古閣及作者之孫王士禛的《漁洋山人全集》中所載則爲二十八卷，分卷編排雖然有異，内容則相同。《群芳譜》流傳甚廣，明代以來.有多種刻本。

此本書名葉題“沙村草堂藏板”，首卷卷端題“濟南王象晋藎臣甫纂輯，松江陳繼儒仲醇甫、虞山毛鳳苞子胥甫、寧波姚云台子雲甫仝校，濟南男王與胤、孫士和曾孫啟泓詮次”。此本鈐有“華南許氏”、“嘉德珍藏”、“軌同爾雅博竝葩奚”、“博物先頑”。表明其曾爲華南許氏等人收藏，現藏青島市圖書館。

（撰稿人：黄麗群）

華南許氏

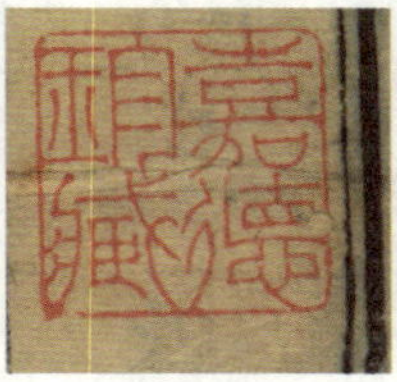

嘉德珍藏

軌同爾雅博竝葩奚

博物先頑

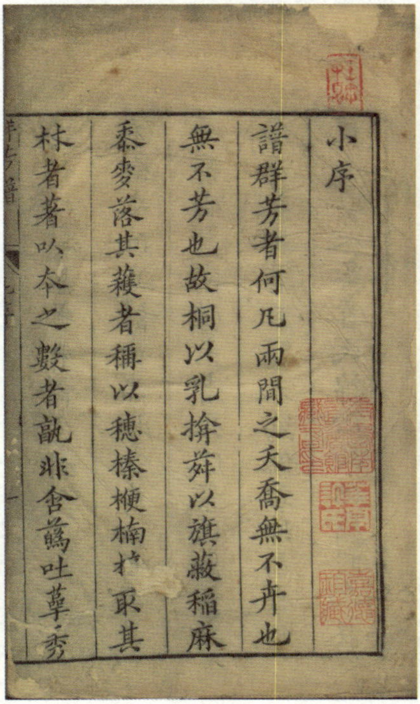

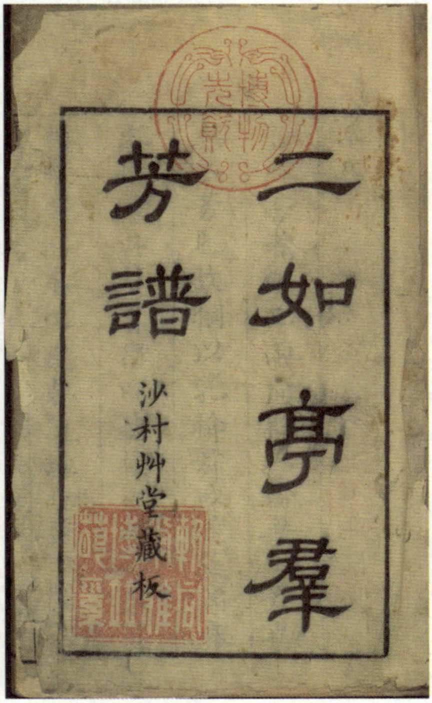

西翁教子言二卷正篇六卷副篇一卷廣篇三卷遺記一卷

西翁教子言二卷正篇六卷副篇一卷廣篇三卷遺記一卷，（明）李梓撰，明天啓五年（1625）刻本。框高二十一·六厘米，寬十三·八厘米。每半葉九行，行十九字，白口，四周雙邊。《山東省珍貴古籍名録》（第二批）0317號，《中國古籍善本書目》子部6633號。

該書封面題：古蒙李氏家訓述，版心下鐫："汪汝達刊"。

正文前有明天啓五年余懋衡《西翁李先生教子言序》、潘之詳《刻教子言叙》、汪元功《西翁教子言序》。另有七世孫李樸《西翁祖訓》、宗人李鰲元《西翁譜略》、子李惟一《西翁集叙》。

李惟一《西翁集叙》中云："……遂亦不敢過删，集成擬名人翼乃先君子初未欲及人也，特惠諸不肖，不成其所以爲人，故教子如此則直當以教子，屬之曰西翁教子言。"此書爲李梓撰寫，其子李惟一編成。

（撰稿人：黄麗群）

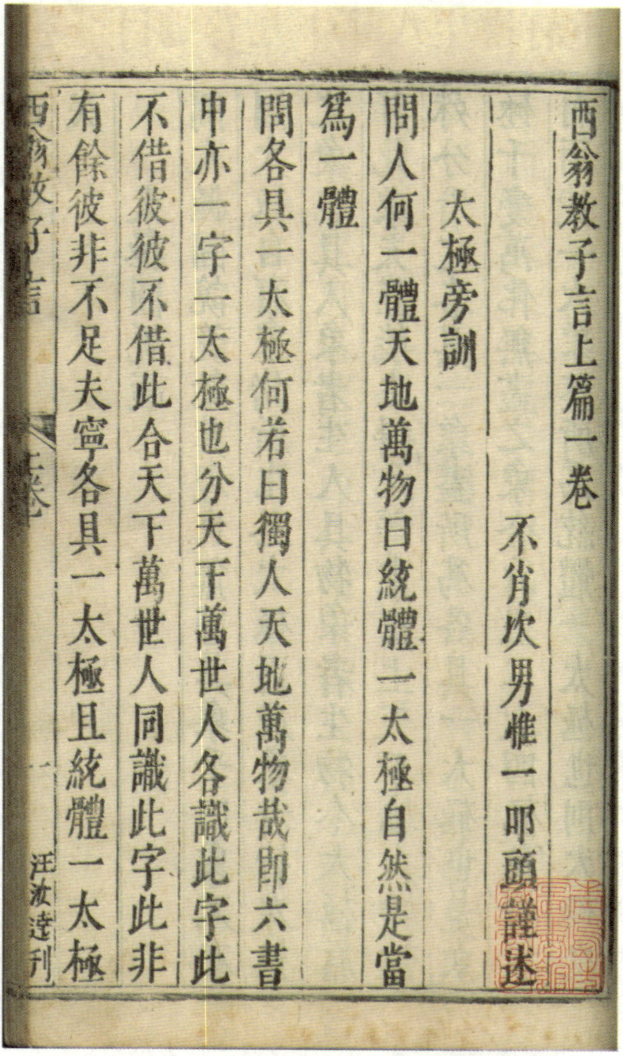

西翁教子言上篇一卷

不肖次男惟一叩頭謹述

太極旁訓

問人何一體天地萬物曰統體一太極自然是當
爲一體

問各具一太極何若曰獨人天地萬物哉即六書
中亦一字一太極也分天下萬世人各識此字此
不借彼彼不借此合天下萬世人同識此字此非
有餘彼非不足夫寧各具一太極且統體一太極

西翁教子言 上卷 一

汪汝達刊

弦雪居重訂遵生八箋十九卷總目一卷

弦雪居重訂遵生八箋十九卷總目一卷，（明）高濂撰，鍾惺重訂，明刻本。課花書屋藏板，框高二十・四厘米，寬十二・四厘米。每半葉九行，行十八字，白口，四周單邊，單黑魚尾。首有：高濂原叙。《山東省珍貴古籍名録》（第二批）0330號。

高濂字深甫（父），别號瑞南道人，錢塘（今浙江杭州）人。萬曆時期著名戲曲作家，能詩文，通醫理，亦擅養生。著有傳奇劇本《玉簪記》《節孝記》；詩文集《雅尚齋詩草》《芳芷樓詞》；養生著作《遵生八箋》；另有《牡丹花譜》《蘭譜》傳世。《明史》無傳載，生卒身世不詳。據序言等記録，推其大約生活於明嘉靖、隆慶至萬曆年間。

鍾惺(1574–1624)，字伯敬，一作景伯，號退谷、止公居士，湖廣竟陵（今湖北天門市）人。明代文學家，萬曆三十八年（1610）進士。

據説高濂幼時患眼疾，因多方搜尋奇藥秘方，終得康復，遂博覽群書，并記録在案，匯成此書。從八個方面（即八箋）"清修妙論箋"、"四時調攝箋"、"卻病延年箋"、"起居安樂箋"、"飲饌服食箋"、"靈秘丹藥箋"、"燕閑清賞箋"和"塵外遐舉箋"，記述了益壽延年之術、養生卻病之方，該書内容廣博詳備且實用，是我國古代養生學的集大成之作，極富研究價值。清陳夢雷將該書收入《古今圖書集成》藝術類，《四庫全書》列入子部雜家類雜品類。《四庫全書總目》稱"書中所載，專以供閑適消遣之用……其訛誤亦復不少……"褒貶互見。

卷一、卷二清修妙論箋，皆養身格言；卷三至卷六四時調攝箋，爲按時修養之訣；卷七、卷八起居安樂箋，述寶物器用可資頤養者；卷九、卷十延年卻病箋，列服氣導引諸術；卷十一至十三飲饌服食箋，食品名目，附服餌諸物；卷十四至十六燕閑清賞箋，論賞鑒清玩之事，附花卉種法；卷十七、十八靈秘丹藥箋，談經驗方藥；卷十九塵外遐舉箋，介紹歷代隱逸一百人事迹。

該書現存有關的版本：明萬曆十九年刻本、崇禎間刊本；清代有官方的四庫本、私刻的嘉慶十五年弦雪居重訂本（鍾惺校訂、課花書屋藏版），光緒間亦有多次翻刻；現代有巴蜀書社等排印本。

（撰稿人：朱桂華）

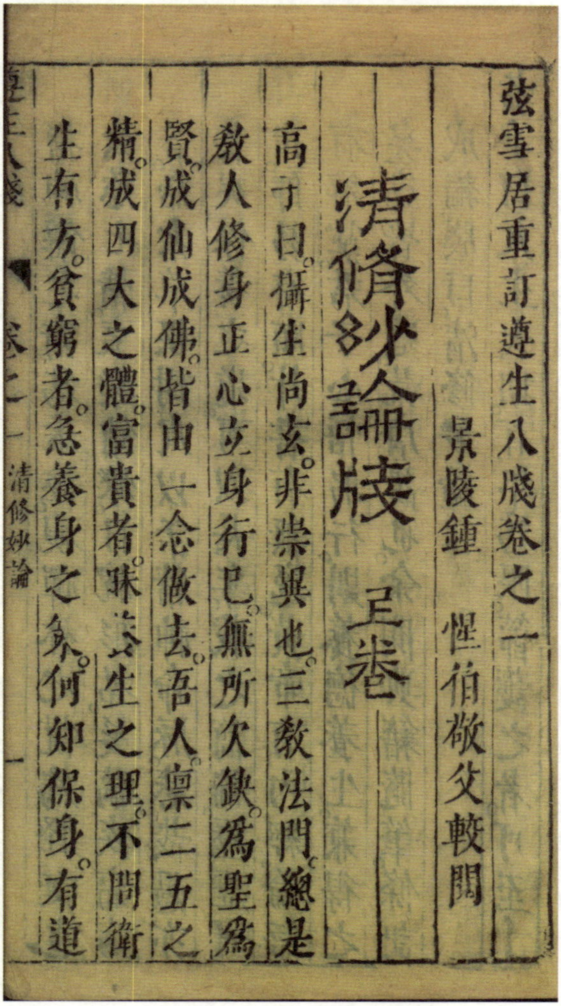
弦雪居重訂遵生八牋卷之一
景陵鍾　惺伯敬父較閲
清脩妙論牋　上卷
高子曰。攝生尚玄。非崇異也。三教法門。總是
教人修身正心立身行已。無所欠缺。爲聖爲
賢。成仙成佛。皆由一念做去。吾人禀二五之
精。成四大之體。富貴者。昧養生之理。不問衛
生有方。貧窮者。急養身之策。何知保身。有道
遵生八牋　卷之一　清修妙論　一

新刊簪纓必用翰苑新書前集十卷後集五卷續集八卷

新刊簪纓必用翰苑新書前集十卷後集五卷續集八卷，（宋）佚名編，明萬曆間仁壽堂刻本。框高二十三·三厘米，寬十四·三厘米。每半葉十一行，行二十二字，小字雙行二十二字，白口，左右雙邊，單黑魚尾。《山東省珍貴古籍名録》（第二批）0361 號。

簪纓，古代達官貴人的冠飾：簪爲文飾，纓爲武飾，後借指高官顯宦。翰苑新書，又名記室新書，爲宋人所編類書。分前、後、續、别集。大致有宋刻、明刻和明抄三個版本系統。

傅增湘《藏園群書題記》有《新編簪纓必用翰苑新書跋》稱："其收采群籍不及《萬花谷》、《合璧事類》之富，而官制源流叙述賅備，可爲考訂宋史之助。皇朝事實引宋人著述，時有佚書異文，于博聞考古亦頗有裨焉。至其采録全篇四六，雖鋪叙平冗，多沿襲當時卑靡之文體，然掇拾既廣，檢其本集多有逸篇，或其人文集久湮，而得此差足存其一二，亦爲編録宋文者所不能廢也。"

該書版心下鎸"仁壽堂刊"。王重民疑此本爲周曰校萬卷樓從仁壽堂購得後修補翻刻而成（見《中國善本書提要》子部類書類），亦可見該書在當時的盛行。

前有萬曆辛卯（1591）陳文燭序。周曰校，字應賢，號對峰，金陵人，書肆名"萬卷樓"。

（撰稿人：朱桂華）

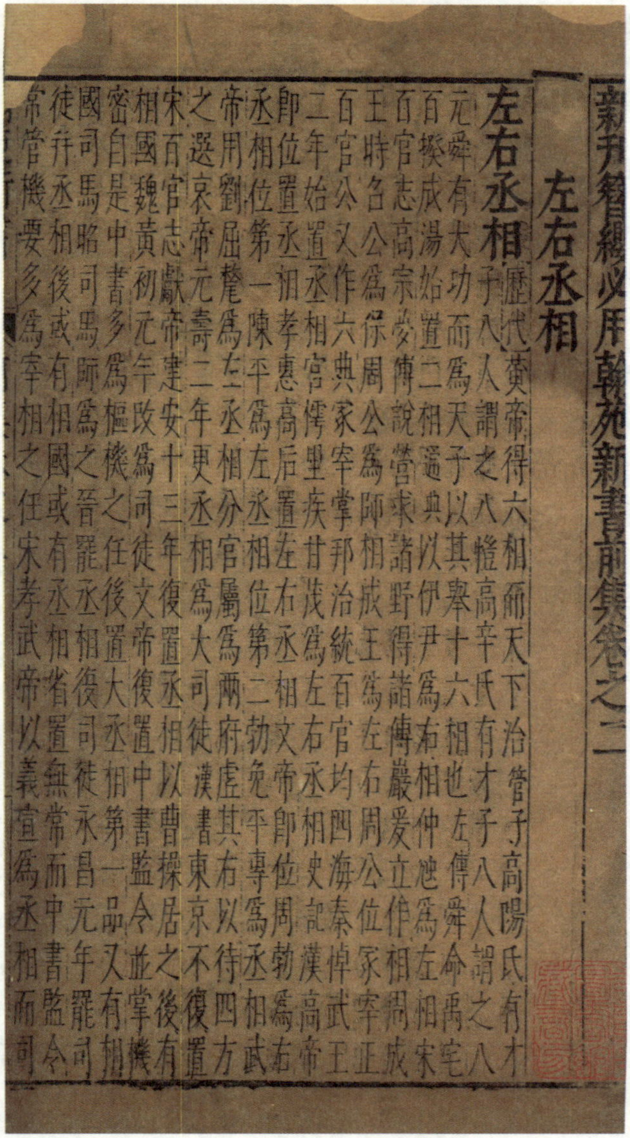

新刊簪纓必用翰苑新書前集卷之二

左右丞相

左右丞相歷代黃帝得六相而天下治管子高陽氏有才
子八人謂之八愷高辛氏有才子八人謂之八
元舜有大功而爲天子以其舉十六相也左傳舜命禹宅
百揆成湯始置二相遂典以伊尹爲右相仲虺爲左相宋
百官志高宗夢傅說營求諸野得諸傅巖爰立作相周成
王時召公爲保周公爲師相成王爲左右周公位冢宰正
百官公又作六典冢宰掌邦治統百官均四海秦悼武王
二年始置丞相官樗里疾甘茂爲左右丞相史記漢高帝
即位置丞相孝惠高后置左右丞相文帝即位周勃爲右
丞相位第一陳平爲左丞相位第二勃免平專爲丞相武
帝用劉屈氂爲左丞相分官屬爲兩府虛其右以待四方
之選哀帝元壽二年更丞相爲大司徒漢書東京不復置
宋百官志獻帝建安十三年復置丞相以曹操居之後有
相國魏黃初元年改爲司徒文帝復置中書監令並掌機
密自是中書多爲樞機之任後置大丞相第一品又有相
國司馬昭司馬師爲之晉罷丞相復司徒永昌元年罷司
徒并丞相後或有相國或有丞相省置無常而中書監令
常管機要多爲宰相之任宋孝武帝以義宣爲丞相而司

景德傳燈録三十卷

景德傳燈録三十卷，（宋）釋道原撰，明萬曆三十四年（1606）刻本。框高二十四·二厘米，寬十一·二厘米。每半葉六行，行十七字，白口，四周單邊。《山東省珍貴古籍名録》（第二批）0384號。

存二十卷（卷一至二十）。

釋道原，北宋人，著有《景德傳燈録》。“百尺竿頭，更進一步”以及“枯木逢春”等詞語都是出自他的著作。

《景德傳燈録》是一部中國佛教禪宗史書。宋景德元年（1004）東吴道原撰。書名取燈能照暗，禪宗祖祖相授，以法傳人，猶如傳燈之意。先是有唐金陵沙門慧炬、天竺三藏勝持，於貞元十七年（801）編次禪宗諸祖傳記偈讖及宗師機緣爲《寶林傳》。光化二年（899），又有華嶽玄偉禪師，編次貞元以來禪宗宗師機緣，爲《玄門聖胄集》。道原續後梁開平以來宗師機緣，統集《寶林》、《聖胄》等傳，撰成此書。書成以後，詣闕進呈，宋真宗詔翰林學士楊億等刊削裁定，歷時一年，方遂終篇。

本書所記禪宗世系源流，上起七佛，下止法眼文益法嗣長壽注齊，五十二世，一千七百零一人。其中九百五十一人有機緣語句，其他有名無文。全書無總目，但各卷目録對“見録”與“不録”都一一注明。唐時禪宗已稱興盛，然號稱參禪有得者不過裴休、陸亘、龐蘊數輩。降及宋代，參禪問道成一時之風尚，俗士登祖師堂者漸多。道原所撰《景德傳燈録》，經楊億刊正，真宗御賜編入《大藏》，有宋一代頗爲盛行。南宋樓鑰《跋了齋〈有門頌〉帖》云：“近世士大夫用力不及前輩，祇如學佛，或僅能涉獵《楞嚴》、《圓覺》、《淨名》等經及《傳燈録》，以資談辯爾。”樓氏之論雖爲批評其時人不學而發，然也可見出《傳燈録》與《楞嚴經》、《圓覺經》、《維摩經》等同爲宋人學佛參禪必讀之書。宋代文人究心於《傳燈録》者，或抄集、或續作或閲讀，進一步擴大了此書在文人中的影響。

我館所藏《景德傳燈録》爲明萬曆刻本，然此本殘缺，僅存二十卷，後十卷湮没不知所蹤。然此本亦可與別本對照，具有一定的文獻研究參考價值。

（撰稿人：朱妍蕾）

教乘法數四十卷

教乘法數四十卷，（明）釋圓瀞撰，明嘉靖刻本。框高二十一・二厘米，寬十四・三厘米。行字不等，白口，四周雙邊。《山東省珍貴古籍名録》（第二批）0385號，《中國古籍善本書目》子部11368號。

存十二卷（卷一至十二）

釋圓瀞字心源，身世不詳。他早年曾在杭州天竺寺從天臺宗雨翁受學，明宣宗宣德年間（1426–1435）任僧録司右善世（見道遐、松陰二人爲本書所作的序文）。

明代編纂法數的較多，先有《諸乘法數》，亦名《賢首法數》，十一卷，明行深集。以華嚴宗的見地，編纂各宗所用法數，從一心起到八萬四千法門止，凡二千一百餘目，概記明出處，間亦引用外書名數解釋。從洪武十七年（1384）起開始編纂，二十年（1387）撰成。《教乘法數》的編集是以天臺宗義爲主，與《賢首法數》相對。在這以外又有一如等集注的《大明三藏法數》五十卷，引據各書，解釋很詳。這以後寂照又以《大明三藏法數》爲主，糅集其他各種法數而重編《大藏法數》共七十卷。

佛法傳入中國後，至明代已一千三百餘年，歷代所翻譯的經論律三藏和此土撰述，編入《大藏經》的，不下六千卷之多。而其間名相紛繁，初學者不易瞭解。從前雖有《藏乘法數》和《諸乘法數》等書，但大都簡陋，學者仍感不足。圓瀞有鑒於此，纔廣采"内典之文，旁及白氏"，"詳加訂定，續入而匯次之"，從"一心"開始到"八萬四千法門"終止。所有名相多爲常見者，因此不注出處，不加注釋，衹用簡單表解，使學者不勞窮討，一目了然，用處頗大。本書所收法數，共三千一百六十二目。

本書叙述中表現折衷思想非常濃厚，不僅三教合一，而且内外雜糅。如三宗名教條云：“一、儒，《元命苞》云：‘教者效也，上行下效也。’二、釋，《四教義》云：‘説能詮理，化轉物心。’三、道，《老子》云：‘處無爲事，行不言教。’”（卷七）三教無我條云：“一、儒，孔子以謙光之義，二、釋，佛觀五藴皆空，三、道，老子以長而不宰。”都是三教合一的例子。至於以五方配五色（卷十八）、二上二下（卷四）、四蛇性異諸方亦二（卷四）、五行配五方五時五星五常五戒（卷十七）等條，又參以陰陽術數家言，則是内外雜糅的例子。

另外本書對於一般的佛家名相大都用天臺本宗教義來解釋。如釋二諦，便以天臺教義“同歸一念”爲真諦，“百界千如”爲俗諦（卷二）。如釋三身，便以四教義中之藏通二教爲應身，别教爲報身，圓教爲法身（卷十二）。如釋四諦，便以藏教屬苦諦，通教屬集諦，别教屬滅諦，圓教屬道諦（卷十二）。如釋體用，便以理具三千爲體，變造三千爲用（卷三）。如釋心性，便以即理之事不變隨緣名心，即事之理隨緣不變名性（卷三）等，在這些上面可見本書撰述的意向。至於明代初葉（宣德前後）佛教徒一些見解，也都反映於本書上。如推原華嚴宗的始祖爲著《起信論》的馬鳴等，就和舊説有所不同。又所載律宗專案，不出其世系傳承，這表示當時對律宗不予重視。

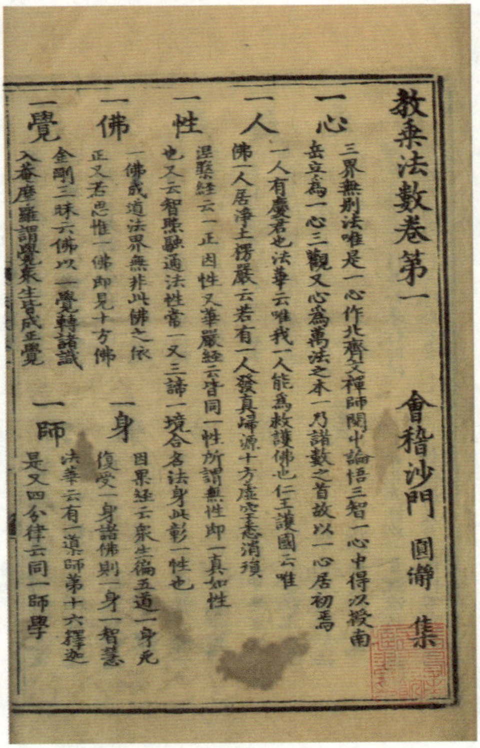
教乘法數卷第一　會稽沙門　圓瀞　集
一心　三界無别法唯是一心作北齊文禪師閲中論悟三智一心中得以授南岳立爲一心三觀又心爲萬法之本一乃諸數之首故以一心居初焉
一人　一人有慶君也法華云唯我一人能爲救護佛也仁王護國云唯佛一人居淨土楞嚴云若有一人發真歸源十方虚空悉消殞
一性　涅槃經云一正因性又華嚴經云皆同一性所謂無性即一真如性也又云智照融通法性常一又三諦一境合名法身此彰一性也
一身　因果經云衆生徧五道一身死復受一身諸佛則一身一智慧
一佛　一佛成道法界無非此佛之依正又若思惟一佛即見十方佛
一師　法華云有一導師第十六釋迦是又四分律云同一師學
一覺　金剛三昧云佛以一覺轉諸識入菴摩羅謂覺衆生皆成正覺

（撰稿人：黄麗群）

唐陸宣公集二十二卷

唐陸宣公集二十二卷，（唐）陸贄撰，明萬歷九年（1581）光裕堂刻本。框高二十二·四厘米，寬十四·五厘米。每半葉十行，行二十字，小字雙行同，白口，四周單邊。《山東省珍貴古籍名録》（第二批）0432 號，《中國古籍善本書目》集部 1168 號。

陸贄（754–805），字敬與，唐蘇州嘉興人。代宗大歷進士，又中博學宏詞科。德宗即位，由監察御史召爲翰林學士。貞元七年，拜兵部侍郎。八年，遷中書侍郎、同門下平章事。爲相時，指陳弊政，廢除苛稅。十年冬，爲户部侍郎裴延齡所構，罷相。次年貶忠州别駕。順宗時卒，謚宣。所作奏議，多爲排偶，條理精密，文筆流暢。有《翰苑集》等。

《唐陸宣公集》内有陸氏所做制誥八十三篇，奏章三十二篇，中書奏議十二篇。此書對唐時政治、經濟、軍事等問題都有論述。此書既反映了唐代社會概況，又體現了陸贄的政治思想。

今存陆集最早之本为宋代刊本。此本正文前有唐權德輿撰《唐陸宣公集叙》、明萬曆九年十月劉垓撰《重刻陸宣公奏議跋》，应为明刻本。另有明永樂十四年齊政撰《唐陸宣公集後叙》、明萬曆丙午孟春望日基中撰《重梓宣公奏議跋》、明萬曆九年辛巳冬十月李懋檜撰《重刻陸宣公奏議跋》、明宣德三年龍集戊申九月望日金寔撰《陸宣公奏議叙》、明天順元年龍集丁丑九月初吉項忠撰《陸宣公奏議叙》、明弘治十五年十一月長至日錢福撰《陸宣公制策奏議集叙》、明嘉靖丁酉夏五月朔沈伯咸撰《陸宣公文集序》、明萬曆九年辛巳七月葉逄春撰《陸宣公奏議叙》。

此本版心下鎸“光裕堂梓”，钤有“杜味經珍藏”、“劍膽琴心”等藏印。現藏於青島市圖書館。

（撰稿人：黄麗群）

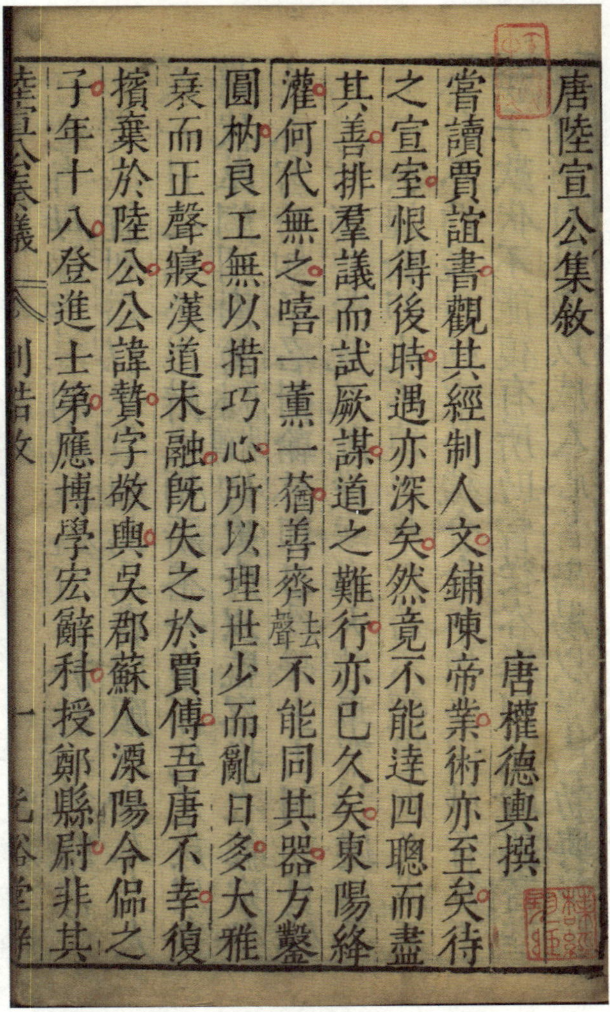

唐陸宣公集敘

唐權德輿撰

嘗讀賈誼書觀其經制人文鋪陳帝業術亦至矣待之宣室恨得後時遇亦深矣然竟不能達四聰而盡其善排羣議而試厥謀道之難行亦已久矣東陽絳灌何代無之噫一薰一蕕善齊（去聲）不能同其器方鑿圓枘良工無以措巧心所以理世少而亂日多大雅衰而正聲寢漢道未融既失之於賈傅吾唐不幸復擯棄於陸公公諱贄字敬輿吴郡蘇人溧陽令偘之子年十八登進士第應博學宏辭科授鄭縣尉非其

陸宣公奏議　制誥敘　一　光裕堂梓

杜味經珍藏

豫章黄先生别集十卷

豫章黄先生别集十卷，（宋）黄庭堅著，（宋）黄子耕輯，元刻本。框高二十三・二厘米，寬十五・五厘米。每半葉十二行，行二十一字，白口，四周雙邊。《山東省珍貴古籍名録》（第二批）0469 號。

存三卷（卷八至卷十）。

黄庭堅（1045–1105），北宋著名文學家、政治家和書法家，字魯直，自號山谷道人，晚號涪翁，洪州分寧（今江西修水）人。豫章，古郡名，即今江西省，故黄庭堅亦被稱爲"豫章黄先生"。與張耒、晁補之、秦觀合稱"蘇門四學士"，是"江西詩派"的開山祖師。詩歌方面，與蘇軾并稱爲"蘇黄"；書法方面，則與蘇軾、米芾、蔡襄并稱爲"宋代四大家"。

黄庭堅爲英宗治平四年 (1067) 進士，歷官葉縣尉、北京國子監教授、校書郎、著作佐郎、秘書丞、涪州别駕、黔州安置等。元豐八年，哲宗立，召爲秘書省校書郎，編修《神宗實録》，遷著作佐郎。紹聖時，新黨用事，黄庭堅以修《神宗實録》不實，遭到貶謫。徽宗即位，受命内遷，又爲趙挺之不容，後死於貶所。

黄庭堅一生矢志在詩詞上"獨辟門户"，寫詩刻意追新，講究字有來處，翻故出奇，"寧律不諧，而不使句弱，用字不工，不使語俗"，詩句多用冷僻典故，給人生硬晦澀之感。但黄庭堅畢竟學識淵深，襟懷廣闊，政治上屢遭迫害，生活上飄泊不定，更使其創作卓然自立成爲一代大家。他存詩一千六百首，内容極爲豐富。南宋建炎二年 (1128)，朱敦儒、李彤、洪炎編成《豫章集》三十卷。

本書第十卷末有桂馥乾隆五十一年（1786）親筆題識，定此書爲"元刊本"，并鈐印"未谷"。第九、十卷首鈐有"桂馥"印。桂馥（1736–1805），字未谷，一字東卉，號雩門，别號蕭然山外史，山東曲阜人，清代杰出學者，著名的文字學家、書法家、篆刻家。

此書是青島市圖書館館藏可考之最早版本，實爲鎮館之瑰寶，彌足珍貴。

（撰稿人：張旭麗）

桂馥

未谷

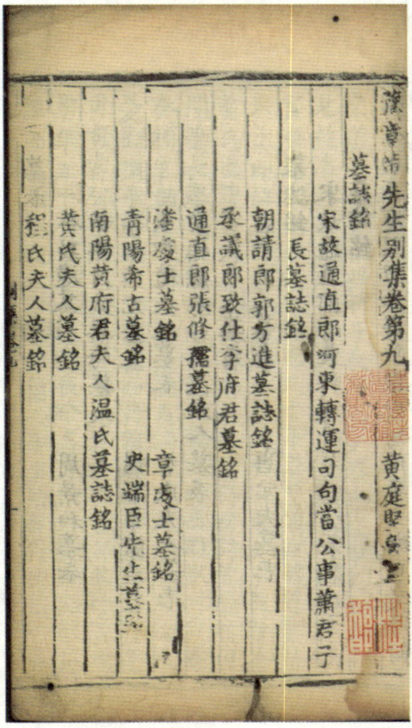

豫章黄先生別集卷第九　黄庭堅

墓誌銘

宋故通直郎河東轉運司句當公事蕭君子長墓誌銘

朝請郎郭方進墓誌銘

承議郎致仕李府君墓銘

通直郎張修儒墓銘

濮處士墓銘

章處士墓銘

青陽希古墓銘

史端臣先生墓誌

南陽黄府君夫人溫氏墓誌銘

黄氏夫人墓銘

程氏夫人墓銘

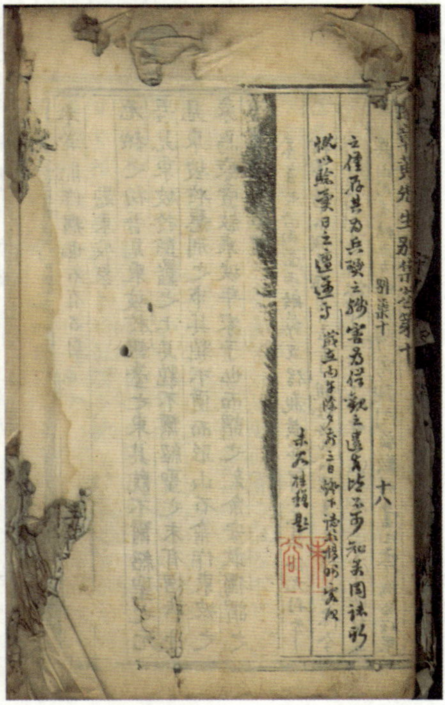

桂馥題識

空同先生集

空同先生集，（明）李夢陽撰，萬曆六年（1578）高文薦刻本。框高十九·二厘米，寬十六·一厘米。每半葉十一行，行二十字，白口，左右雙邊，單黑魚尾，白棉紙精印。《山東省珍貴古籍名録》（第二批）0485號。

存四十六卷：六至十、十六至二十三、二十七至四十六、五十一至六十三。

李夢陽（1473–1530），字獻吉，號空同（又作崆峒）子，甘肅慶陽人。明代中期文學家，復古派“前七子”領袖人物。弘治六年（1493）進士，授户部主事、郎中。以氣節剛直著稱，因屢屢觸怒權要，多次被捕下獄。工詩文，善書法，頗負才名。古文多碑銘、記序、志傳之作。其一生最大成就，即是倡導文學復古運動，“文必秦漢，詩必盛唐”，使天下毋讀唐以後書，抨擊明初以來虚浮的文風，持論甚高，推動了明代中期文壇面貌的改觀。

高文薦，明代成都人。進士，曾任萬曆朝易州兵備道按察使、都察院管事、陝西總督、山西巡撫等職。

卷端題：北郡李夢陽撰。三十六卷之前是“詩”，之後是“文”。第二十三卷末鈐印：“楊叙”、“必先自省”。

我館所藏該書爲李夢陽詩文集，保存品相尚佳，惜不全。查《中國古籍善本總目》集部明别集類第一三八七頁著録，顯示該六十三卷本僅國家圖書館、吉林省圖書館兩家收藏，甚稀見。

（撰稿人：朱桂華）

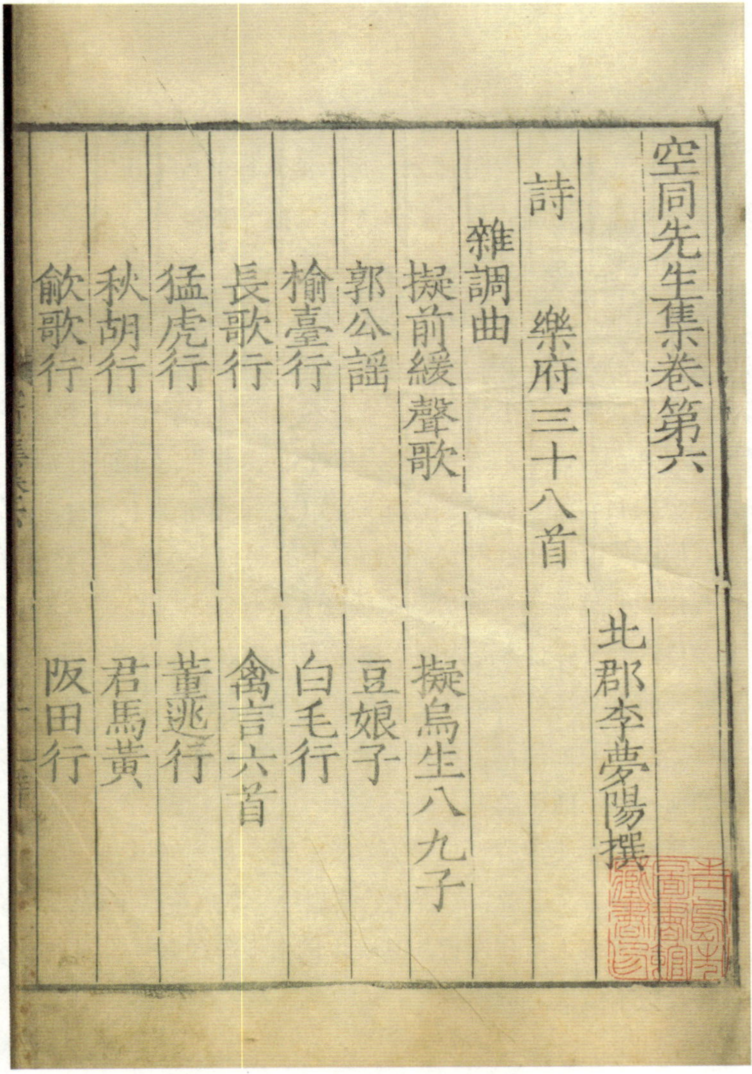
空同先生集卷第六
北郡李夢陽撰
詩　樂府三十八首
雜調曲
擬前緩聲歌　擬烏生八九子
郭公謡　豆娘子
揄臺行　白毛行
長歌行　禽言六首
猛虎行　董逃行
秋胡行　君馬黄
歛歌行　阪田行

小築邇言二十五卷首一卷

小築邇言二十五卷首一卷，（明）徐標撰，明崇禎刻本。框高二十・五厘米，寬十四・五厘米。每半葉八行，行十八字，白口，四周單邊。《山東省珍貴古籍名録》（第二批）0504號。

《明史》卷一百五十四著有徐標其事，曰："徐標，字準明，濟寧人。天啓五年進士。崇禎時，歷官淮徐道參議。十六年二月，超擢右僉都御史，巡撫保定。……福王時，贈標兵部尚書。"清初黄虞稷《千頃堂書目》中，著録《小築邇言》十一卷，徐標，字鶴似，濟寧州人，巡撫保定，兵部侍郎。此二書著録卷數不同，作者字號亦有差異。遍檢各大館藏書目可知，國家圖書館藏有《小築邇言》十六卷，明崇禎刻本，八册；《山東文獻集成》收録《小築邇言》八卷、《徐公經濟》一卷，爲山東省博物館所藏清鈔本。以上數種版本，爲現存《小築邇言》之多見本。又有日本《内閣文庫藏明代稀書》著録有《小築邇言》二十五卷，前有明崇禎二年序，十六册。此本所著録卷數、序言年代，以及册數，均與我館所藏之本相符合。故可推斷爲同一版本。然未見其真身如何，尚不能確論。

我館所藏《小築邇言》二十五卷首一卷，前有董其昌、陳繼儒、莊際昌、吴伯與、文震孟、彭鯤化、蔡毅中、劉廣生、王琨、劉萬春、秦士奇、秦鎬等多人所作序言。其版本珍貴，年代較早，具有重要的歷史資料及版本價值。

（撰稿人：朱妍蕾）

小築邇言卷之一

濟寧徐標準明甫著

詩

五言古風

弊居

弊居西湖上樹樹老槐黃短茅結數椽書史滿

繩牀千峰矗我屋亂泉過我墻石壁縈青蘿松

竹鬱蒼蒼自銘何陋室敢云君子堂高堂既耄

小築邇言　卷一　詩　一

松圓浪淘集十八卷

松圓浪淘集十八卷，（明）程嘉燧撰，明刻本。框高十八·三厘米，寬十三·三厘米。每半葉十行，行十八字，小字雙行同，黑口，左右雙邊。《山東省珍貴古籍名録》（第二批）0506號。

程嘉燧（1565–1644），字孟陽，號松圓，明徽州府休寧人，僑居嘉定。應試無所得，折節讀書。工詩善畫，又通曉音律。錢謙益罷歸，筑耦耕堂，邀嘉燧讀書其中。閲十年返休寧，甲申前一年十二月卒。程嘉燧是明清之際著名詩人、畫家、文學批評家，他與唐時升、婁堅、李流芳并稱“嘉定四先生”。程嘉燧作爲明代徽州布衣詩人的代表，也是明末清初文壇上較爲活躍的詩人之一。在創作上轉益多師，不宗一師，成就了約放自如、通融灑脱的詩歌風格，是晚明文壇引領詩風轉向的關鍵人物。程嘉燧有詩集《松圓浪淘集》十八卷、文集《松圓偈庵集》三卷、《耦耕堂集》詩集三卷文集二卷，輯有《破山興福寺志》四卷。陳寅恪在《柳如是别傳》中稱：“夫松圓之詩固非高品，自不待言。但其别裁明代之僞體，實爲有功。古今文學領域至廣，創作家與批評家各有所長，不必合一。”

《松圓浪淘集》是程嘉燧所有著作中最爲重要的一部詩集，其前有程嘉燧摯友謝三賓、婁堅、唐時升序及孟陽自序。全集共收録程嘉燧青壯年時期的詩作九百四十三首，從中可窺見其生平、行迹以及心靈變奏。

《松圓浪淘集》現存有湖北省圖書館藏明崇禎刻本，《續修四庫全書》即據此影印。我館所藏大抵亦是明崇禎刻本，鈐有“菊君暂有”，版刻年代較早，具有重要的歷史資料和版本價值。

（撰稿人：朱妍蕾）

菊君暫有

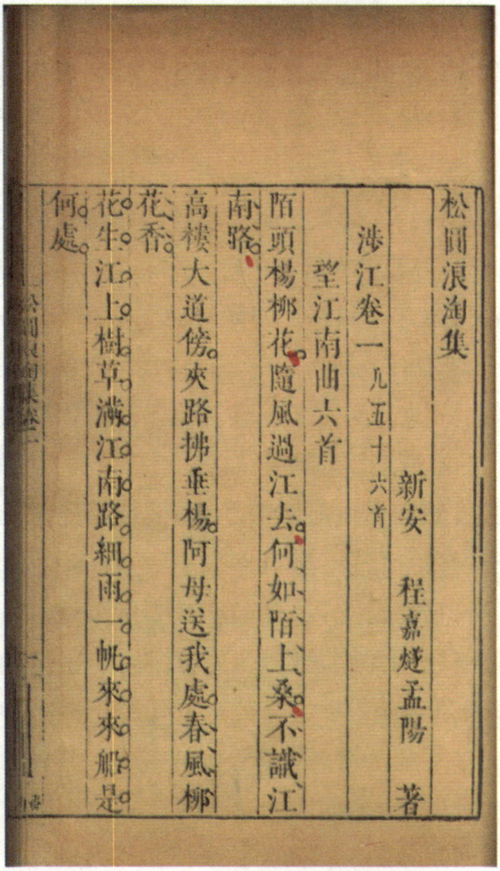

松圓浪淘集

新安　程嘉燧孟陽　著

涉江卷一 凡五十六首

望江南曲六首

陌頭楊柳花隨風過江去何如陌上桑不識江
南路

高樓大道傍夾路拂垂楊阿母送我處春風柳
花香

花生江上樹草滿江南路細雨一帆來來船是
何處

古文苑二十一卷

古文苑二十一卷，（宋）章樵注，明萬曆二十一年（1593）張象賢刻本。框高二十·三厘米，寬十三·五厘米。每半葉八行，行十八字，小字雙行同，白口，左右雙邊。《山東省珍貴古籍名録》（第二批）0524 號，《中國古籍善本書目》集部 16886 號。

章樵（？ –1235），字升道，號峒麓。章槱弟，宋臨安昌化人。寧宗嘉定元年進士。歷山陽教授、吴縣令、常州通判。習知海徼事，嘗上書宰相，力陳李全必叛。官終知處州。有《章氏家訓》、《補注春秋繁露》等。

《古文苑》爲古詩文總集，編者不詳。相傳爲唐人舊藏本，北宋孫洙（1032–1080）得於佛寺經龕中。所録詩文，均爲史傳與《文選》所不載。南宋淳熙六年（1179）韓元吉加以整理，分爲九卷。紹定五年 (1232), 章樵又加增訂，并爲注釋，録周代至南朝齊代詩文二百六十餘篇，分爲二十類，重分爲二十一卷。他根據漢晋間文史册之所遺和唐宋類書所引，在補遺勘誤、訓釋音義、增補資料方面做了不少工作。雖編録未爲精核，然而唐以前散佚之文，間或賴此書流傳。現行刻本分兩個系統，宋淳熙本九卷，有清嘉慶十四年 (1809) 孫氏仿刻本等。章樵本二十一卷，有明成化十八年 (1482) 張世用刻本等。

《四庫全書總目》該書提要評價此書曰："樵序稱有首尾殘闕者，姑從舊編。復取史册所遺，以補其數，釐爲二十卷。又有雜賦十四首、頌三首，以其文多不全，别爲一卷，附於書末，共爲二十一卷，則已非經龕之舊本矣。中間王融二詩，題爲謝朓，蓋因附見朓集而誤。又《文木賦》出《西京雜記》，乃吴鈞所爲，見段成式《酉陽雜俎》，亦不能辨别，則編録未爲精核。至《柏梁》一詩，顧炎武《日知録》據所注姓名，駁其依托。錢曾《讀書敏求記》則謂舊本但稱官位，自樵增注，妄以其人實之，因啓後人之疑。又如宋玉《釣賦》，‘蜎淵’誤作‘玄洲’；《曹夫人書》，‘官綿’誤作‘官錦’，皆傳寫之訛，而注復詳爲之解，王應麟《困學紀聞》亦辨之，則注釋亦不能無失。”

清代孫星衍又輯金石、傳記、地志和類書中的遺文，自周迄元，編爲二十卷，名《續古文苑》。引文均注出處，輯佚有校訂，并有案語疏通隱奥。有嘉慶十二年 (1807) 原刻本。

此本鈐有“琅邪王瑋慶薖唐藏書”，可知曾爲琅邪王瑋慶所珍藏。王瑋慶（1778–1833），字襲玉，號薖唐，諸城人，官至禮、户、刑三部待郎，有《薖塘文集》四卷、《薖艅詩話》四卷等著述。

（撰稿人：黄麗群）

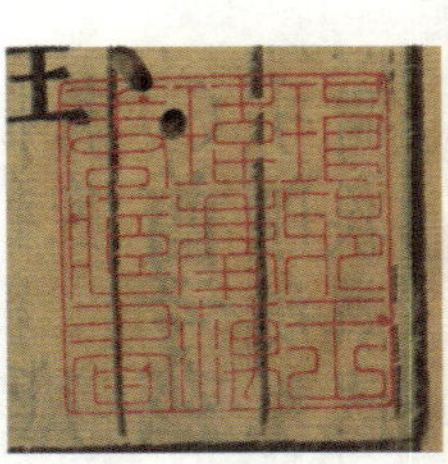

琅邪王瑋慶薖唐藏書

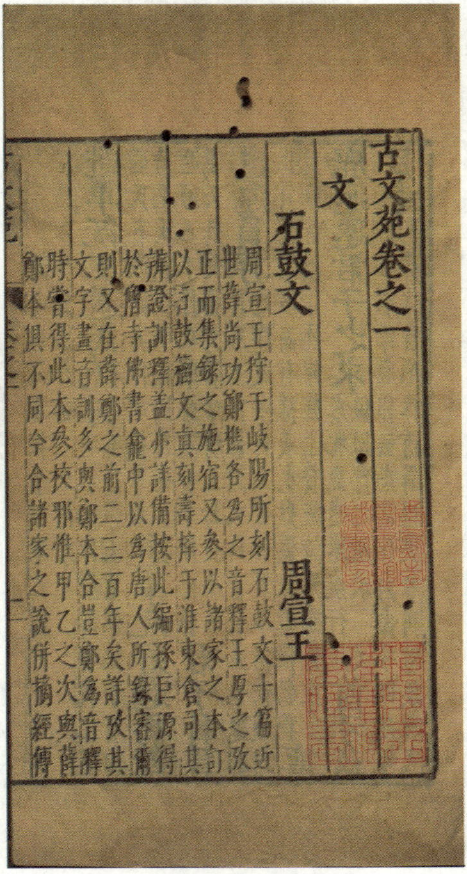

古文苑卷之一
文
石鼓文　周宣王
周宣王狩于岐陽所刻石鼓文十篇近世薛尚功鄭樵各爲之音釋王厚之攷正而集録之施宿又參以諸家之本訂以石鼓籀文眞刻壽梓于淮東倉司其辨證訓釋蓋亦詳備按此編孫巨源得於僧寺佛書龕中以爲唐人所録審爾則又在薛鄭之前二三百年矣詳攷其文字畫音訓多與鄭本合豈鄭爲音釋時嘗得此本參校邪惟甲乙之次與薛鄭本俱不同今合諸家之説併摘經傳

樂府詩集一百卷目録二卷

樂府詩集一百卷目録二卷，（宋）郭茂倩輯，（明）毛晋訂正，明末毛氏汲古閣刻本。框高十九·二厘米，寬十四厘米。每半葉十一行，行二十一字，白口，左右雙邊，單黑魚尾。《山東省珍貴古籍名録》（第二批）0529號。

郭茂倩，字德粲，鄆州須城（今山東東平）人。北宋神宗時爲河南府法曹參軍。所編《樂府詩集》，解題考據精博，傳世至今深受學術界重視。

《四庫全書總目》記述："《建炎以來繫年要録》載茂倩爲侍讀學士郭裒之孫，源中之子，其仕履未詳。"《樂府詩集》署爲太原郭茂倩，是指其郡望，其他生平事迹不詳。《樂府詩集》一書使其聲名千古不朽。

樂府是繼《詩經》、《楚辭》之後，文學史上出現的一種能産配樂歌唱的新詩體，是中華民族優秀文化遺産的有機組成部分。

該書卷帙浩繁、搜録宏富，分十二類著録，是收集漢迄五代樂府最爲完備的一部詩集。包括郊廟歌辭十二卷、燕射歌辭三卷、鼓吹曲辭五卷、横吹曲辭五卷、相和歌辭十八卷、清商曲辭八卷、舞曲歌辭五卷、琴曲歌辭四卷、雜曲歌辭十八卷、近代曲辭四卷、雜歌謡辭七卷、新樂府辭十一卷。不僅收録郊廟之類的貴族樂歌，還大量收録民間歌辭，如南北朝的樂府民歌就是靠了《樂府詩集》而得以流傳至今。《四庫全書總目》述其"征引浩博，援據精審"。每一曲調前都有解題，以闡明該曲調之來龍去脉，後世考樂府者常據以爲憑。因此《樂府詩集》確是研究樂府詩的淵藪，是詩歌發展史上的一份珍貴遺産。

鈐有"岑仲陶藏書印"、"儀征吴氏熙載藏書印"、"植之所誦"印，表明此本曾爲岑鎔、吴熙載等人收藏。岑鎔，清道光、咸豐年間人，字仲陶、中陶、銅士，號仲子、印叟，其齋堂爲“石壽齋”、“懼盈齋”、“晋唐鏡館”等，江蘇江都縣人，收藏金石頗豐，有“商周吉金之館”雅稱。吴熙載（1799–1870），原名廷飏，字熙載，後以字行，改字讓之、攘之，號讓翁、晚學居士、方林丈人，江蘇儀征人，清代著名篆刻家、書法家。

書名頁題：宋本勘定 郭茂倩樂府解題 汲古閣藏板。版心鐫“汲古閣”、“毛氏正本”。首有至元六年李孝光序，末有毛晋跋。汲古阁所刊紙墨考究，世称“毛刻本”，为明版書之精品。

（撰稿人：朱桂華）

岑仲陶藏書印

儀征吴氏熙載藏書印

植之所誦

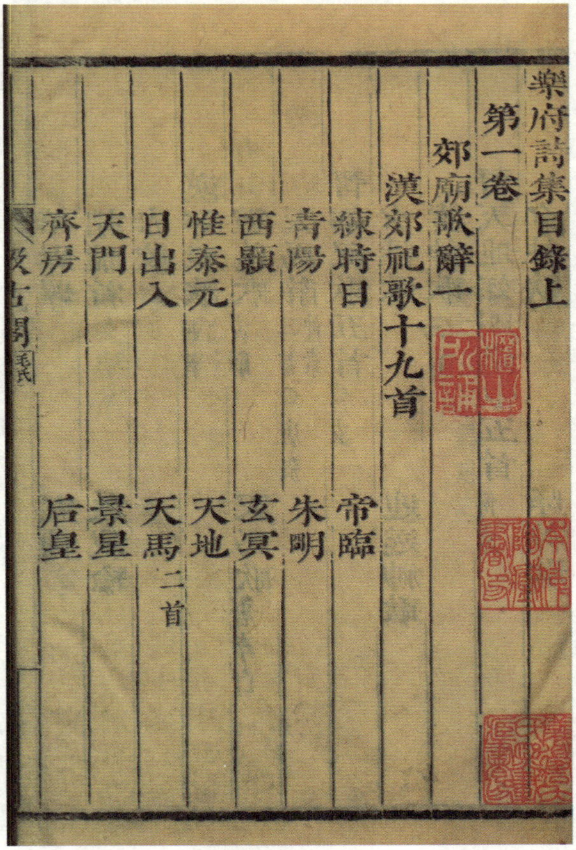

樂府詩集目錄上

第一卷

郊廟歌辭一

漢郊祀歌十九首

練時日　帝臨

青陽　朱明

西顥　玄冥

惟泰元　天地

日出入　天馬二首

天門　景星

齊房　后皇

汲古閣　毛氏

古詩歸十五卷

古詩歸十五卷，（明）鍾惺、譚元春輯，明萬曆四十五年（1617）刻本。框高二十・六厘米，寬十四・二厘米。每半葉九行，行十八字，白口，四周單邊。《山東省珍貴古籍名録》（第二批）0539 號，《中國古籍善本書目》集部 17157 號。

鍾惺（1574–1624），字伯敬，號退谷，竟陵（今湖北天門）人。萬曆進士，累官至福建提學僉事。其著作有讀史筆記《史懷》二十卷。善爲詩，與同邑譚元春繼“公安派”袁氏兄弟後，主持文壇，反對“公安派”之“俚俗”，主張詩以幽深孤峭爲鵠。輯有《古詩歸》、《唐詩歸》，風行一時，稱“竟陵派”，或稱“竟陵體”。有《隱秀軒集》、《毛詩解》、《鍾評左傳》等。

譚元春（1586–1637），字友夏，竟陵（今湖北天門）人。天啓举人。與鍾惺評選唐詩，成《唐詩歸》；又評選隋以前詩，成《古詩歸》。亦屬“竟陵派”，有《岳歸堂稿》、《鵠灣集》、《譚友夏合集》等。

在明代古詩選本中，鍾惺、譚元春的《古詩歸》佔據着重要地位，鍾惺、譚元春二人通過序跋、總評、批語、圈點等行式的組合，反映了自己的文學批評思想，形成了具有中國傳統文學特色、独特的古典詩歌批評模式。該書對古詩的選評標準對後世的詩選作品産生了重要的影響。清代學者朱彝尊就曾説：“《詩歸》既出，紙貴一時。”體現出了這部書的重要學術價值。

另外，此書的印刷形式也極具藝術性。明代萬曆、天啓年間，湖州望族閔氏、凌氏兩家刊印了許多書，流布極廣，世稱閔刻本、凌刻本。閔刻本、凌刻本中最著名的是套（版）印（刷）本。閔齊伋更是首創了套版分色印刷技法，他們套版印刷的書籍，以朱墨兩色套印的爲多。這部《古詩歸》爲明萬曆閔氏所刻的朱墨藍三色套印本，印紙潔白如玉，色彩斑斕，展卷生輝，具有很高的藝術價值和版本價值。

此本正文前有明萬曆四十五年鍾惺撰《詩歸序》，云：“……書成，自古逸至隋，凡十五卷，曰《古詩歸》。初唐五卷，盛唐十九卷，中唐八卷，晚唐四卷，凡三十六卷，曰《唐詩歸》。取而覆之，見古人詩久傳者，反若今人新作詩。見已所評古人語，如看他人語。……”言其成書事。另有明萬曆四十五年譚元春撰《詩歸序》及明吴德輿撰《詩歸叙》。鍾惺、譚元春序从不同角度説明了《古詩歸》的編選宗旨和標準，有利於对整本書的閲讀。

（撰稿人：黄麗群）

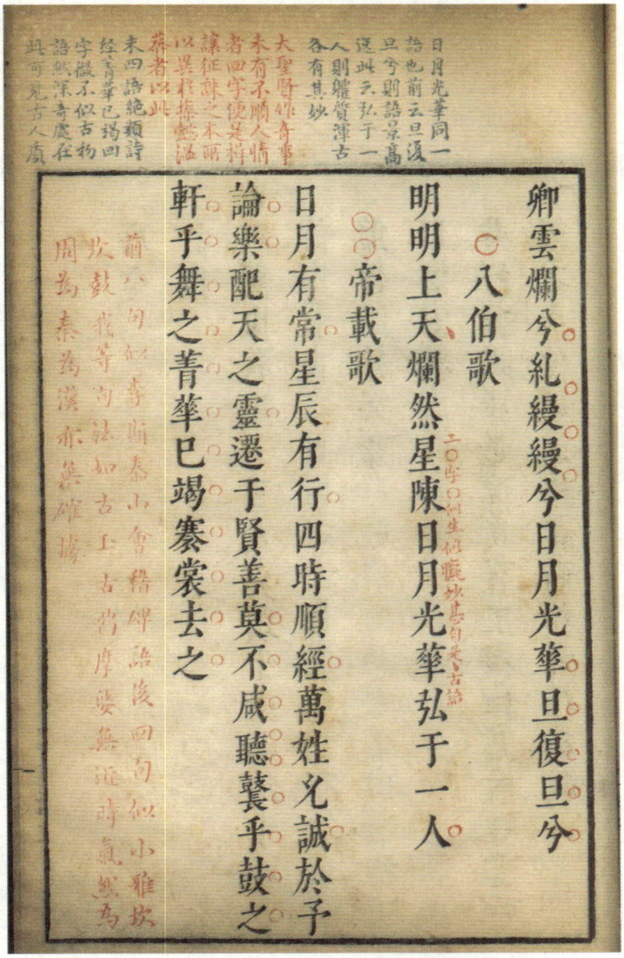
日月光華同一語也前云旦復旦兮則語景高遠此云弘于一人則體質渾古各有其妙

卿雲爛兮糺縵縵兮日月光華旦復旦兮

八伯歌

明明上天爛然星陳日月光華弘于一人

帝載歌

日月有常星辰有行四時順經萬姓允誠於予論樂配天之靈遷于賢善莫不咸聽鼚乎鼓之軒乎舞之菁華已竭褰裳去之

文苑春秋四十三卷

文苑春秋四十三卷，（明）崔銑輯，明嘉靖十七年（1538）刻本。框高十六·二厘米，寬十四·八厘米。每半葉十行，行二十字，白口，左右雙邊。《山東省珍貴古籍名録》（第二批）0548 號。

崔銑（1478–1541），字子鍾，明河南安陽人，一字仲鳧。崔升子。弘治十八年進士。正德時，歷官翰林侍讀，引疾歸。作後渠書屋，讀書耕學其中，斥王守仁“良知”説爲霸儒。學者稱後渠先生。嘉靖初，擢南京國子監祭酒，官至南京禮部右侍郎。卒謚文敏。有《讀易餘言》、《彰德府志》、《洹詞》、《晦庵文鈔》、《文苑春秋》等。

《文苑春秋後序》云：“爰閲秦漢隋唐五季宋元之文，采録四卷，滿百篇，名曰《文苑春秋》。帝王授受之統，國勢離合之實，制度沿革之詳，治化淳漓之殊，人才用舍之故，君父臣子大綱大法，善善惡惡了然如指諸掌，而後世君子有感於斯，以善自勉，以惡自懲，不亦大有補於世教哉！”《四庫全書總目》該書提要稱：“是集所録，起漢高帝《入關告諭》。迄明太祖《諭中原檄》，凡一百篇。各仿《毛詩小序》之體，篇首綴以數言，而别無詮釋。大旨謂非關世教人心者不録，故名曰《春秋》。亦《文章正宗》之屋下屋也。”由此後序和提要可知，《文苑春秋》始編於明嘉靖三年，此後修訂補充，於嘉靖十六年成書，嘉靖十七年付梓。在《文苑春秋》最後有云：“嘉靖丁酉春予讀《通鑒》……夏予大病，秋半書畢。王子及郡推丁子汝諧謀梓，已王子以憂西歸，丁子以政上都。明年戊戌春，丁子還……教諭調音訓導芳朝元從予授經。故命校閲。春三月甲午梓人告成。”

我館所藏《文苑春秋》，鈐有：“雪齋”、“雪齋家藏”藏書印。其第三至五頁及第十四頁係鈔配而成，此版本爲明嘉靖十七年（1538）刻本，即初刻本，版本珍貴，年代較早，具有重要的歷史資料和版本價值。

（撰稿人：朱妍蕾）

雪齋家藏

雪齋

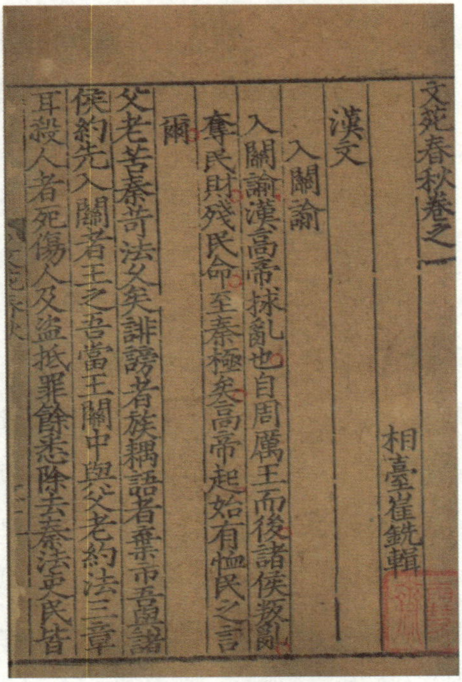

文苑春秋卷之一

相臺崔銑輯

漢文

入關諭

入關諭漢高帝撥亂也自周厲王而後諸侯務亂奪民財殘民命至秦極矣高帝起始有恤民之言爾

父老苦秦苛法久矣誹謗者族耦語者棄市吾與諸侯約先入關者王之吾當王關中與父老約法三章耳殺人者死傷人及盜抵罪餘悉除去秦法吏民皆

金聲玉振集二十種二十二卷

金聲玉振集二十種二十二卷，（明）袁褧編，明嘉靖二十九年至三十年（1550–1551）袁氏嘉趣堂刻本。匯編叢書。框高十七·二厘米，寬十二·五厘米。每半葉十行，行十八字，白口，左右雙邊，單黑魚尾。《山東省珍貴古籍名録》（第二批）0603號。

袁褧字尚之，自號謝湖居士，江蘇吴縣人。博學工詩文，擅書畫，與兄、弟及從弟五人，時稱“袁氏六俊”。室名有“嘉趣堂”、“采碧亭”、“玉韵齋”等。藏印爲“研北閒情高山流水”、“吴郡袁褧曾觀”等。著有《田舍集》、《奉天刑賞録》、《游都三稿》等；編有《金聲玉振集》；并輯刻有大量古文獻，经、史、子、集皆備，如《六臣本文選》、《世説新語》、《四十家小説》等。《列朝詩集小傳》載：“褧藏宋刻書裝潢讎勘并稱善本”，可見其藏書極富且精。袁褧既是大藏書家，又是出版家，用“嘉趣堂”之名刊印了大量文獻精品，其中最有名的是《六臣本文選》，他也因此而進入明代一流私人刻書家的行列，其影響之大，地位之重，僅有毛晋能與之比肩。

《孟子·萬章下》評價“孔子之謂集大成。集大成者，金聲而玉振之也。金聲也者，始條理也；玉振之也者，終條理也”。“金聲”、“玉振”表示奏樂的全過程，以擊鐘（金聲）開始，以擊磬（玉振）告終。比喻人的知識淵博，才學精到，以象征孔子思想集古聖先賢之大成，贊頌孔子對文化的巨大貢獻。

該書版式疏朗，結字穩重，鈐有：“匡山珍藏”印。

檢索《中國古籍善本總目》第一九三九頁叢部匯編叢書僅收録有《金聲玉振集》一種，與本館藏本進行比對，發現二者行款有差異，我館所藏本字數爲十行十八字，《總目》收録本爲十行二十字，其餘著録項皆相同。

（撰稿人：朱桂華）

匡山珍藏

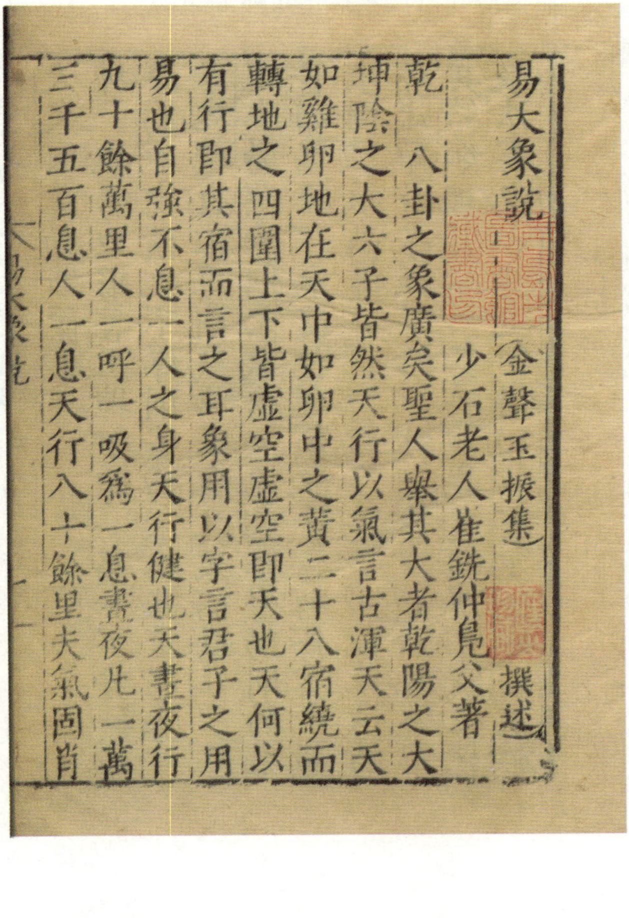

易大象說（金聲玉振集）

少石老人崔銑仲鳬父著 撰述

乾 八卦之象廣矣聖人舉其大者乾陽之大
坤陰之大六子皆然天行以氣言古渾天云天
如雞卵地在天中如卵中之黄二十八宿繞而
轉地之四圍上下皆虚空虚空即天也天何以
有行即其宿而言之耳象用以字言君子之用
易也自強不息一人之身天行健也天晝夜行
九十餘萬里人一呼一吸爲一息晝夜凡一萬
三千五百息人一息天行八十餘里夫氣固肖

易大象說

研經堂周易顯指四卷

研經堂周易顯指四卷，（清）單鐸撰，清乾隆刻本。框高十八·三厘米，寬十二·七厘米。每半葉八行，行二十字，小字雙行同，白口，四周雙邊。《山東省珍貴古籍名録》（第二批）0657號。

周易是一部内涵精深、影響廣泛、流傳久遠的典籍，有“群經之首”和“大道之源”之稱。數千年來，古人對周易做出過各種各樣的闡述，從而形成和發展爲一項專門的學問，稱爲易學。《研經堂周易顯指》即爲闡發周易而作，可歸入經部易類。該書前有清沈廷芳所撰《周易顯指》序，鈐有“静遠堂”、“臣垚”印章，卷末有膠州張鏡芙手記。張鏡芙，亦稱張錚夫，又名鑒祥，山東著名藏書家，清末生於青島膠南。張鏡芙藏書以目録學著作爲主，因而稱“千目廬”，另專門收藏明清兩代山東人著作。解放後，其收藏的綫裝古籍達兩千餘種，共計六千餘册。其所藏山東人著作，大多捐獻給我館。張鏡芙藏書上多有題跋，有較高的學術價值，做到了“辨章學術，考鏡源流”。《山東文獻集成》收録有《研經堂周易顯指》，爲山東大學圖書館所藏，同爲清乾隆刻本。又孫殿起《販書偶記》中亦著録《周易顯指》四卷，高密單鐸撰，乾隆庚午刊。《販書偶記》所録均爲清代著作，故可知該書作者單鐸爲山東高密人，其刊刻確切年代爲清乾隆十五年（1750），此處作者籍貫，亦可與張鏡芙多收藏明清兩代山東人著作相印證。

我館所藏《研經堂周易顯指》，因其有張鏡芙手記，傳承有序，具有較高的歷史資料和古籍文獻價值。

（撰稿人：朱妍蕾）

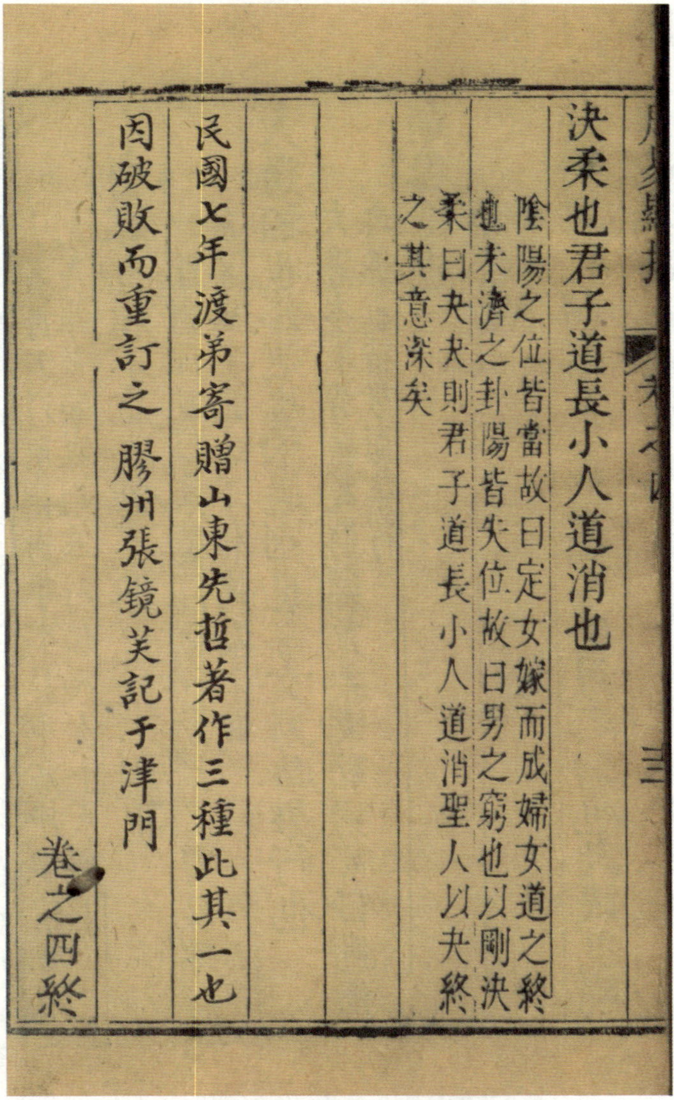

決柔也君子道長小人道消也
陰陽之位皆當故曰定女嫁而成婦女道之終也未濟之卦陽皆失位故曰男之窮也以剛決柔曰夬夬則君子道長小人道消聖人以夬終之其意深矣

民國七年渡弟寄贈山東先哲著作三種此其一也
因破敗而重訂之　膠州張鏡芙記于津門

卷之四終

張鏡芙題識

尚書通義十卷

尚書通義十卷，（清）張爾崇撰，（清）于湜參訂，清鈔本。框高二十・四厘米，寬十四・八厘米。每半葉九行，行二十一字，白口，四周單邊。《山東省珍貴古籍名録》（第二批）0665號。

張爾崇，山東濟陽人，張爾岐之弟。史傳無詳考。據其兄張爾岐生卒推斷，當爲清前中期間人。

《尚書》作爲六經之一，對於儒學的發展演變有着重要作用，它作爲儒家“治世之書，帝王之大經”，受到歷代學者的重視，不斷爲其詁、訓、傳、説、注疏，形成解經的系列著述。清代《尚書》學達到中國古代《尚書》學的高峰。具體來講，清初《尚書》學是在程朱理學的思想指導下反思宋明《尚書》學。清中期《尚書》學以乾嘉時期爲代表，《尚書》古文學派占主導地位，在辨孔傳古文《尚書》爲僞書的同時，探尋二十八篇真古文《尚書》的意藴，不僅致力於明確真古文《尚書》的淵源和内容，而且孜孜以求欲通過注解古書闡明古義。清代《尚書》學成就是建立在以前歷代《尚書》學研究成果總結的基礎上取得的，在《尚書》學史上，清代具有豐富多彩、富有總結性的特質。無論在研究的廣度和深度上，還是研究的思想和方法上，清代《尚書》學都是以前各朝無法比擬的。張爾崇的《尚書通義》即爲清代《尚書》學研究著作中的一種。

我館所藏《尚書通義》十卷爲清鈔本，白棉紙，黑格，前有清乾隆六年十二月朔日魯宗賢識語及清康熙甲寅清明後四日于湜序。鈐有“玉函山房藏書”印章。據以上信息可知，此版本爲該書較早期版本，具有較高的歷史文獻和古籍資料價值。

（撰稿人：朱妍蕾）

玉函山房藏書

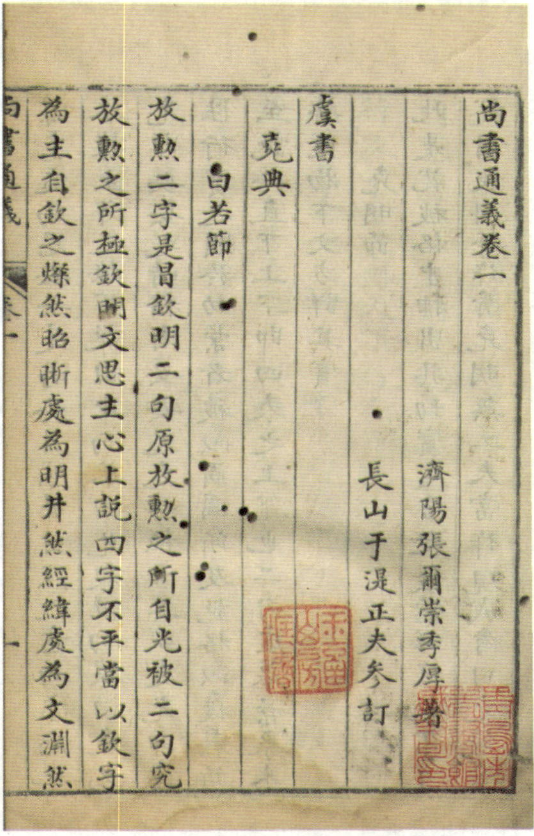

尚書通義卷一

濟陽張爾崇季厚著

長山于湜正夫參訂

虞書

堯典

曰若節

放勳二字是冒欽明二句原放勳之所自光被二句究放勳之所極欽明文思主心上說四字不平當以欽字為主自欽之爍然昭晰處為明井然經緯處為文淵然

尚書通義　卷一

周禮注疏刪翼三十卷

周禮注疏刪翼三十卷，（明）王志長輯，清乾隆五十七年（1792）金閶書業堂刻本。框高十九·一厘米，寬十四厘米。每半葉八行，行十九字，白口，左右雙邊。《山東省珍貴古籍名録》（第二批）0694號。

王志長，字平仲，明蘇州府昆山人。王志堅弟。崇禎間舉人。讀書好古，貫通經學，尤深於三禮。著有《周禮注疏刪翼》。《明史》有其兄王志堅傳，王志長傳附於其後，稱“弟志長，字平仲，舉於鄉，亦深於經學”。《明史·藝文志》亦著録有“王志長《周禮注疏刪翼》三十卷”。《周禮》，又名《周官》、《周禮經》。全書分《天官》、《地官》、《春官》、《夏官》、《秋官》、《考工記》六部，設各司之官三百七十餘個職官，并詳列其職掌細目。《周禮》涉及範圍廣泛，對後世影響深遠。自劉歆校理秘書後，《周禮》之傳授未有間斷，注家蜂起。《四庫全書》收録有《周禮注疏刪翼》三十卷，爲直隸總督采進本。

《四庫全書總目》該書提要稱：“是書於鄭《注》、賈《疏》多刊削其繁文，故謂之刪。又雜引諸家之説以發明其義，故謂之‘翼’”。“志長此書，亦多采宋以後説，浮文妨要，蓋所不免。而能以《注》、《疏》爲根柢，尚變而不離其宗。且自朱申以後，苟趨簡易，以《叙官》爲無用而‘刪’之，《經》遂有目無綱。俞庭椿、邱葵以後，又多騁臆見，竄亂五官，以補《冬官》之亡，《經》遂更無完簡。沿及明代，遂逐頹波，破碎支離，益非其舊。志長能恪遵古本，亦爲力遏横流。在經學荒蕪之日，臨深爲高，亦可謂研心古義者矣”。可見，四庫館臣對該書較爲認可，評價公允。《周禮注疏刪翼》三十卷有多種版本傳世，清代莫友芝《郘亭知見傳本書目》中著録有明崇禎刊本。

我館所藏之本爲清乾隆間刻本，亦爲較早刊本，印製精良，保存完好，具有較高的歷史資料和古籍版本價值。

（撰稿人：朱妍蕾）

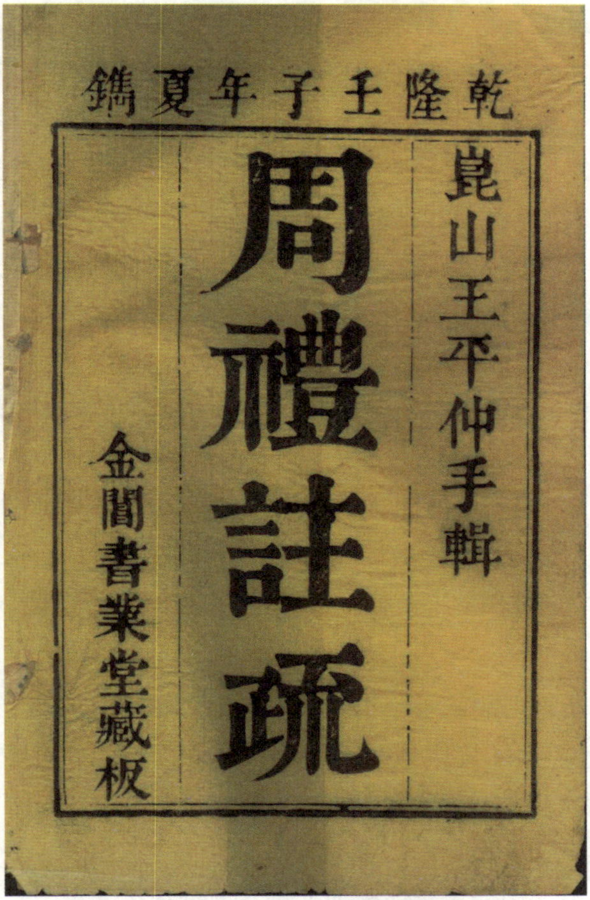

司馬氏書儀十卷

司馬氏書儀十卷，（北宋）司馬光撰，清雍正元年（1723）汪亮采影宋刻本。框高十八・九厘米，寬十三・三厘米。每半葉十一行，行十九字，小字雙行二十四字，白口，左右雙邊，單黑魚尾。《山東省珍貴古籍名録》（第二批）0717號。

司馬光（1019–1086），字君實，號迂叟，世稱涑水先生。陝州夏縣（今山西夏縣）涑水鄉人，北宋史學家、文學家。歷仕仁宗、英宗、神宗、哲宗四朝，卒贈太師、温國公，謚文正，爲人温良謙恭、剛正不阿。宋仁宗時中進士，英宗時進龍圖閣直學士。宋神宗時，反對王安石施行變法。王安石變法以後，司馬光離開朝廷十五年，主持編纂了中國歷史上第一部編年體通史《資治通鑒》。學識淵博，史學之外，音樂、律曆、天文、術數無所不通，但不喜釋老之學。生平著作甚多，主要著作還有《温國文正司馬公文集》、《稽古録》、《涑水記聞》、《潛虚》等。

此書在正文前記載了雍正元年（1723）汪亮的刻書序，言其刻書事："……知宋儒所稱四家禮、三家禮者，首數司馬氏，特以未覩書禮卷帙爲恨，旋購鈔本藏之家塾覺度數精詳理道貫通，與家禮并置几案，如雙環如兩劍，溯其同而異若分道揚鑣，會其異而同亦猶先河後海。因命校正開雕但俾廣其傳庶後之學禮者，有以知司馬氏之扵朱子之禮，并以知司馬氏之扵程張吕諸家之禮，則不無小補云。"

清政權建立之後，面對自身相對落後的民族傳統與漢族先進的封建文化的矛盾，統治者最終選擇了正統儒學，特别是程朱理學作爲清朝的官方哲學和統治思想，提倡儒家的忠孝禮儀以維護其統治。司馬光做事用功刻苦、勤奮、學識淵博、忠君愛國的人格特質，堪稱儒學教化下的典範，歷來受人景仰，刻書序中也無不表達了作者對其學識成就的敬仰之情。是書刻於清雍正元年（1723），時逢“康乾盛世”，社會經濟逐步恢復，政權穩定，使清政權有條件倡導儒學，而“崇儒重道”的基本文化國策完成和統治思想的確立，爲康乾盛世奠定了深厚的思想文化根基。

此本爲汪亮仿宋本，書中有“研香書屋藏板”，卷後附汪祁跋，并注“湖城甘棠橋潘大有刊”。全書摹刻甚精，筆書剛勁，字體纖細秀雅，相當優美，後人常常撤去扉面，以汪本充宋本，可見此書對後世的影響頗深。

（撰稿人：牛　泉）

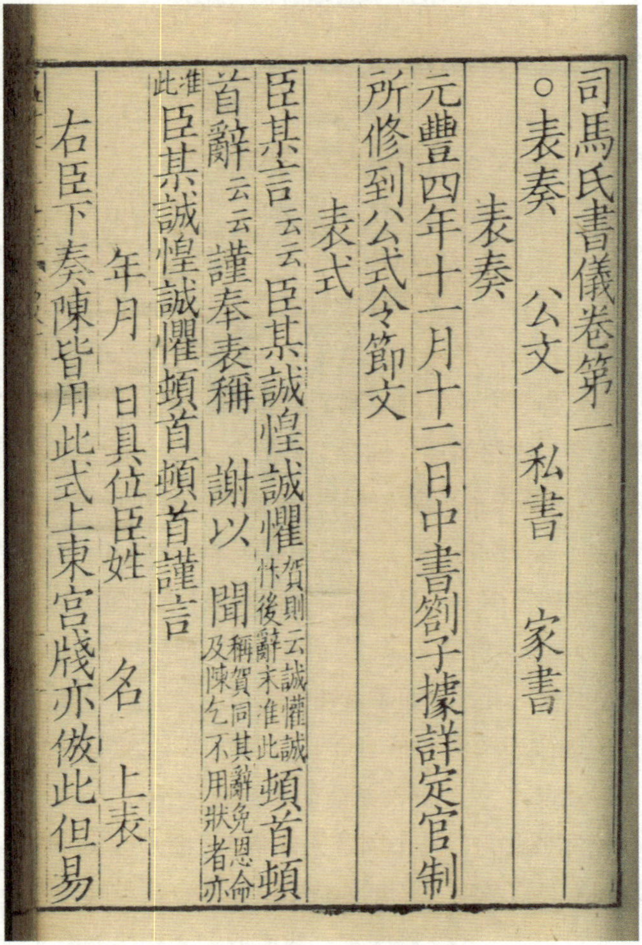
司馬氏書儀卷第一
○表奏　公文　私書　家書
表奏
元豐四年十一月十二日中書劄子據詳定官制
所修到公式令節文
表式
臣某言云云臣某誠惶誠懼（賀則云誠懽誠忭後辭末准此）頓首頓
首辭云云謹奉表稱 謝以 聞（稱賀同其辭免恩命及陳乞不用狀者亦
准此）臣某誠惶誠懼頓首頓首謹言
年月 日具位臣姓 名 上表
右臣下奏陳皆用此式上東宮牋亦倣此但易

樂律表微八卷

樂律表微八卷，（清）胡彦昇撰，清乾隆二十七年（1762）耆學齋刻本。框高十九·八厘米，寬十四·三厘米，每半葉十行，行二十四字，小字雙行二十四字，白口，四周單邊，單黑魚尾。《山東省珍貴古籍名録》（第二批）0725號。

胡彦昇（生卒年不詳），字國賢，又字竹軒，浙江省湖州府德清縣人，胡渭之子。清朝音樂家、經學家。雍正八年進士，授刑部主事，改山東定陶縣知縣。著《春秋説》、《四書近是》、《叢書録要》。又於樂律尤有心得，著《樂律表微》八卷。

胡彦昇對音樂音律特別有心得，主張"琴律與笛律不殊，琴有緩急，不如笛便。馬融以京房所加孔爲商聲，荀勖以第一孔爲黄鐘，宫後出孔爲太蔟商。蓋自漢至晋，舊法如此。宋人以體中翕聲爲黄鐘，是以姑洗爲黄鐘也，以俗樂之合字屬黄鐘，是以下征爲正宫也"。

對於胡彦昇學術地位的認識，《清史稿·樂志》認爲："當是時，清興百餘年矣，古學萌芽，儒者毛奇齡、李塨、胡彦昇、江永輩多著書言樂事，考證益邃密。"梁啓超在《中國近三百年學術史》中認爲："清初尚有胡彦昇著《樂律表微》，凌次仲謂其祇知唱昆山調及推崇朱子。"丘瓊蓀在《燕樂探微》一書中對《樂律表微》的評價非常高，如："竹軒此書，所涉至廣，所言亦深，文字甚冲淡，而説理甚精粹，片詞隻句，有讀破萬卷而後得者，然而讀者往往忽視之，這是不知甘苦之故。"

關於《樂律表微》的成書年代，據胡彦昇在《例》中所提"乾隆乙亥（1755年）歲季夏，德清胡彦昇述於清溪害院"可知，至晚1755年胡已完成此書。《中國音樂書譜志》提供了四個版本：清乾隆間曹學齋刊本、清乾隆二十年（1755）刊本、清乾隆十八年（1753）沈孟堅刊本、四庫全書文溯閣本，我館所藏《樂律表微》前有乾隆壬午（1762）沈孟堅序，可見此書成書時間爲乾隆壬午（1762）。

《四庫全書總目》對胡彦昇《樂律表微》的評價是："是書凡《度律》二卷、《審音》二卷、《制調》二卷、《考器》二卷，多糾正古人之謬。如謂‘十二律相生終於仲吕。其復生黄鐘之清聲，以爲仲吕之徵、夷則之角者，《淮南》所謂變宫生徵、變徵生商、變商生羽、變羽生角、變角生宫也。其音由五音之變生，非由仲吕之數生。若欲由仲吕還生黄鐘，則其數有所不足。五音相生窮於角。其又生變宫，遞相生以至仲吕之爲角者，《淮南》所謂角生姑洗、姑洗生應鐘、應鐘生獲賓而七音備也。其音由律生，非由角之數生。若欲由角更生變宫，再生變徵，則其數有所不盡。故十二律相生不計餘數，五音相生不計變音’其論甚正。……在近代講樂諸家，猶爲有所心得者也。……彦昇又謂荀勗十二笛是古人遺法。今但作黄鐘、大吕二笛，而十二畢具。……較古人之云六十調及八十四調者亦爲簡易可從。"

是書刻於乾隆壬午（1762），耆學齋藏板，有乾隆癸未戚振鷺序，乾隆壬午沈孟堅序；鈐有："鼎記書業發兑"、"謙受益"。

（撰稿人：牛　泉）

鼎記書業發兑

謙受益

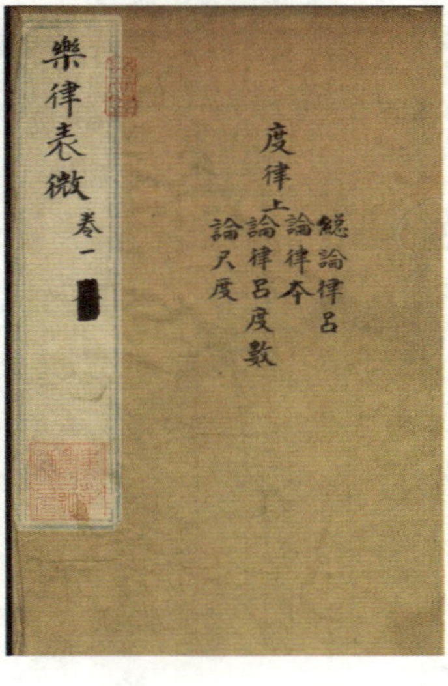

春秋大事表五十卷輿圖一卷附録一卷

春秋大事表五十卷輿圖一卷附録一卷，（清）顧棟高輯，清乾隆十二年（1747）萬卷樓刻本。框高二十一・七厘米，寬十六厘米，每半葉十一行，行二十五字，白口，四周單邊，無魚尾。《山東省珍貴古籍名録》（第二批）0741 號。

顧棟高（1679–1759），字復初，一字震滄，又自號左佘，江蘇無錫人。融宋、元、明各朝諸儒學談而一，一生鑽研經學，尤精於《春秋》，晝夜探討。以其窮經之功，名著一時。高宗南巡，召見行在，加祭酒銜，賜御書“傳經耆碩”四字。著《毛詩類釋》二十一卷，《續編》三卷，采録舊説，發明經義，頗爲謹嚴。但其《尚書質疑》，不載經文，不訓釋經義，衹列舉疑義，多據臆斷，不足以言心得。論學則合宋、元、明門徑而爲一，多爲“調停”之説。還著有《毛詩訂詁》、《大儒粹語》、《萬卷樓文稿》等。

顧棟高其畢生精力盡萃於《春秋大事表》一書，氾濫者三十年，覃思者十年，執筆屬稿者又十五年，而後寫定。凡列表四十，首時令，終列女，合五十卷；表皆有序，後更附以輿圖一卷；辯論百三十一篇，條理詳明，考證典核。諸序論又皆引據賅洽，持議平允，每發前人所未發。將春秋列國諸事，排比成表，分時令、朔閏、長曆、拾遺、疆域、列國地理、城邑、山川、險要、官制、姓氏、世系、刑罰、田賦等目，一一説明，條理明晰，考證精確，其辨論諸篇，多發前人所未發，頗具史料價值。

前有乾隆壬申乾隆御筆《御製詩》；乾隆十三年顧棟高總叙。書内夾藏：“道光庚子十月太倉顧錫麒重録，曹倦圃先生所撰，流通古書約，於謏聞齋。”鈐有：“臣顧錫麒”、“謏聞齋”、“臣錫麒印”、“敦淳顧氏珍藏”、“曾在顧竹泉處”。表明此本曾被清藏書家顧錫麒收藏。顧錫麒，字竹泉，一字敦淳，别號謏聞齋主人，江蘇太倉人，以藏書富於當地，藏書樓爲“謏聞齋”。

（撰稿人：牛　泉）

臣顧錫麒

謏聞齋

臣錫麒印

敦淳顧氏珍藏

曾在顧竹泉處

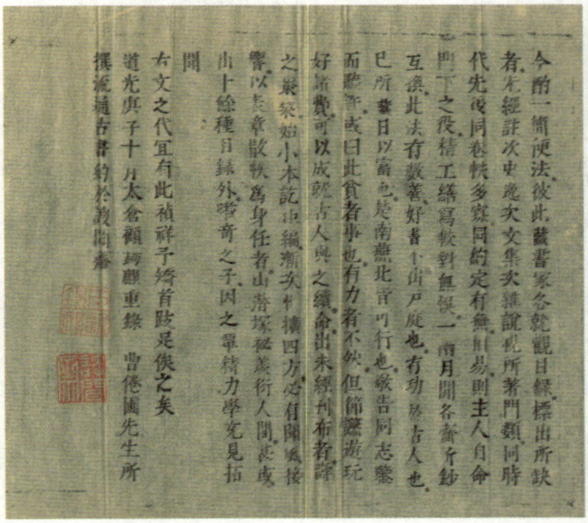
今酌一術便法彼此藏書家各就觀目錄標出所缺
者先經詳次史逸次文集次雜說視所著門類同時
代先後同卷帙多寡同約定有無相易則主人自命
門下之役精工繕寫較對無誤一兩月間各齋齊鈔
互換此法有數善好書不出戶庭也有功於古人也
已所藏日以富也楚南燕北皆可行也敬告同志鑒
而許之或曰此貧者事也有力者不然但節宴遊玩
好諸費可以成就古人與之續命出未經刊布者壽
之棗梨始小本訖巨編漸次恢擴四方必有聞風接
響以表章散軼爲身任者山潛塚秘羨衍人間豈成
出十餘種目錄外嗜奇之子因之畢精力學究見拓
聞
右文之代宜有此禎祥予婿首肯是俟之矣
道光庚子十月太倉顧錫麒重錄　曹倦圃先生所
撰流通古書約於謏聞齋

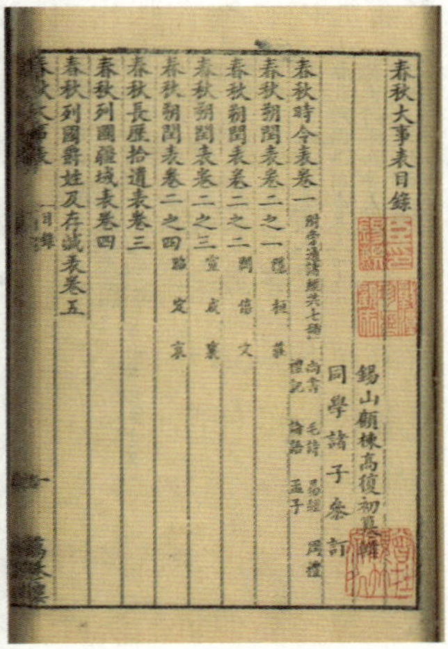
春秋大事表目錄
錫山顧棟高復初纂輯
同學諸子參訂
春秋時令表卷一
春秋朔閏表卷二之一　隱　桓　莊
春秋朔閏表卷二之二　閔　僖　文
春秋朔閏表卷二之三　宣　成　襄
春秋朔閏表卷二之四　昭　定　哀
春秋長歷拾遺表卷三
春秋列國疆域表卷四
春秋列國爵姓及存滅表卷五

春秋取義測十二卷

春秋取義測十二卷，（清）法坤宏著，清乾隆甲寅年（1794）粤省西湖街六書齋刻，胡纕蘭手書，寫刻本。竹紙四册，框高十七·四厘米，寬十四·二厘米。每半葉十行，行十九字，白口，左右雙邊，單黑魚尾。《山東省珍貴古籍名録》（第二批）0748號。

法坤宏（1699–1785年），字直方，又字鏡野，號迂齋，山東膠州人。少爲學，不肯事章句，性淡泊不諧俗，與人言陳義至高，人以爲迂，因自號“迂齋”。乾隆六年（1741）舉人，年屆七旬會試出闈，賜大理寺評事職；州牧周於智修膠州志，延坤宏總其事，志成日，勿列己名；與濰縣韓夢周、昌樂閻循觀、掖縣毛其人、諸誠王木舟被時人稱爲“山左五子”，曾和韓、閻商訂《經史大義》、《古文提要》諸書，名震海内；後在膠州東南沿海築“海上廬”，教授生徒，著書立説，“未曾一日自倦”，終年八十有七。其經學、古文造詣高深，著有《迂齋學古編》、《綱目要略》、《春秋取義測》、《介亭特征録》、《過亭録》等，爲古文嚴於義法，於經史大義、古文體要、書劄往復皆折中於至當而後已。古文家劉鴻翱在《十二家古文選》中把他同明歸有光、清方苞和姚鼐并稱爲明清“四子”。王漁洋則認爲法坤宏的文章不比他和宋琬的作品遜色。

胡鑲蘭，字乙皋，號介根，膠州人，乾隆三十九年舉人，官長寧知縣。

膠州法氏是清時山東頗具影響的家族。其中以詩文集、學術著作、書畫等作品傳世的法姓子孫就有二十多位，法若真、法重輝、法坤宏、法坤厚、法偉堂更是這個家族中的佼佼者。

版心下有：迂齋藏書。卷末有：法坤宏跋，跋中道：“……今折衷諸家之説歸於孔孟，爲取義測焉。”

卷端鈐有：“馮登府藏”、“張鏡夫”、“石坪”，可見此書由馮登府、張鏡夫等人收藏過。馮登府（1783–1841），一作登甫，號勺園，又號柳東，清代浙江嘉興人。清嘉慶二十五年（1820）進士，代表作《清史列傳》。張鏡芙（1893–1972），名鑒祥，字鏡夫，以字行，又名張錚夫，山東膠南人，著名藏書家。

我館所藏《春秋取義測》十二卷年代較早，遞藏完整，有前人修復痕迹，保存較好。

（撰稿人：劉昌瑋）

馮登府藏

石坪

張鏡夫

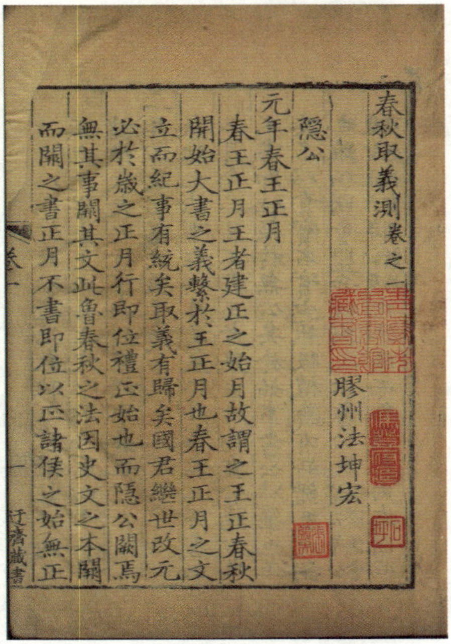

春秋取義測卷之一

隱公　膠州法坤宏

元年春王正月

春王正月王者建正之始月故謂之王正春秋開始大書之義繫於王正月也春王正月之文立而紀事有統矣取義有歸矣國君繼世改元必於歲之正月行即位禮正始也而隱公闕焉無其事闕其文此魯春秋之法因史文之本闕而闕之書正月不書即位以正諸侯之始無正

日講四書解義二十六卷

日講四書解義二十六卷，（清）喇沙里、陳廷敬撰，清康熙十六年（1677）内府刻本。框高十九·二厘米，寬十四·六厘米。每半葉九行，行十八字，黑口，四周雙邊，雙黑魚尾。《山東省珍貴古籍名録》（第二批）0768號。

喇沙里（？–1679），清朝大臣，康熙十四年（1675）由侍讀學士升翰林院掌院學士。卒謚文敏。

陳廷敬（1641–1712），字子端，號説岩、午亭，謚文貞，山西澤州（山西晋城）人。清順治十五年進士，康熙間任吏部侍郎，兼管户部錢法。擢左都御史，官至文淵閣大學士兼吏部尚書。少與汪琬以文章相切磋，與王士禎以詩唱和。主張治經宜以注疏爲主，兼采後起諸家之説，以求其是，不可規於一家之言。時纂輯《三朝聖訓》、《皇輿表》、《明史》，他并充總裁官。

康熙十六年三月，清聖祖玄燁命儒臣喇沙里、陳廷敬等編撰刊刻《日講四書解義》，并親自寫序。十二月書成。康熙帝認爲《論語》、《大學》、《中庸》、《孟子》體現了孔子、曾子、子思、孟子的思想，“蓋有四子而后二帝三王之道傳，有四子之書而后五經之道備，四子之書得五經之精意而爲言者也”，所以尤爲推崇，在日講諸書中首先刊刻《四書》。他在御制《日講四書解義序》中明確宣布清廷要將治統與道統合一，以儒家學説爲治國之具，“朕惟天生聖賢作君作師萬世道統之傳，即萬世治統之所繫也，自堯舜禹湯文武之后而有孔子曾子子思孟子，自《易》《書》《詩》《禮》《春秋》而外，而有《論語》《大學》《中庸》《孟子》之書，如日月之光，昭於地猗歟盛哉”。康熙帝的這一態度爲清朝内部持續了數十年的文化紛争（也是治國方略的紛争）書上了一個圓滿的句號。此後，儒學在清朝社會特别是在國家政治生活中獲得了正統的、合法的主導地位。

此書根據日講精解和經筵講義整理而成。卷一爲《大學》，卷二、卷三爲《中庸》，卷四至卷十二爲《論語》，卷十三至卷二十六爲《孟子》。逐段訓講，不分大小字，經文頂格，訓解文字另起行低一字。《四庫全書總目》對此書評價甚高，云："所推演者皆作聖之基，爲治之本，詞近而旨遠，語約而道宏，聖德神功所爲契洙泗之傳，而繼唐虞之軌者，蓋胥肇於此矣。"

（撰稿人：牛　泉）

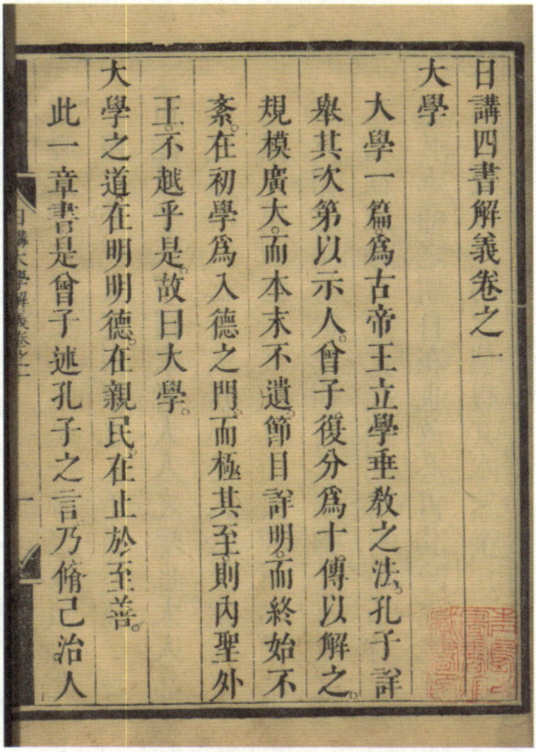
日講四書解義卷之一
大學
大學一篇爲古帝王立學垂教之法。孔子詳舉其次第以示人。曾子復分爲十傳以解之。規模廣大。而本末不遺。節目詳明。而終始不紊。在初學爲入德之門。而極其至則內聖外王。不越乎是。故曰大學。
大學之道在明明德。在親民。在止於至善。
此一章書是曾子述孔子之言乃脩己治人

陸稼書先生四書講義遺編六卷

陸稼書先生四書講義遺編六卷，（清）陸隴其撰，（清）趙鳳翔編，清康熙四十四年（1705）三魚堂刻本。框高十九·三厘米，寬十四厘米。每半葉九行，行二十三字，黑口，四周單邊，雙黑魚尾。《山東省珍貴古籍名録》（第二批）0772號。

陸隴其（1630–1692），字稼書，原名龍其，譜名世穮，浙江平湖人。清代理學家。後人編有《陸子全書》，因避諱改名隴其，學者稱其爲當湖先生。康熙九年進士，歷官江南嘉定、直隸靈壽知縣、四川道監察御史等，時稱循吏。學術專宗朱熹，排斥陸王，被清廷譽爲“本朝理學儒臣第一”，與陸世儀并稱“二陸”。卒謚清獻，從祀孔廟。著有《困勉録》、《讀書志疑》、《三魚堂文集》等。

此書在正文前記載了康熙乙酉（1705）趙鳳翔的刻書序，言其刻書緣起：“四書講義者我師欲輯而未定之書也，我師一生，惓惓以明學術正人心爲己任，嘗慨朱子之學，晦於嘉隆，其時心學盛行，宗旨肆出目擊其弊著，非不思力挽頹波，然有崇正學之名，而究非正學，有闢異端之論，而已趨異端。故雖當日諸儒先事功節義光耀史册，未嘗不心切景行，而於學問異同之際，不敢包羅和會，大聲疾呼，亟欲迴狂瀾於既倒者……竊念四書爲我師未竟之業，而實平生心力所萃，倘任其散軼，并僅存之端緒亦日就湮没，則負疚也滋大，因從直方及李子枚吉曹子星佑處，廣爲收輯，分章抄撮，經年始獲成編，當湖二三同人，咸謂我師一話一言，無非爲學術人心起見，不急爲表章，無以成嘉惠來學之志，遂謀付梓。”

陸隴其是清代初期尊崇朱熹理學、力辟王守仁心學的重要思想代表，享有“醇儒第一”、“傳道重鎮”的盛譽。他的一生除了居官盡職、開館授課之外，一以昌明學術、端正人心爲己任。在其儒學研究中，陸隴其通過全面地評析儒家學説的發展演變，充分地認識到學術的正誤盛衰，關係着國家社會的興衰存亡。因此，陸隴其在對明亡清興政治變革的深刻反思中，痛切地指出明代的覆滅皆因於陽明心學的興盛流行，以及程朱理學的沉淪衰微，斷然地認爲今之爲學當尊崇程朱理學，力黜陽明心學。衹有這樣纔能達到是非明而學術一、人心正而風俗淳。同時，他又詳辨了漢、宋之儒的學術輕重得失，重倡了儒學思想的道統正脉，强調朱熹之學集秦後諸儒之大成，實是孔子之學，今之學者宗本朱子之學即爲正學，不宗朱學即爲異端。在彰揚朱學的過程中，陸隴其又揭斥了王學的空疏流弊，主張學術必須致於實用，實行則須始於實學。

我館所藏《陸稼書先生四書講義遺編》六卷爲清康熙四十四年（1705）三魚堂刻本。版本精良，保存完好，具有較高的古籍文獻價值。

（撰稿人：牛　泉）

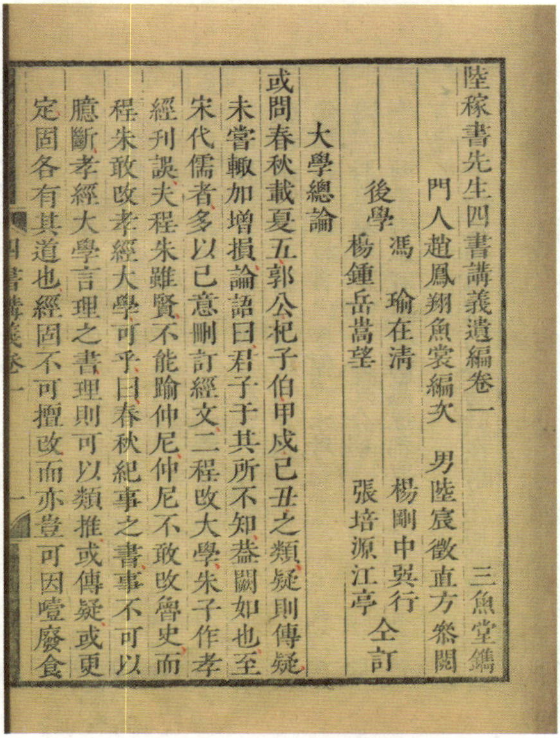
陸稼書先生四書講義遺編卷一　三魚堂鐫
門人趙鳳翔魚裳編次　男陸宸徵直方參閱
後學　馮　瑜在清　楊剛中與行　仝訂
楊鍾岳嵩望　張培源江亭
大學總論
或問春秋載夏五郭公杞子伯甲戌己丑之類疑則傳疑
未嘗輙加增損論語曰君子于其所不知蓋闕如也至
宋代儒者多以己意刪訂經文二程改大學朱子作孝
經刊誤夫程朱雖賢不能踰仲尼仲尼不敢改魯史而
程朱敢改孝經大學可乎曰春秋紀事之書事不可以
臆斷孝經大學言理之書理則可以類推或傳疑或更
定固各有其道也經固不可擅改而亦豈可因噎廢食
四書講義卷一　一

集虚齋四書口義十卷

集虚齋四書口義十卷，（清）方楘如撰，（清）于光華編，（清）姚一桂等校，清乾隆五十三年（1788）刻本，同安堂藏板。框高十七・八厘米，寬十二厘米。每半葉十二行，行二十五字，白口，左右雙邊，單黑魚尾。《山東省珍貴古籍名録》（第二批）0775號。

方楘如，字若文，一字文輈，號樸山，浙江淳安人，康熙進士，官順天豐潤(今屬河北省)知縣，歷官三年，終以“燒鍋失察”去官。自此以後，家居力學，清嚴律已，教書自給。曾在敷文、蕺山、紫陽書院講學，其教必以正心術、端品行爲本，門下多出高足，如梁文莊、陳兆侖。講學之余，曾與秀水朱彝尊和桐城方苞等商榷文史，及砥節礪行、修身體道之事。湮貫經史百家，於漢儒箋注，尤能指其舛訛。乾隆二年（1737），以經學被推舉，欽召纂修三禮，固辭不就。自是閉户著書，深究經學，潛心於“濂關閩”之學，又工古文，爲文朴茂古奥，類能闡發性道，有濟世之教。所著有《周易通義》十四卷、《尚書通義》十四卷、《毛詩通義》十四卷、《集虚齋學古文》十二卷、《離騷經解》一卷及《樸山存稿》《朴山續稿》，并傳於世。

此書在正文前記載了乾隆五十三年（1788）姚任道的刻書序，言其刻書事：“夫以先生之制藝奥衍夭矯如龍蛇不可捉摸，而於説書則如白太傅之詩，能領老嫗皆解行遠自邇登高自卑，先生引誘後學之心亦良苦矣，余因宦游未及親炙，繼得此書，如聆謦欬，即令子姪輩珍之。邇聞吾鄉抄之紙貴，寒士每不可得又未能遠播，余恐久而湮没，命一桂校字付梓以公同好庶學者，無就抄之瘁而先生之苦心亦庶幾其不泯歟。”由此序可見方楘如的學術影響之大，在當時學子心中的地位之高。

此本收録：《大學》一卷、《中庸》一卷、《上論》二卷、《下論》二卷、《上孟》二卷、《下孟》二卷。

我館所藏《集虛齋四書口義十卷》刻於清乾隆五十三年（1788），同安堂藏板，爲較早刊本，印製精良，保存完好。與之同一時期的版本有乾隆甲寅（1794）文盛堂藏板，但印製及保存皆不如我館所藏。

（撰稿人：牛　泉）

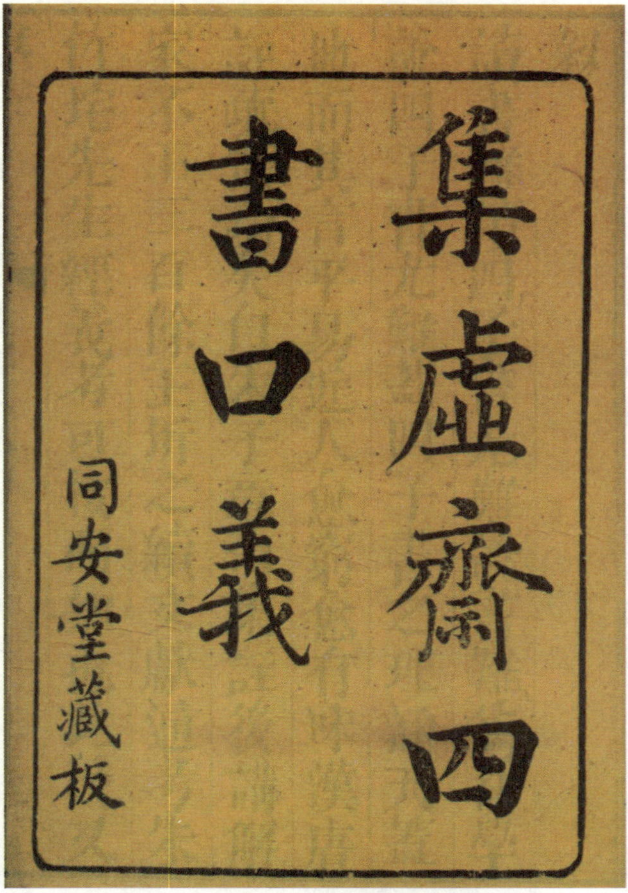
集虛齋四書口義

同安堂藏板

王氏遺書二十三卷首一卷

王氏遺書二十三卷首一卷，（清）王縈緒集注，稿本。《山東省珍貴古籍名録》（第二批）0800 號。

王縈緒（1713–1784），清山東諸城人，字希仁，一字成祉，號天馥，一號蓮峰。乾隆二十二年進士。選授酆都知縣，攝萬縣事，進石柱直隸廳同知，所至有績。有《滋德堂文集》、《周易傳義合參》等。

《王氏遺書》卷首一卷，正文有曲禮集注兩卷、内則少儀集注一卷、學記文王世子集注一卷、王藻深衣集注一卷、表記孔子閑居集注一卷、禮運集注一卷、哀公問仲尼燕居緇衣坊記經解儒行集注一卷、大傳集注一卷、樂記集注二卷、禮器集注一卷、王制集注一卷、祭法祭義集注一卷、郊特牲祭統集注一卷、奔喪曾子問集注一卷、檀弓集注一卷、喪大記集注一卷、喪服小記集注一卷、閑傳服問三年問問喪喪服四制集注一卷、雜記集注一卷、冠義昏義鄉飲酒義投壺射義燕義聘義一卷、夏小正集注一卷，共計二十三卷。

卷首有乾隆癸巳王縈緒自序《伊川删定禮記集注序》云："……自丁亥至癸巳，公餘即为日课，六载乃注竣，又以月令既删，增夏小正，合四十五篇，異日倘有餘俸，將授梓以公天下後世，庶伊川之心得傳，而漢儒之附益，可無害於經矣，是爲序。"言其成書過程。

（撰稿人：黄麗群）

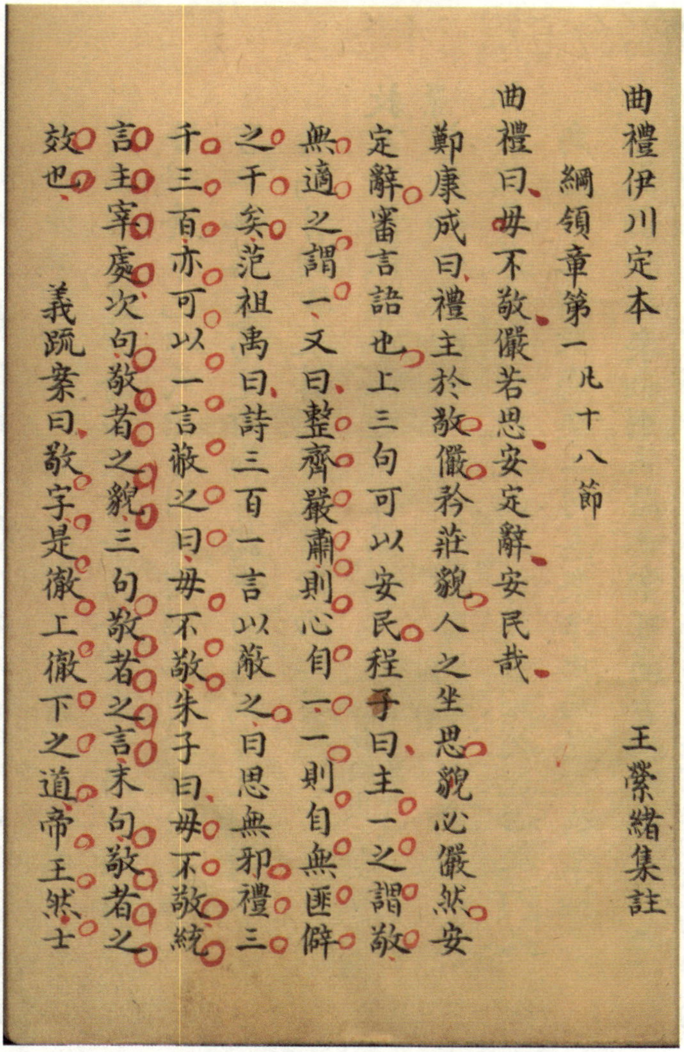

曲禮伊川定本　王棨緒集註
綱領章第一凡十八節
曲禮曰毋不敬儼若思安定辭安民哉
鄭康成曰禮主於敬儼矜莊貌人之坐思貌必儼然安
定辭審言語也上三句可以安民程子曰主一之謂敬
無適之謂一又曰整齊嚴肅則心自一一則自無匪僻
之干矣范祖禹曰詩三百一言以蔽之曰思無邪禮三
千三百亦可以一言蔽之曰毋不敬朱子曰毋不敬統
言主宰處次句敬者之貌三句敬者之言末句敬者之
效也　義疏案曰敬字是徹上徹下之道帝王然士

大廣益會玉篇三十卷

大廣益會玉篇三十卷，（梁）顧野王撰，（唐）孫强增字，（宋）陳彭年等重修，清康熙四十三年（1704）張士俊刻澤存堂五種本 。框高二十・五厘米，寬十五・五厘米。每半葉十行，大字不滿行，小字雙行，白口，左右雙邊。《山東省珍貴古籍名録》（第二批）0840 號。

顧野王（519–581），南朝陳吴郡吴人，字希馮。幼好學，及長博通經史，兼習天文、地理、蟲篆奇字。又擅丹青，梁宣城王命畫古賢像，王褒作像贊，時稱“二絶”。梁武帝大同四年爲太學博士。入陳，任國子博士，位終黄門侍郎，光禄大夫。所著《玉篇》成書于梁武帝大同九年，仿《説文解字》體例，以反切注音，引書證詳加解説，對字形重視篆隸之流變，爲《説文解字》之後又一部大型字書。原書現存殘卷，清黎庶昌有影印本。

《玉篇》卷首有野王自序和進《玉篇》啓，爲奉命而作（呈梁武帝之子蕭繹）。唐上元元年（760）由孫强增字，宋大中祥符六年（1013）陳彭年、吴鋭、丘雍等重修。現存《大廣益會玉篇》已非野王原本；另有《玉篇》殘卷存於日本，可能是顧氏原本（於《古逸叢書》中）。今本《玉篇》有宋本，又有元本。宋本有清代張士俊澤存堂刻本和曹寅揚州詩局刻本。元本有《四部叢刊》影印本。宋本卷首在野王序和進書啓之後有“神珙反紐圖”及“分毫字樣”，而元本多《玉篇廣韵指南》一卷。宋本注文繁富，而元本則大都減略，排比整齊，因而部中字的排列次第與宋本不相同，現在通常應用的是張士俊澤存堂刻本。

顧野王在自序中説：“六書、八體，今古殊形。或字各而訓同，或文均而釋異，百家所談，差互不少。字書卷軸，舛錯尤多，難用尋求，易生疑惑。猥承明命，預纘過庭，總會衆篇，校讎群籍，以成一家之制，文字之訓以備。”這説明他作《玉篇》的宗旨是要綜合衆書，辨別形體意義的異同，網羅訓釋，以成一家之言。

據唐代封演《聞見記》所載，《玉篇》共 16917 字，現存本則爲 22561 字，大約是孫強等後人陸續增加的。與《説文》對照，《玉篇》原本多出 7564 字，今本多 13208 字，合乎字書收字增多，以更適應時代要求的規律。當然，《玉篇》與《説文》價值不同，各當其用：若追尋本義，仍當以《説文》爲宗；但許慎不可能預見四百年後的新詞新義，所以從一般的用途上看，《玉篇》的價值更高些。唐代孫愐《唐韵序》説："及案《三蒼》、《爾雅》、《字統》、《字林》、《説文》、《玉篇》……并列其中。"以其與《爾雅》、《説文》相提并論，價值可想而知。

此本正文前有康熙四十三年朱彝尊《重刊玉篇序》。書名頁題："張氏重刊宋本玉篇澤存堂藏板"，鈐有"吴淩張氏"、"妥教樂地"、"進呈御覽"印，可知其爲初印進呈御覽本，現藏青島市圖書館。

（撰稿人：黄麗群）

吴淩張氏

妥教樂地

進呈御覽

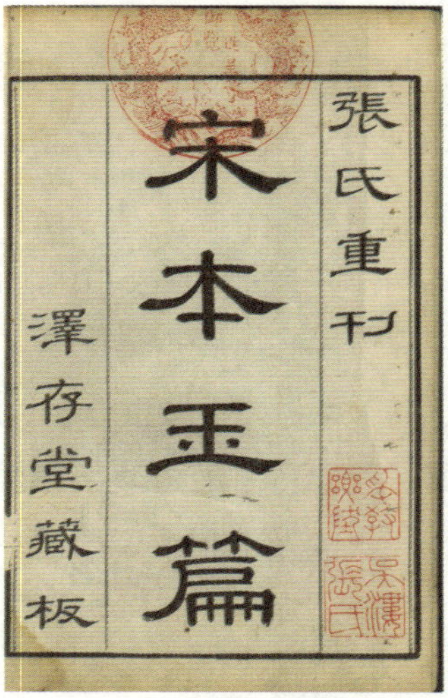

古韻通八卷

古韻通八卷，（清）柴紹炳撰，清乾隆四十一年（1776）刻本。框高二十・五厘米，寬十四・一厘米。行字不定，白口，左右雙邊，單黑魚尾。《山東省珍貴古籍名録》（第二批）0876號。

柴紹炳（1616–1670），字虎臣，號省軒，浙江仁和人。生活於明末清初，明代諸生。工詩文，下筆動輒數千言。在西泠十子中，名爲最著。所學自天文輿地、樂律典禮、農田水利、兵制賦役，無不涉其涯略。尤長於音韻之學，并好宋儒理學。爲清代古音學先鋒派人物之一。明亡後，棄諸生，隱居西湖南屏山，以教授著述爲事。著有《省軒文鈔》十卷、《詩鈔》二十卷、《白石軒雜稿》八卷、《考古類編》十二卷、《古韻通》八卷、《省過記年録》及《家誡明理記》各兩卷。

書名頁背面記載了刻書緣由："省軒柴先生經明行修推一代儒宗，著書滿家而尤精於韻學，其古韻通一種係千古未洩之秘，四方抄本甚夥，遂爲時賢所采割幾使以僞亂眞，余不忍没其苦心，特以原本付梓識者參閱……"

《四庫全書總目》该書提要曰："……其書大旨即今韻部分立三法以求古韻之通……紹炳乃上薄《風》、《雅》，下迄晋、宋，凡未定四聲以前，總名之曰'古韻'，雜然并編。此讀甫諧，彼音已礙。條例益廣，蹊徑滋繁。所謂'旁通'者，淆亂古音尤甚。至於以許敬宗之所定指爲忱約，以陳彭年之所音指爲孫愐，又其小節矣。"

是書由柴紹炳撰，其子柴世堂、柴世臺校，顧炎武、毛先舒參閱。他的古音學説對顧炎武、江永等都有着直接或間接的影響，實爲對古音學有開創探索之功，後人談及清代古音學時，對柴氏多不提及，實爲缺憾。

該書現藏青島市圖書館，保存較好，具有重要的歷史資料及版本價值。

（撰稿人：牛　泉）

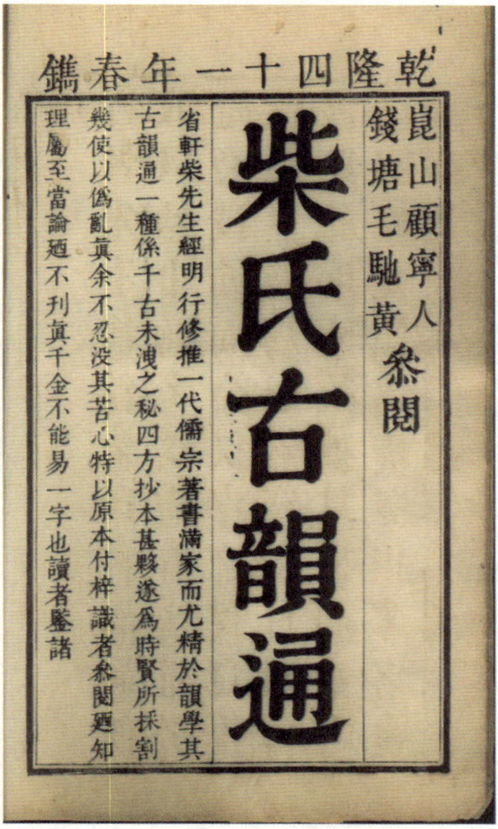
乾隆四十一年春鐫

崑山顧寧人
錢塘毛馳黃　參閱

柴氏古韻通

省軒柴先生經明行修推一代儒宗著書滿家而尤精於韻學其古韻通一種係千古未洩之秘四方抄本甚夥遂爲時賢所採剟幾使以僞亂真余不忍没其苦心特以原本付梓識者參閱廼知理屬至當論廼不刊眞千金不能易一字也讀者鑒諸

歧疑韵辨五卷口音辨訛一卷韵字旁通一卷轉音撮要一卷字型匯考一卷

歧疑韵辨五卷口音辨訛一卷韵字旁通一卷轉音撮要一卷字型匯考一卷，（清）杜蕙輯，清乾隆五十七年（1792）刻本，省過堂藏板。框高十・六厘米，寬八・六厘米。每半葉八行，行十七字，小字雙行十七字，白口，四周單邊，單黑魚尾。《山東省珍貴古籍名録》（第二批）0888 號。

杜蕙，字樹畝，清代江西南豐人，曾任陝西韓城知縣。

前有譚廷棟叙，乾隆壬子特寧額序，乾隆壬子杜蕙自叙。入《四庫未收書目》。

（撰稿人：牛　泉）

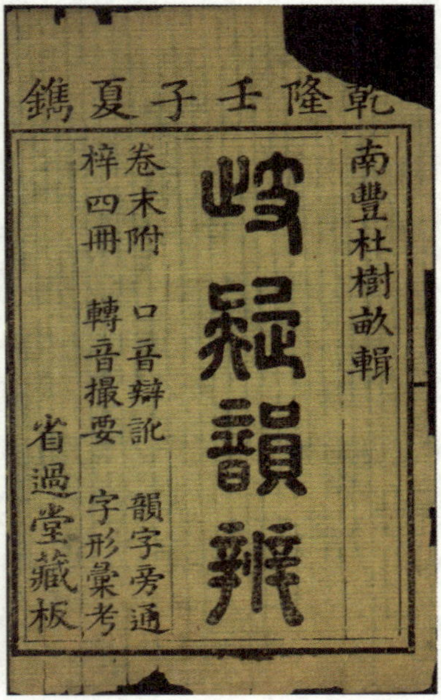

乾隆壬子夏鐫

南豐杜樹畝輯

岐疑韻辨

卷末附 口音辯訛 韻字旁通

梓四冊 轉音撮要 字形彙考

省過堂藏板

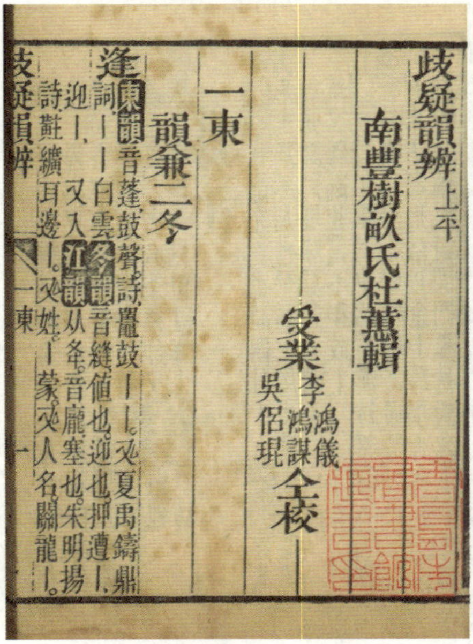

岐疑韻辨上平

南豐樹畝氏杜蕙輯

受業 李鴻儀 吳侶琨 鴻謀 仝校

一東

韻兼二冬

逢 東韻 音蓬，鼓聲。詩，鼉鼓｜｜。又夏禹鑄鼎詞，｜｜白雲。冬韻 音縫，値也。迎也。押遭｜，迎｜。又入 江韻 从夆。音龐，塞也。朱明揚詩，蚩纘耳邊｜。又姓。｜蒙。又人名，關龍｜。

岐疑韻辨 一東 一

歷代四不朽傳四卷

歷代四不朽傳四卷，（清）法偉堂著，清稿本。框高二十一·一厘米，寬十三厘米。每半葉十四行，字數不定，紅格，單黑魚尾。《山東省珍貴古籍名録》（第二批）0969號。

法偉堂（1843–1907），字容叔，號小山，山東膠州城東南法家莊人。清末山東著名金石學家、音韵學家、方志學家和教育家。法偉堂出身於書香世家，八世祖若真、七世祖模，父子并有聲於時，行誼載入府州志；五世祖坤宏，名見《清史·儒林傳》。

法偉堂同治九年充優貢生，光緒五年（1879）舉人，十五年進士，遂任知縣，繼改教職，選授國子監學正銜武定府教授，後因病辭職。盛昱主管山東會考時，倡建青州海岱旌賢書院，并聘請法偉堂出任書院講席總教，歷時十餘年，培養造就了許多人才，聲望頗高。

受家庭薰陶，法偉堂博覽群書，尤精音韵、天文演算法、《説文》訓詁、碑板之學，有“小鄭康成”之譽。曾校勘《山左金石志》，訂正舛誤數百處，成《續山左金石志》及《山左訪碑録》。另著有《説文聲音考》、《夏小正書箋疏》《所訓館韵書》、《校勘説文解字》、《校勘唐一切經音義》和《校勘列字》等書。考訂陸德明《經典釋文》，多前人所未發，無論在校正字音還是校正文字上都作出了重要貢獻，尤以校音最爲突出。

光緒十七年（1891），法偉堂受聘爲總纂，修《益都縣圖志》，歷時十七年成，凡五十四卷首一卷，分裝十六册。這是一部以圖見長的名志，其特色在於“圖”，計四卷四十二幅之多，且圖與文并重。光緒二十九年（1903），法偉堂應聘到濟南師範教習所任所長。1907年，山東巡撫楊士驤聘他爲《山東通志》總纂。1908年，法偉堂病逝於濟南。

此本内容爲：歷朝將略、歷朝善治、歷朝至行、歷朝名言。卷末有：乙酉向學題記。

（撰稿人：賈曉伶）

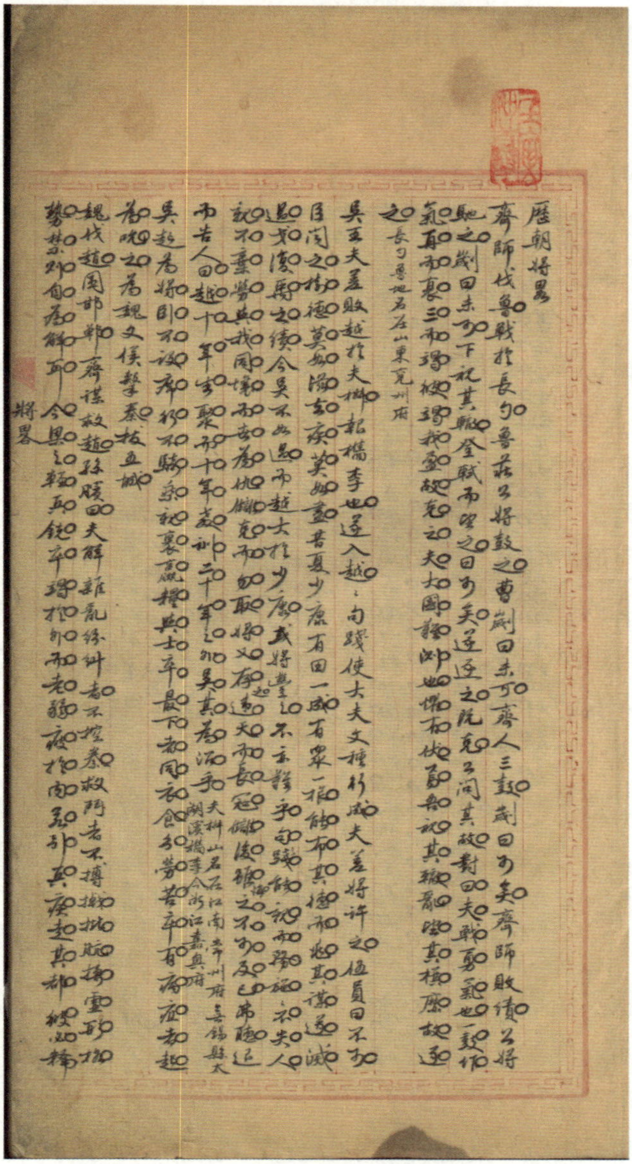
歷朝將畧

漁洋山人自撰年譜二卷

漁洋山人自撰年谱二卷，（清）王士禛撰，（清）惠棟注補，清紅豆齋刻本。框高十九·七厘米，寬十五厘米。每本葉十行，行二十一字，小字雙行同，白口，四周雙邊。《山東省珍貴古籍名録》（第二批）0981 號。

王士禛（1634–1711），字子真，一號貽上，號阮亭，晚號漁洋山人，清山東新城人。身後避世宗諱，改"禛"爲"正"，高宗命改"禎"。順治十五年進士，授揚州府推官。康熙間歷禮部主事、翰林院侍講，官至刑部尚書。以與廢太子唱和，於四十三年借故革職。詩有一代正宗之稱，而後人嫌其才力不足。倡"神韵"之説，領袖詩壇近五十年。文章亦頗雅飭。詩集初有《阮亭詩鈔》，晚年合歷年所刻爲《帶經堂集》，又自選部分詩爲《漁洋山人菁華録》，另有筆記《池北偶談》。

惠棟（1697–1758），字定宇，號松崖，學者稱小紅豆先生，清江蘇吴縣人。惠士奇子。諸生。乾隆十五年，以經明行推薦，不用。專治經學，傳祖與父之學，專宗漢儒舊説，奠定吴派經學基礎。以爲諸經傳注，漢人之説俱在，惟《周易》獨否，故搜集舊説，成《易漢學》、《周易述》、《易例》三書，另有《九經古義》、《明堂大道録》、《後漢書補注》、《太上感應篇注》、《山海經訓纂》、《松崖文鈔》等。

王士禛不僅是一位優秀的詩人和詩歌評論者，而且是一位優秀的傳記創作者。隨着史家素養的不斷積澱，他創作了大量的傳記作品，并爲先兄王士禄和自己撰寫了年譜。在這些傳記的撰寫過程中，王士禛總是以作爲史臣的職任來時刻提醒自己以史官之責要求自己。王士禛在年譜中也不僅多次叙述了自己爲官斷案的經歷，他還寫道："送者填塞街巷，莫不攀轅泣下。相國沁州吴公執手欷歔曰：'大賢去國，余不能留，負愧多矣。'"他將此寫入傳中除了對事迹的記録，更是對自己爲官的肯定。

王士禛的創作年譜乃是其學術自覺性的表現。關於年譜的創作，有學者指出，宋元是初創期，明代有所發展，到了清代形成風尚，并延續到民國時期，近期又有賡續者。可見，王士禛是此種風尚的先行者。他的年譜較前人年譜來説更爲詳細——王士禛在年譜中常以私生活方面表現其人生經歷，主要是他與親友交往的生活細節，這對他爲官和進行文學創作都産生了重要影響。

此本版心下鐫：“紅豆齋”，鈐有“硯溪”、“鈍叟”、“心逸軒”、“御賜潛虛養德”等印。表明其曾爲吴郁生等人收藏。吴郁生（1854–1940），字蔚若，號鍾齋、鈍齋，晚號鈍叟，江蘇蘇州人，清末重臣。另惠棟祖父惠周惕（？–1694）有字爲“硯溪”，但與惠棟（1697–1758）時代不符，故此章不知其真義。

（撰稿人：黄麗群）

硯溪

鈍叟

心逸軒

御賜潛虛養德

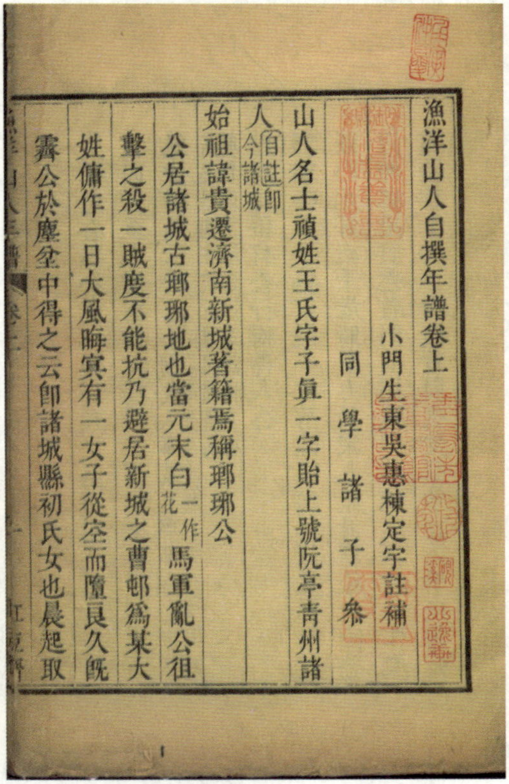
漁洋山人自撰年譜卷上

小門生東吳惠棟定宇註補

同學諸子叅

山人名士禛姓王氏字子眞一字貽上號阮亭青州諸城人（自註郎今諸城）

始祖諱貴遷濟南新城著籍焉稱瑯琊公

公居諸城古瑯琊地也當元末白（一作花）馬軍亂公祖擊之殺一賊虜不能抗乃避居新城之曹邨爲某大姓傭作一日大風晦冥有一女子從空而墮良久旣霽公於塵坌中得之云郎諸城縣初氏女也晨起取

［雍正］山東通志三十六卷首一卷

［雍正］山東通志三十六卷首一卷，（清）岳濬、法敏修，（清）杜詔、顧瀛纂，清乾隆元年（1736）刻本。框高二十三・二厘米，寬十五・九厘米。每半葉十行，行二十四字，白口，四周雙邊。《山東省珍貴古籍名録》（第二批）1067號。

岳濬爲雍正年間山東巡抚，法敏爲乾隆年間後任巡撫。此書爲雍正七年岳濬奉詔重修，延檢討杜詔等開局排纂，至乾隆元年始告成，後任巡撫法敏表進於朝。

此文首卷一卷，有序文（表一，新序六，原序十三）、目録、凡例、圖考（星野圖、全省圖、十府圖、闕里圖、泰山圖、黄河圖、運河圖、海疆圖）。正文有典謨、星野、建置、城池、疆域、山川、形勝、圻封、古迹、巡狩、闕里、田賦、鹽法、選舉、兵防、驛遞、河防、漕運、海疆、秩祀、橋樑、風俗、物產、職官、公署、宦績、人物、列女、便釋、方伎、陵墓、五行、經籍、藝文、雜記各一卷。

《四庫全書總目》该書提要云："此本乃雍正七年岳濬奉詔重修。延檢討杜詔等開局排纂，至乾隆元年始告成，後任巡撫法敏表進於朝。中間體例，於舊志多有改革。如宦績人物，舊志於列國卿大夫縷載無遺。此本則以經傳所有者概從刊削，而斷自漢始。又田賦、兵防，舊志疏略不具，運道、海疆，則并闕如，此本悉爲補輯。又人物之外，舊志别分隱逸、孝義、儒林、文苑諸目，往往配隸失宜，此則悉從删削。又如以北蘭陵爲南蘭陵，以今濟陽爲唐宋之濟陽，以復舊之新泰爲兩設之新泰，皆沿訛之尤甚者，此本均爲辨明，亦多所考證焉。"

此書首卷有總理省直山東等處鹽法道楊弘俊山東通志序、法敏進表，張豐儀、趙祥星、施天裔、梁遂、楊毓蘭、沙澄、艾元徵、于可託、伊闕各級官員各撰山東通志原序一篇，方遠宜、楊維聰、陳沂各撰原序一篇。

（撰稿人：牛　泉）

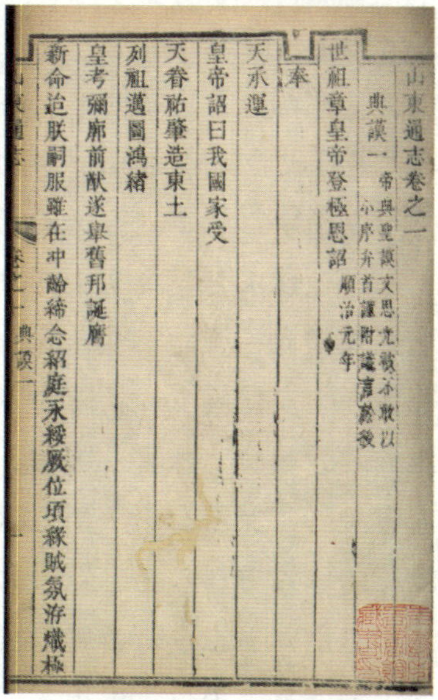
山東通志卷之一
典謨一　帝典聖謨文思允穀不敢以小序弁首謹附識言於後
世祖章皇帝登極恩詔　順治元年
奉
天承運
皇帝詔曰我國家受
天眷祐肇造東土
列祖遺圖鴻緒
皇考彌廓前猷遂舉舊邦誕膺
新命迨朕嗣服雖在冲齡緜念紹庭永綏厥位頃緣賊氛洊熾極

［康熙］郏縣志四卷［乾隆］續志一卷

［康熙］郏縣志四卷，（清）金世純修，（清）仝軌纂，清康熙三十三年（1694）刻本；［乾隆］續志一卷，（清）張楣等續修，（清）聶霓續纂，清乾隆八年（1743）續刻。一函五册。框高十九·二厘米，寬十三·四厘米。每半葉九行，行二十字，白口，四周雙邊，單黑魚尾。《山東省珍貴古籍名録》（第二批）1205 號、1206 號。

仝軌（1648–1707），字車同，號平山，郏縣人（今河南郏縣）。康熙乙酉 (1705) 舉人，清初著名學者、詩人。有著作《真直堂詩文集》行世。受當時知縣金世純聘請修《郏縣志》。該志體例完備，考據詳實，保存了大量地方資料，具有重要的文獻價值。

金世純，遼寧鐵嶺人，康熙二十八至三十三年任郏縣知縣。

張楣，字季容，遼寧鐵嶺人。監生，乾隆二年（1737）任郏縣知縣。

聶憲，字汝南，號泠庵，邑人，增生，著有《汝南詩集》。

該志爲康熙金世純《郏縣志》之續修本。舊志修成已四十七年，張楣涖任後乃謀續修，書稿成於乾隆七年，翌年劉蓋繼任後梓行於世。該志續增康熙三十三年以後事，記事内容止於乾隆八年。卷前有乾隆七年宋名立、張楣二人序，卷末有乾隆八年劉蓋跋，述修志始末。體例上悉遵舊志，按類逐項增入，詳而不冗，嚴而不略。沿革、形勢、天文、疆域、山水等類，因變化甚少，新志内容不增。主要增補康熙三十三年後四十餘年的政教興廢、職官、選舉、藝文及部分人物傳。其中，賦役類增入内容最詳，保留有康熙朝“續生人丁，永不加賦”及雍正朝“攤丁入畝”的珍貴史料。是志新設倉、養濟、特典類目，於同類志書中少見。本志還對舊志進行辨誤，舊志的人物類中收入宋代牛臯而未收明代李忠滑，本志進行了更正。本志刊行時曾將康熙志四卷一并重印，故是志書口刻作卷五。

卷首有："撫文"，王昕序，趙光耀序，乾隆七年張楣叙，乾隆八年（1743）劉藎續志後跋。檢《中國古籍善本總目》史部地理類1165號，該本除我館外，另北京大學圖書館有藏。

（撰稿人：朱桂華）

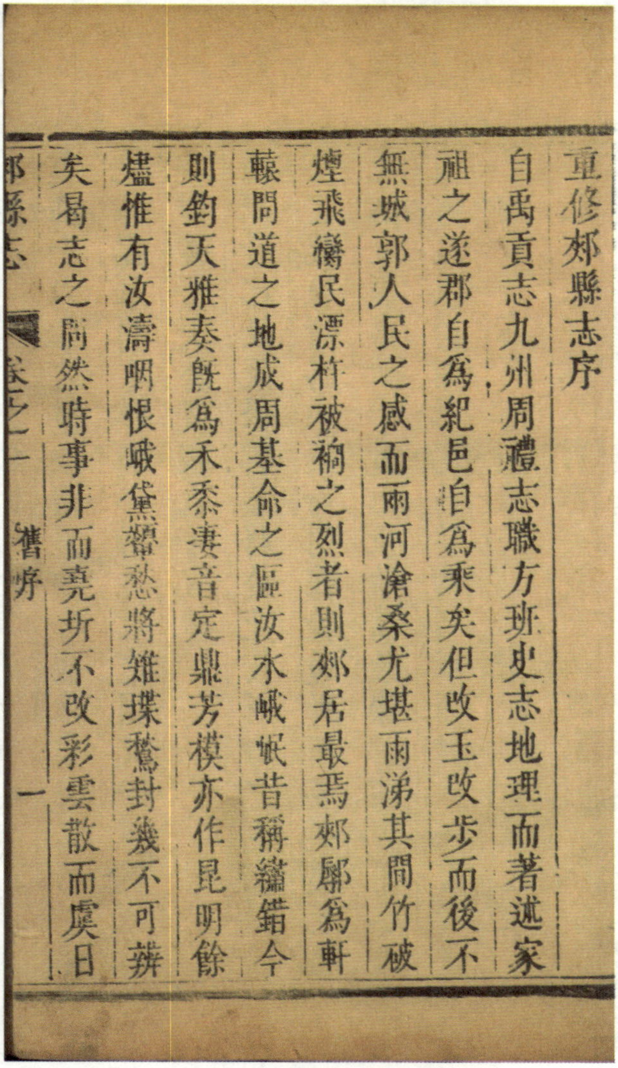
重修郏縣志序
自禹貢志九州周禮志職方班史志地理而著述家
祖之遂郡自爲紀邑自爲乘矣但改玉改步而後不
無城郭人民之感而兩河滄桑尤堪雨涕其間竹破
煙飛鸞民漂杵被禍之烈者則郏居最焉郏鄏爲軒
轅問道之地成周基命之區汝水峨岷昔稱繡錯今
則鈞天雅奏既爲禾黍凄音定鼎芳模亦作昆明餘
燼惟有汝濤咽恨峨黛顰愁將雉堞鶩封幾不可辨
矣曷志之爲然時事非而堯圻不改彩雲散而虞日

郏縣志　卷之一　舊序　一

西湖志四十八卷

西湖志四十八卷，（清）傅王露撰，清雍正十二年（1734）兩浙鹽驛道刻本。框高十九·六厘米，寬十四·五厘米。每半葉九行，行二十一字，小字雙行二十一字，黑口，四周雙邊，單黑魚尾。《山東省珍貴古籍名録》（第二批）1259號。

傅王露，字晴溪，一字良木，號玉笥，又號閬林，晚年自號爲信天翁，浙江會稽人。清康熙五十四年（1715）乙未科進士，後授編修。傅王露三次典校鄉、會文闈，并出任《浙江通志》總纂。康熙六十年，傅王露充任會試同考官。雍正七年，傅王露出任江西省學政，提督學院。歷任詹事府左中允左庶子，充武英殿纂修官。不久傅王露告假回鄉，退歸田里近四十年，建造“信天書屋”。乾隆初年，傅王露被推薦，舉博學鴻詞科，被破格加升詹事府中允。著有《玉笥山房集》、《晴溪詩鈔》等。

清雍正初年，朝廷對西湖進行了大規模的疏浚治理，撥銀浙江專款專用，且在西湖舊景之外，增修新景點。雍正九年（1731）由浙江總督李衛監修、翰林院編修傅王露總纂。傅王露在田汝成《西湖游覽志》的基礎上，重新增删材料，搜羅文獻，歷時五年，於雍正十三年修纂成《西湖志》。清周中孚《鄭堂讀書記》盛贊此書“條理精整，叙次醇雅，其於湖中景物與古今著述，無美不收，較田《志》尤爲詳焉。分修諸人如厲樊榭鶚、杭堇浦世駿、沈歸愚德潛、趙誠夫一清輩，皆著作之材。故雖一山水之志，而可與通志并稱”。

全書共四十八卷，附有大量插圖，是一部圖文并茂的精美志書。目録列水利、名勝、山水、堤塘、橋樑、園亭、寺觀、祠宇、古迹、名賢、方外、物産、塚墓、碑碣、撰述、書畫、藝文、詩話、志餘、外紀等二十門，其中山水、堤塘、橋樑、寺觀、祠宇之屬，還特別分爲孤山、南山、北山、吴山、西溪五路，極便讀者閲覽。

《西湖志》，號稱“西湖第一書”，是關於古代西湖和西湖文化歷史的珍貴孤本。“天下西湖三十六，就中最勝是杭州”，杭州西湖以獨特“文化”取“最勝”桂冠。《西湖志》是“西湖文化學”的起點，是有關古代西湖最具權威的一部“百科全書”。此書鐫刻工緻，版畫繪刻精美，已屬清代盛期佳槧。且徵引頗多，史料豐富，記述周詳，誠所謂版刻藝術、史料價值二美兼收者。另就文學價值而言，雍正《西湖志》亦可稱之爲西湖文學之大典。

該書另見收録於《北京師範大學圖書館古籍善本書目》史部地理類山水志，行款卷册與我館所藏相同。

（撰稿人：牛　泉）

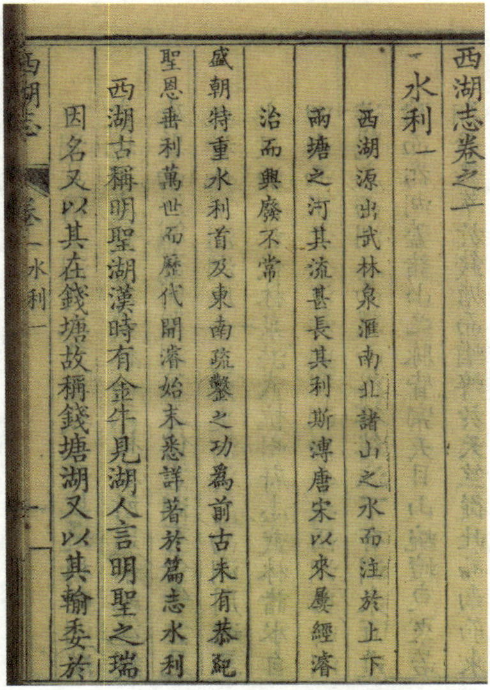
西湖志卷之一
水利一
西湖源出武林泉滙南北諸山之水而注於上下
兩塘之河其流甚長其利斯溥唐宋以來屢經濬
治而興廢不常
盛朝特重水利首及東南疏鑿之功爲前古未有恭紀
聖恩垂利萬世而歷代開濬始末悉詳著於篇志水利
西湖古稱明聖湖漢時有金牛見湖人言明聖之瑞
因名又以其在錢塘故稱錢塘湖又以其輸委於
西湖志　卷一　水利一

韓文起十二卷韓文公年譜一卷

韓文起十二卷韓文公年譜一卷，（唐）韓愈撰，（清）林雲銘評注，清康熙三十二年（1693）挹奎樓刻本。框高十九·三厘米，寬十四厘米。每半葉九行，行二十三字，小字雙行二十三字，白口，左右雙邊，單黑魚尾。《山東省珍貴古籍名録》（第二批）1637 號。

韓愈（768–824），字退之，自稱“昌黎韓愈”，后人稱之爲“韓昌黎”河南河陽（今河南孟縣）人。唐朝文學家、哲學家。貞元進士，官至刑部侍郎。因諫阻憲宗奉迎佛骨，貶潮州刺史。穆宗時，官至吏部侍郎。大力提倡儒學，以繼承儒家道統自任，開宋明理學家之先聲；并反對佛教與道教，反對藩鎮割據。在文學上，倡導古文運動，主張繼承先秦兩漢散文傳統，反對專講聲律對仗而忽視内容之駢體文。在與柳宗元等人共同努力下使文風爲之一變。爲文氣勢雄偉，説理透徹，邏輯性強，被尊爲“唐宋八大家”之首，有《昌黎先生集》。

林雲銘(1628–1697)，字道昭，又字西仲，自號損齋居士，室名挹奎樓。清福建閩縣（今福州）人。順治十五年（1658）登進士第，授新安司理，後任徽州府推官。康熙六年（1667），朝廷裁撤推官一職，林雲銘便未再做官，隱居閩北建溪，專心著書立説。

林雲銘對韓愈文章中講究聖賢之道、仁愛百姓、憂國憂民的儒者風範稱贊有加。在林雲銘之前，韓文評點很多，但林認爲謬誤很多，影響韓文的閲讀，“坊本中評注紕謬，以訛傳訛，致千古作者苦心埋没塵坌，尤爲憾事！”

韓文整理收録最早的是韓愈的門人、女婿李漢在韓愈去世後所編輯韓愈詩文集《昌黎先生集》，共四十卷，另目録一卷。林雲銘《韓文起》的編寫也以李漢本爲原本，參考朱熹《昌黎先生集考異》，但在編次上，林雲銘没有參照李漢本，“韓文坊刻，編次雜亂。即李漢原本，於正集後又分外集，且於所作之前後，顛倒甚多。兹擇其有關道統者，定爲首卷，而以表狀論議辯解，爲世道治體學術官方所繫者次之。其餘悉照書序傳記、雜著志銘，各以類聚。而各類中又按所作之時爲先後，庶有定次。但碑文二卷，則當先神而後人，先國而後家，又不可以年月拘也”。

我館所藏該書開本宏闊，版式疏朗，書品較佳。全書文字刊刻極爲整飭。書首附《韓文公年譜》，較爲詳細地介紹了韓愈的生平經歷。此書對前人流傳的各種韓文版本多加考訂，對韓文中提及的典故人物，皆一一考訂。故該書具有重要的歷史資料和版本價值。此本鈐有：“膠東圖書舘藏書之章”、“承軒”、“與古爲徒”、“恨古人不見我”。

（撰稿人：牛　泉）

膠東圖書舘藏書之章

承軒

恨古人不見我

與古爲徒

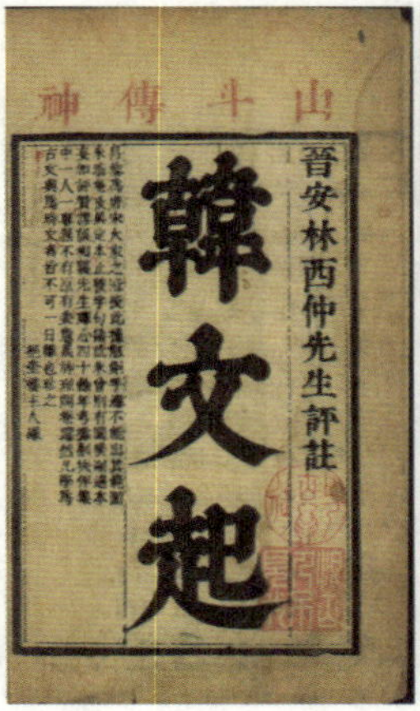

青邱高季迪先生詩集十八卷首一卷補遺一卷詩餘一卷附録一卷鳧藻集五卷

青邱高季迪先生詩集十八卷首一卷補遺一卷詩餘一卷附録一卷鳧藻集五卷，（明）高啓撰，（清）金檀輯注，清雍正文瑞樓刻本。框高十七・八厘米，寬十四・五厘米。每半葉十一行，行二十二字，小字雙行三十三字，白口，左右雙邊。《山東省珍貴古籍名録》（第二批）1718號，《中國古籍善本書目》集部6535號。

存二十四卷（詩集卷一至卷十八，卷首一卷，鳧藻集卷一至卷五）。

高啓（1336–1374），字季迪，號槎軒，明蘇州府長洲人。張士誠據吴時，隱居吴淞江青丘，自號青丘子。博覽群書，工詩，尤精於史，與楊基、張羽、徐賁并稱吴中四杰。其詩之才力聲調，過三人遠甚，爲元明間一大家。又與王行等號"北郭十友"。洪武初，以薦參修《元史》，授翰林院國史編修官，并受命教授諸王。後擢户部右侍郎，自陳年少不敢當重任，辭歸故里。時蘇州知府魏觀在張士誠宫址改修府治，獲罪被誅。啓曾爲之作《上樑文》，有"龍盤虎踞"四字，被疑爲歌頌張士誠，連坐腰斬。有《高太史大全集》、《鳧藻集》等。

高啓詩中十之八九之作是述志感懷、游山玩景及酬答友人之作。此類詩作，有時也流露出對統治階級的些微諷刺之意。高啓詩作在藝術上有一定特色，既崇尚寫實，描摹景物細緻入微，又注重含蓄，韵味深長。且用典不多，力求通暢，有些詩句具有民歌風味。這些詩的創造，與他鄉居時多與下層人民接近有關。史載高啓詩作，約有兩千餘首。高啓所作文章，編爲《鳧藻集》。《四庫全書總目》該書提要稱："啓詩才富健，工於摹古，爲一代巨擘，而古文則不甚著名。然生於元末，距宋未遠，猶有前輩軌度，非洪、宣以後漸流爲膚廓冗沓，號台閣體者所及。”《四庫全書》所收録《鳧藻集》爲兩江總督采進本，“此本爲雍正戊申桐鄉金檀所刻，即因鄭本而正其訛，多所校正”。可知《鳧藻集》通行本即爲清雍正六年（1728）金檀刻本。

我館所藏《青邱高季迪先生詩集》前有陳璋、金檀等人刻書序，且卷端題有“金成鼎、金宏熹仝校”。此書具有較爲重要的歷史資料和版本價值。

（撰稿人：朱妍蕾）

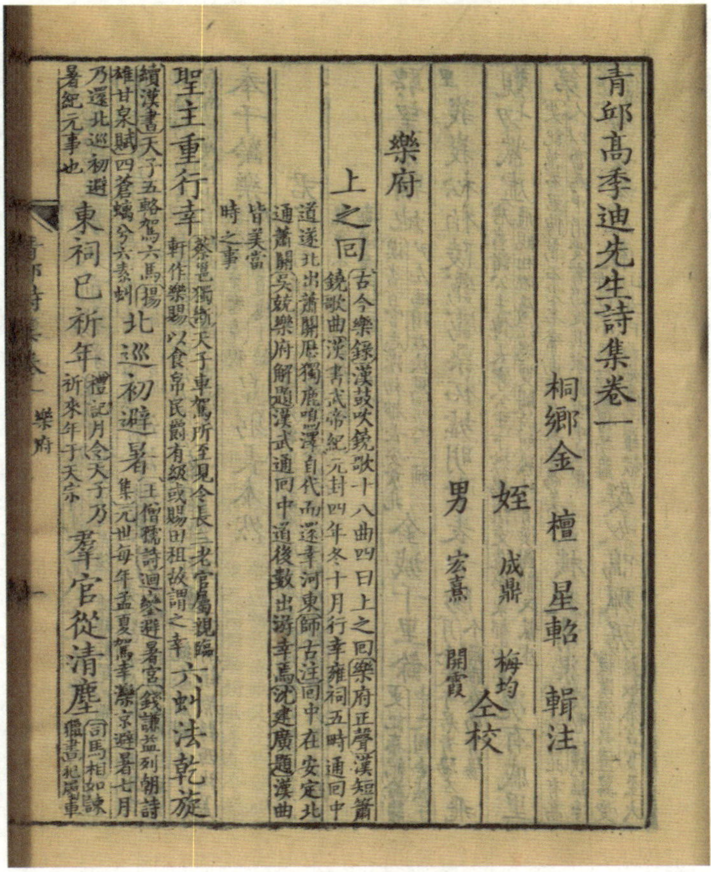
青邱高季迪先生詩集卷一

桐鄉金　檀　星軺　輯注

姪　成鼎　梅均

男　宏熹　聞霞　仝校

樂府

上之回（古今樂録漢鼓吹鐃歌十八曲四曰上之回樂府正聲漢短簫鐃歌曲漢書武帝紀元封四年冬十月行幸雍祠五時通回中道遂北出蕭關歷獨鹿鳴澤自代而還幸河東師古注回中在安定北通蕭關吳兢樂府解題漢武通回中道後數出游幸焉沈建廣題漢曲皆美當時之事）

聖主重行幸（蔡邕獨斷天子車駕所至見令長三老官屬親臨軒作樂賜以食帛民爵有級或賜田租故謂之幸）六虯法乾旋（續漢書天子五輅駕六馬揚雄甘泉賦駟蒼螭兮六素虯）北巡初避暑（王僧孺詩迴鑾避暑宮錢謙益列朝詩集元世每年孟夏駕幸灤京避暑七月乃還此巡初避暑紀元事也）東祠已祈年（禮記月令天子乃祈來年于天宗）羣官從清塵（司馬相如諫獵書犯屬車

青邱詩集卷一　樂府

笠翁一家言全集十六卷

笠翁一家言全集十六卷，（清）李漁著，雍正八年（1730）芥子園刻本。框高十七厘米，寬十三・二厘米。每半葉九行，行二十字，白口，四周單邊，單黑魚尾，上欄有注，版心下鐫：芥子園藏版。《山東省珍貴古籍名録》（第二批）1757號。

存八卷（文集三卷、詩集三卷、馀集一卷、别集一卷）。

李漁（1611–1680），名仙侶，字謫凡，號天徒、笠翁，中年後改名漁，世稱李十郎，原籍浙江蘭溪，生於江蘇如皋。明末清初著名文學家、戲曲家。

李漁自幼聰穎，擅長古文辭，但科舉不第，遂無意仕進，轉而從事著述和指導戲劇演出。四十一歲起遷居杭州數年，作品開始不斷問世，"湖上笠翁"成了家喻户曉的文壇新秀。後移家金陵，名其居所"芥子園"，取"芥子雖小，能納須彌"之意。并在此開設書屋，編刻圖籍，除刊印自己的作品之外，李漁還重新審定編輯了《西游記》、《金瓶梅》等名著。他的女婿沈心友請王概等所編《芥子園畫譜》流传甚广，對後世影響尤巨。

李漁稱其作品是"新人耳目之書"，一意求新，不依傍他人，也不重複自己。他努力發現"前人未見之事"，"摹寫未盡之情，描畫不全之態"，故事新鮮，情節奇特，布局巧妙，語言生動。他的小説以勸善懲惡，歌頌男女青年戀愛婚姻自主，譴責父母之命、媒妁之言，批判假道學爲主題。當時的戲劇界亦推其"所制詞曲，爲本朝（清朝）第一"。李漁還是中國戲劇史上第一個也是唯一專門從事喜劇創作的作家，被尊稱爲"世界喜劇大師"。

李漁居金陵期間還曾組織以姬妾爲主要演員的家庭劇團，北抵燕秦，南行浙閩，在全國各地達官貴府演出自編自導的戲曲，令人耳目一新，成爲留芳青史的一代“戲王”。

清康熙十六年（1677），李漁復移家杭州，於雲居山東麓修築層園。康熙十九年（1680）農曆正月，李漁與世長辭，完成了他堪稱“東方莎士比亞”傳奇的一生。死後被安葬在杭州方家峪九曜山上，錢塘縣令梁允植爲他題碣：“湖上笠翁之墓”。

李漁所著戲曲，流傳下來的有《奈何天》、《比目魚》、《蜃中樓》、《美人香》、《風箏誤》、《慎鸞交》、《凰求鳳》、《巧團圓》、《意中緣》、《玉搔頭》（以上十種合刻稱《笠翁十種曲》）、《萬年歡》、《偷甲記》、《四元記》等十九種。其中演出最多的是《風箏誤》一劇。小說有《無聲戲》、《十二樓》、《肉蒲團》等。

（撰稿人：劉昌瑋）

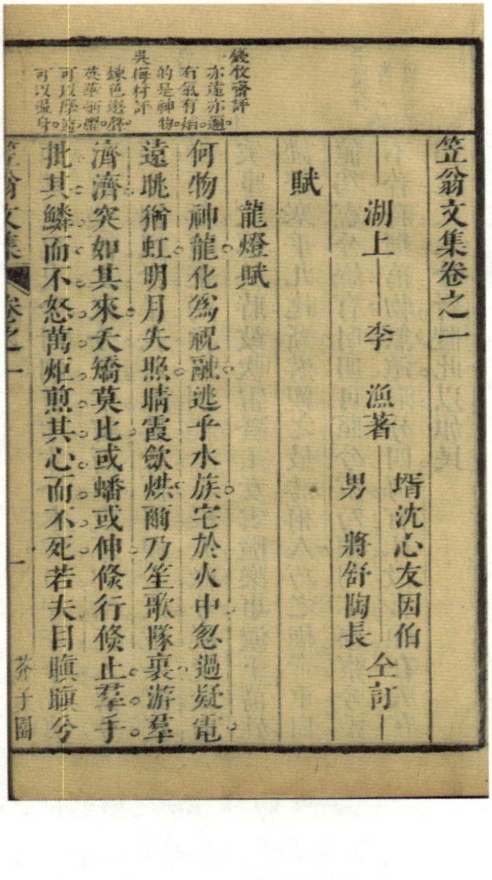

錢牧齋評
亦達亦邇。有氣有韵。的是神物。

吳梅村評
[illegible]

笠翁文集卷之一

湖上　李　漁著　壻沈心友因伯
男　將舒陶長　仝訂

賦

龍燈賦

何物神龍化爲祝融逃乎水族宅於火中忽遇疑雷遠眺猶虹明月失照晴霞欽烘爾乃笙歌隊裏游羣濟濟突如其來夭矯莫比或蟠或伸倏行倏止羣手批其鱗而不怒萬炬煎其心而不死若夫目瞋瞋兮

笠翁文集　卷之一　一　芥子園

古文發蒙集六卷

古文發蒙集六卷，（清）王相撰，（清）殷承爵参訂，清乾隆五十二年（1787）金閶書業堂刻本。框高十九·六厘米，寬十二·三厘米，分上下兩欄，上欄每半葉二十行，行二十四字；下欄每半葉八行，行十七字，小字雙行十七字，白口，四周單邊，單黑魚尾。《山東省珍貴古籍名録》（第二批）2132號。

王相字晋升，江西臨川人。清朝學者，約生活於清朝康熙年間。編輯和注釋過多部啓蒙書籍，如《千家詩》、《三字經》之類，刻印流播。著有《三字經訓詁》一卷、《尺牘嚶鳴集》十二卷、《百家姓考略》等。《四庫全書》總集類存目四著録了他的《尺牘嚶鳴》一種，事迹無考。其所注《三字經》、《百家姓》、《增訂廣日記故事》，現已成爲社會上通行的版本。他又把其母劉氏所著的《女範捷録》與《女誡》、《女論語》、《内訓》三書合編爲《女四書》，爲當時女子之必讀教科書，流傳所及，遍布全國，聲勢達於近代。

此書在正文前記載了康熙癸酉（1693）殷承爵之序，言其成書緣由：往歲余與陶子磊英選有小題發蒙一書，梓以問世，漫爲同志所許可四方之人以其直購去者，亦稍稍及於遠爲竊意制藝之可貴者，取其精研四書大全，取材六經三傳，旁搜子史博極泰，漢唐宋浸淫貫串，然後自成一家言，足爲當世法至莫之禁而爲庸惡陋劣，令見者欲嘔其故何哉……余既於時文中字枇句，櫛標其字法句法篇法，爲當世發蒙之一助，而尤欲以枇櫛時文者，枇櫛古文亦標其字法句法篇法，俾初學爲文者起而問津於斯惜乎。適臨川王子晋升，謁余因出所集古文六卷，曰此子實憫世之不學古者而爲是書也，願顔以先生時藝發蒙之舊名付諸剞劂可乎，余披而覽之，見其上自左國秦漢，以暨有明其中字枇句櫛，標其字法句法篇法首尾聯絡，指書了然，有裨後學不淺，王子其實獲我心之同然矣，遂喜而如其請且爲之序，以公諸海内云。

全書共六卷，按時間先後摘選了《左傳》、《國語》、《公羊傳》、《穀梁傳》、《戰國策》、《楚辭》、《秦文》、《史記》、《漢文》、《後漢文》、《晋文》、《唐文》、《宋文》、《元文》、《明文》中的篇章。是書成書於乾隆五十二年（1787），金閶書業堂藏板，王相撰，殷承爵參訂。

（撰稿人：牛　泉）

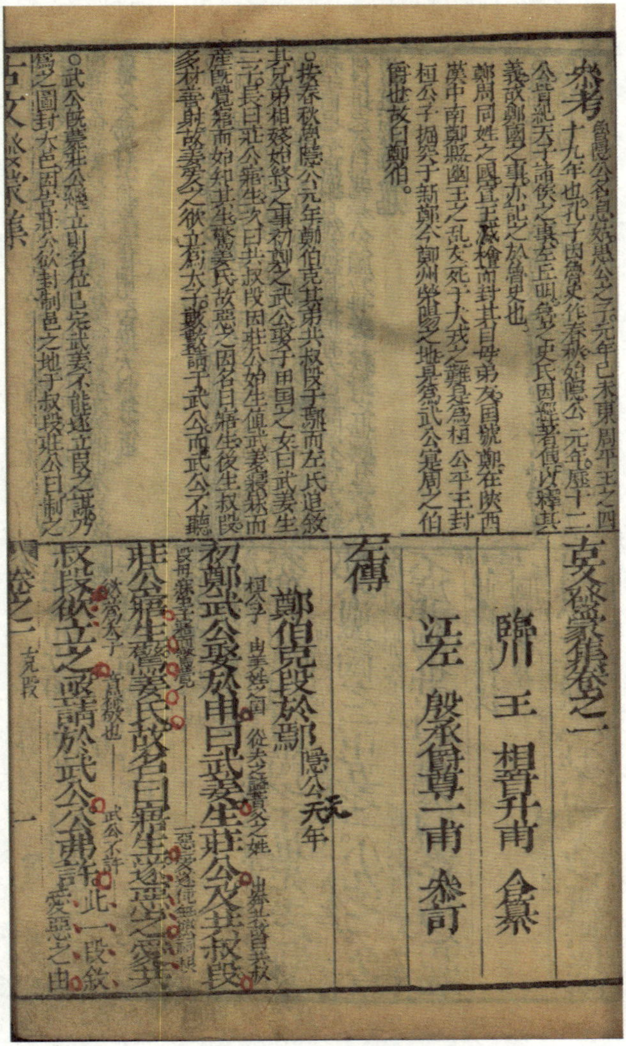

賴古堂尺牘三選結鄰集十六卷

賴古堂尺牘三選結鄰集十六卷，（清）周在浚輯，清乾隆十九年（1754）周氏賴古堂刻本。框高十九·五厘米，寬十三厘米。每半葉九行，行二十字，小字雙行同。白口，四周單邊。《山東省珍貴古籍名録》（第二批）2140 號。

周在浚，字雪客，周亮工子，清河南祥符人。夙承家學，淹通史傳。有《雲煙過眼録》、《晋稗黎莊集》、《天發神讖碑釋文》、《秋水軒集》等。

賴古堂爲周亮工書齋名。周亮工，字元亮，一字緘齋，别號櫟園，學者稱櫟下先生。生平博極群書，愛好繪畫篆刻，工詩文。有《賴古堂集》、《讀畫録》、《印人傳》、《因樹屋書影》等。

周亮工喜好刊刻，一生以書爲業。他不僅樂於將自己的著述付諸梨棗，還提拔賢士，其損衣削食爲好友印行詩集、爲故人刊刻遺文之事書不勝書。輯選的《尺牘新鈔》十二卷，録明末清初諸大家書翰甚富甚精。所選尺牘集中在明清之際"風氣大開"的數十年間。對於入選的尺牘也并非一字不漏地收録，而是加以剪裁。

周在浚在《賴古堂集凡例》中云："先司農選輯之書如《賴古堂古文選》及《尺牘新鈔》《藏弆》《結鄰》三集不在焚書之列，迄今印行海内，學者莫不奉爲枕秘，咸望續刻，以廣未見……尺牘四選《牧靡集》已有成書，具見諸名公序引，因刊刻無力，尚藏篋笥，容有待夫好事者耳。"

此本正文前有李清撰《賴古堂尺牘三選結鄰集序》、清楊彭齡撰《賴古堂尺牘三選結鄰集序》、清杜濬撰《賴古堂尺牘三選結鄰集序》、清錢陸燦撰《賴古堂尺牘三選結鄰集序》。版心下鐫：賴古堂。書名頁題：賴古堂評選尺牘新鈔結鄰集懷德堂藏板。

此本鈐有：“知足知不足齋”、“溪清鑒賞之章”等藏書印，現藏於青島市圖書館。

（撰稿人：黃麗群）

知足知不足齋

溪清鑒賞之章

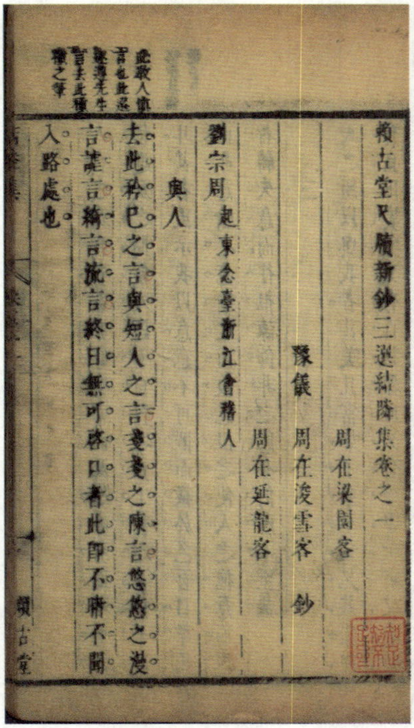

賴古堂尺牘新鈔三選結鄰集卷之一

周在梁園客

豫儀 周在浚雪客 鈔

周在延龍客

劉宗周 起東念臺浙江會稽人

與人

去此矜己之言與短人之言

入路處也

明詩綜一百卷

明詩綜一百卷，（清）朱彝尊輯，清乾隆吴氏清來堂刻本。框高十九厘米，寬十四·三厘米。每半葉十一行，行二十一字，小字雙行同，白口，左右雙邊。《山東省珍貴古籍名録》（第二批）2196 號。

朱彝尊（1629–1709），字錫鬯，號竹垞，晚號小長蘆釣魚師，又號金風亭長，浙江嘉興人，清代詩人、詞人、學者、藏書家。康熙十八年（1679）舉博學鴻詞科，除檢討。二十二年（1683）入值南書房。曾參加纂修《明史》。博通經史，詩與王士禛并稱南北兩大宗。作詞風格清麗，爲浙西詞派創始者，與陳維崧并稱朱陳。精於金石文史，購藏古籍圖書不遺餘力，爲清初著名藏書家之一。

《明詩綜》一書爲朱彝尊所輯明代詩作總集，此書首卷輯録明代諸帝王之詩；第二卷至第八十二卷，按時代先後編録明代詩人作品；第八十三卷至第九十九卷，輯録宫掖、宗室、閨門、僧道等詩；末卷收録民間雜歌謡詞一百五十五首。

明代詩歌總集，原有錢謙益《列朝詩集》，但缺點頗多，爲人所不滿。朱彝尊選録此書旨在成一代之書，因此，他針對明代詩風屢變，選詩不一的情況，求全圖備，搜羅各派詩歌，詩人幾乎無所遺漏，資料較爲豐富全面。詩人小傳也頗費斟酌，僅略叙始末，作客觀介紹，不似錢氏書之有時横牽他事，巧弄譏彈。里貫之下，分載諸家評論，其自評附於最末。有鑒於錢氏有衹憑門户之見以致毁於不當之失，朱氏評論較爲公允。其長於史學，所選明詩又多朝政得失、人物臧否之作，評論亦多涉及一代掌故，故可補史乘所不及。後人對朱彝尊的評論甚爲重視，經姚祖恩自書中輯出，編爲《静志居詩話》二十四卷單行。此書還保存了大量明末殉節之臣及遺民之作，對研究明代詩歌風貌有重要的資料參考價值。

我館所藏《明詩綜》一百卷，前有朱彝尊康熙四十年所作刻書序，版本精良，具有較高的古籍文獻價值。

（撰稿人：朱妍蕾）

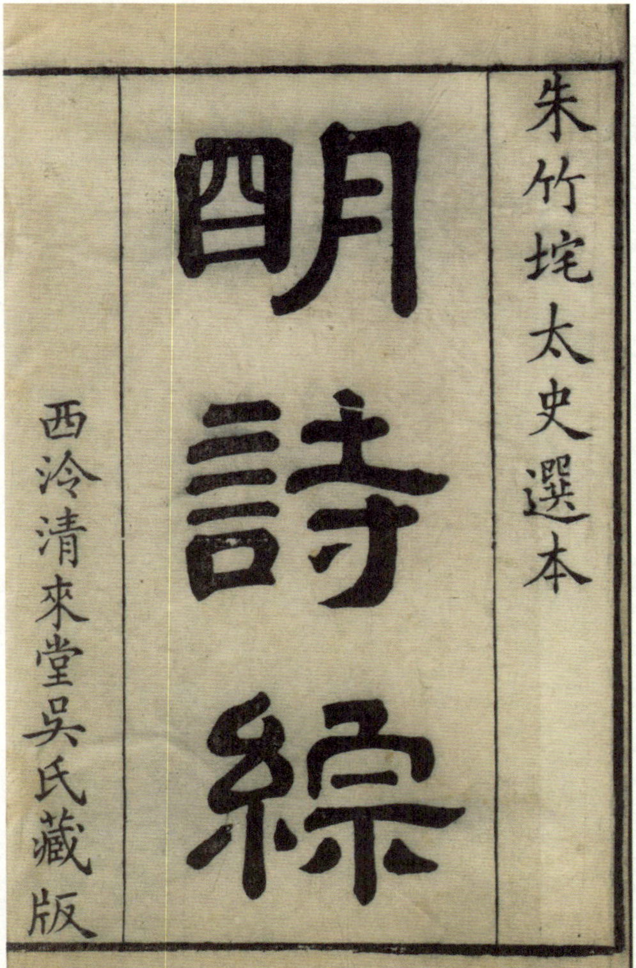
朱竹垞太史選本

明詩綜

西泠清來堂吴氏藏版